594

GESTÃO DE PESSOAS
Abordagem Pós-Moderna

EDITORA AFILIADA

Visite nossos *sites* na Internet
www.jurua.com.br e
www.editorialjurua.com
e-mail: *editora@jurua.com.br*

ISBN: 978-85-362-2210-3

Av. Munhoz da Rocha, 143 – Juvevê – Fone: (41) 3352-3900
Fax: (41) 3252-1311 – CEP: 80.035-000 – Curitiba – Paraná – Brasil

Cavalcanti, Marly.
C376   Gestão de pessoas: abordagem pós-moderna./ Marly Cavalcanti./ Curitiba: Juruá, 2009.
264p.

1. Administração de pessoal. I. Título.

CDD 658.3(22.ed)
CDU 658.3

Marly Cavalcanti

Doutora em Administração pela USP; Mestra em Ciências Sociais pela PUCSP; Mestra em Administração de Empresas pela FGV/EASP; Mestra em Filosofia pela PUCSP; Livre-docente em Planejamento pela PUCSP.

GESTÃO DE PESSOAS
Abordagem Pós-Moderna

Curitiba
Juruá Editora
2009

Aos colegas, funcionários, coordenadores e diretores do Centro Paula Souza, da Secretaria de Desenvolvimento do Estado de São Paulo;

e ao meu esposo, Renê Cássio de Almeida, pelo companheirismo, e entusiasmo com que me presentearam nos anos difíceis, agora luminosos por causa de seus esforços.

PREFÁCIO

Os pós-modernistas praticam a filosofia como uma forma de crítica textual. Criticam a filosofia ocidental por privilegiar os conceitos, assim, ter desconstruído a filosofia ocidental argumentando, por exemplo, que o ideal ocidental do atual logos é indeterminado pelo fato de ser expressão de um ideal na forma de sinalizações feitas por um autor ausente. Assim, enfatizando esse paradoxo, Derrida re-formalizou a cultura humana como uma rede desconexa de sinalizações e textos que se proliferam, rapidamente, com ausência de autor. Assim como Lyotard, Foucault e Derrida são céticos em relação às reivindicações de verdade absoluta ou universal. Ao contrário de Lyotard, entretanto, são muito mais pessimistas sobre as reivindicações emancipatórias de qualquer novo jogo de linguagem; assim, alguns os caracterizariam como pós-estruturalistas em vez de pós-modernistas. Para R. Rorty, um contextualista, nominalista, a pretensão dos filósofos analíticos é, obviamente, ilusória, e a filosofia pós-moderna deve estar aberta ao significado do discurso, ocupando-se das artes e da literatura, do fazer humano, não-histórico, não-essencial, mas, contingente, irônico e solidário, é disto, que este livro, escrito pela Prof^a. Dra. Marly Cavalcanti trata, ou seja, em gestão de pessoas procura-se abandonar a visão da mente como espelho da realidade, ou do mundo externo, a verdade não está, além da linguagem, da ideologia, das meta-narrativas, portanto, não há como legitimar a verdade absoluta, em um mundo em completa mutação, que leva a repensar o holismo, e o historicismo na gestão de pessoas, sobretudo em nosso país tão afeito aos modismos internacionais. A obra contém uma revisão do pensar esta temática, e uma ousada sugestão para a mudança de paradigma. A realidade é sempre algo mais do que nossos conceitos são capazes de representar.

Rosemeire Fernandes

APRESENTAÇÃO: O PENSAMENTO E A VIDA DE RICHARD RORTY

*Em seu livro **O Chapéu de Três Bicos**, o escritor Pedro Antônio de Alarcón falou-nos da Andaluzia no tempo do autoritarismo, como ele mesmo disse:*

> *bom tempo aquele em que nossa terra se mantinha na sossegada e pacífica posse de todas as teias de aranha, de todo o pó, de todas as traças, de todas as tradições, de todos os usos, e abusos, santificados pelos séculos! Bom tempo digo, especialmente, para os poetas que encontravam um entremês, um sainete, uma comédia, um drama, um ato sacramental ou uma epopéia atrás de cada esquina, em lugar dessa prosaica uniformidade e desse triste realismo que nos foram legados pela Revolução Francesa! Bom tempo, sim!... o ilustre Senhor Corregedor seguido apenas de um alguazil, ilustre figura que não podia ser confundido com nenhuma outra pessoa, nem de dia, nem de noite, tanto pela vastidão de seu chapéu de três bicos e pelo aparato de sua capa vermelha. O chapéu preto e a capa vermelha formavam uma espécie de espectro do Absolutismo... pobre princípio de autoridade. Em que situação te pusemos nós, os mesmos que hoje, tanto te enfocamos... o alguazil que seguia o Senhor Corregedor, vinte passos de distância, chamava-se Fuinha e era a fiel imagem de seu nome... parecia, conjuntamente, um furão em busca de criminosos, a corda que havia de amarrá-los o instrumento destinado ao seu castigo, aquele espantalho preto parecia sombra de seu vistoso patrão.*

Para Richard Rorty, após Heidegger, só podemos alcançar uma esperança por autencidade, e com o iluminismo e o fim do absolutismo, os intelectuais do Ocidente desde o Renascimento progrediram em três etapas: desistiram de esperar a redenção em nome de Deus, desistiram da filosofia, como possibilidade redentora, e a literatura pela grande variedade de seres humanos deixa de ser crença verdadeira; a questão da verdade foi substituída pela pergunta: o que há de novo? Redescobriu-se que a única fonte de redenção é a imaginação humana, e que este fato deve despertar orgulho e não, desespero. Renunciar à idéia que existe uma natureza intrínseca da realidade a ser descoberta seja por *sacerdotes, filósofos ou cientistas, é separar a necessidade por redenção e expandir os limites da imaginação humana. É por isto que não haverá nenhuma forma dominante; desistimos da idéia de um padrão. O termo verdade redentora e a necessidade de ajustar tudo, cada coisa, pessoa, e vento, idéia e poema ao único contexto natural, destinado e único, deixou de ser possível, religião e filosofia tornaram-se marginais. A imaginação consome seus próprios artefatos, eternamente, é o fogo vivo, sempre em expansão. A religião e a filosofia tornaram-se meras escadas a ser jogadas fora: relembram o Senhor Corregedor e seu alguazil. A cultura superior já não será pensada como lugar onde o objetivo da sociedade como um todo é debatido e decidido, não haverá nenhuma forma dominante, não há nenhum modelo para o homem. Existem tantas perfeições, quanto existem homens imperfeitos; a jornada é que importa, os passos do Senhor Corregedor com seu chapéu de três bicos e do seu Fuinha, magro agilíssimo, olhando para frente e para trás, para direita e para esquerda ao mesmo tempo que caminha, é mais importante na realidade, é tudo o que sobrou do autoritarismo. Maldição, a porta está aberta para o futuro, a distinção de filosofia e poesia caminha pela contigência, ironia e solidariedade. Rorty insistiu em númeras vezes que não devemos buscar ter um sucessor para epistemologia, ou seja, liberarmos a idéia de que a filosofia tem que estar centrada em torno de um marco permanente de investigação. Para Rorty pensar numa hermenêutica transcendental ou em uma pragmática universal é muito suspeito, a filosofia pode ser construtivista, contextualista e buscar auto **identificação** de cada filósofo o que não significa chegar ao fim da filosofia, mas, se afastar da imagem neo-kantiana da filosofia como uma profissão que expressa espelhos da natureza; perdemos a confiança nas imagens do espelho, como se toda a filosofia kantiana estivesse a ponto de sofrer a mesma sorte que imagem medieval do sacerdote católico; para Rorty o problema está na adoção de uma atitude existencialista que rejeita a objetividade e a racionalidade. Uma hermenêutica de intenção polêmica como de Heidegger e Derrida. Rorty fez a distinção entre filósofos sistemáticos e contextualistas; esta distinção não é a mesma que entre filósofos normais e revolucionários, pois filósofos revolucionários são os que constituem novas escolas, novos paradigmas; os grandes filósofos sistemáticos são construtivos e dão argumentos; os grandes filósofos contextualistas, como Rorty, ele mesmo, são reativos à tradição e apresentam sátiras, paródias, aforismos; são intencionalmente, periféricos, não constroem para eternidade, ao contrário destroem preceitos filosóficos, clássicos em benefício da sua própria geração. Filósofos sistemáticos e a filosofia analítica querem colocar suas reflexões no caminho seguro da ciência, contextualistas* *buscam as sensações dos poetas. Platão definiu o filósofo em oposição ao poeta, pois pode argumentar e justificar. Nietzsche e Heidegger são grandes filósofos, mas não agiram de forma a contentar Platão. Filósofos contextualistas buscam o intercâmbio de opiniões, são interlocutores de conversações, não têm responsabilidades epistemológicas ou transcendentais; pensam que manter uma conversação é uma meta suficiente para a filosofia; conversar é mais importante do que descrever com exatidão, isto significa ver os seres humanos com sujeitos e objetos, **pour-soi y en-soi**, ou seja, nossa essência é ser ao mesmo tempo sujeito e objeto ou como Dewey rompendo a barreira da convenção que impede que o homem se engane a si mesmo, com a idéia que se conhece a si mesmo ou que conhece qualquer objeto em definitivo; para Rorty, Kant na Crítica da Razão Pura, apenas disse como as idéias da razão funcionam, o que podem e o que não podem fazer, e desde a antiguidade as idéias platônicas não estão equivocadas, mas não há mais muito o que dizer delas. Dewey e Davidson não sentem necessidade de invocar argumentos verificacionistas, deixando de lado noções platônicas de verdade, bondade e realidade. A mente enquanto espelho da natureza foi a resposta da tradição cartesiana ao método correto de buscar a verdade em um marco neutro. Ora, a filosofia não tem a função para Rorty de julgar as afirmações científicas, ou a religião e sequer as matemáticas e a poesia e a razão e os sentimentos. Para a hermenêutica a investigação é a conversação de pessoas que a vida juntou num terreno comum; não há razão, segundo Rorty, para que a hermenêutica e a epistemologia dividam as culturas entre si; para Rorty o método que a epistemologia sugere e aplica não se justifica, como não justifica a separação entre ciências da natureza e ciências do homem, entre fato e valor, entre teoria e prática, não podemos conseguir a comensurabilidade epistemológica, o que ficou claro na explicação de Kuhn, T.*

A autora

SUMÁRIO

Capítulo 1 – Introdução ao pensamento pragmático, origens e evolução 17
1.1 O conceito de realidade para Peirce 17
1.2 Os filósofos analíticos 23
1.3 A consciência metodológica e a definição de sentido 32
1.4 A vinculação dos níveis micro e macroorganizacionais 35
1.5 Falácia da concretude mal colocada 40
1.6 Os tipos ideais e a redução empírica 43
1.7 O individualismo metodológico 48
1.8 Texto para leitura e discussão: Jeremy Bentham e utilitarismo 51

Capítulo 2 – O método pragmatista: resolver questões, levando em conta várias possibilidades, mas, fundamentalmente, considerando as conseqüências políticas de uma ou outra opção 61
2.1 Introdução 61
2.2 Da fenomenologia ao pragmatismo 62
2.3 O pragmatismo e a intersubjetividade 67
2.4 Institucionalização e liberdade: gestão de pessoas e trabalho 72
2.5 Texto de leitura e discussão: Do positivismo ao pós-pragmatismo 85

Capítulo 3 – Nominalistas e universalistas em gestão de pessoas: a disputa em Richard Rorty e Jurgen Habermas – James e Dewey – Platão e Descartes 89
3.1 Introdução 89
3.2 Realismo e o relativismo segundo Rorty 89
3.3 A disputa entre Jurgen Habermas e Richard Rorty 91
3.4 James e Dewey, Platão e Descartes 92
3.5 Texto para leitura e discussão: Neopragmatismo 93

Capítulo 4 – Donald Davidson, a unificação da teoria da ação e o significado do monismo anômalo em gestão de pessoas 97
4.1 Introdução 97
4.2 No marco da relação *intersubjetiva* em um mundo comum aos sujeitos 99
4.3 A pós-modernidade 102
4.4 Monismo anômalo em gestão de pessoas 106
4.5 Texto para leitura e discussão: Pragmatismo: além da retórica em economia 107

Capítulo 5 – O pragmatismo como crítica ao racionalismo e ao idealismo: humanismo e gestão de pessoas 119

5.1 Introdução 119
5.2 A mente como último refúgio da intrinsecalidade 120
5.3 Humanismo e gestão de pessoas: uma leitura crítica – relato de pesquisa: o expatriado dissonante: a pós-modernidade e as condições impostas ao trabalhador pela globalização 121
5.4 Max Weber – reinterpretado 137
5.5 Texto para leitura: Espiritualidade no mundo corporativo: análise das aproximações entre prática religiosa e vida profissional 140

Capítulo 6 – Posicionamento metafilosófico para a gestão de pessoas 147

6.1 Introdução 147
6.2 Modelo de Sbragia de clima organizacional 149
6.3 Guerreiro Ramos e a proposta de uma nova busca de sentido ... 152
6.4 Historicismo, holismo e contextualismo em gestão de pessoas 154
6.5 Texto para leitura e discussão: Liberalismo e antimarxismo: Richard Rorty em diálogo com Dewey e Castoriadis 171

Capítulo 7 – A administração pragmática no contexto de intenções e interesses da sociedade brasileira – um novo paradigma para gestão de pessoas 197

7.1 Introdução 197
7.2 Ética em gestão de pessoas na administração – trajetória do empresário: a busca de novos caminhos políticos e éticos para sua atuação 198
7.3 O fim do leninismo, Havel e a esperança social 207
7.4 Da solidariedade 211
7.5 Texto para leitura e discussão: As lições de José Guilherme Merquior 216

Capítulo 8 – Nomes e perfis dos seguidores do neopragmatismo no Brasil e gestão de pessoas 221

8.1 Introdução 221
8.2 Uma relação de autores do pensamento emancipatório em gestão de pessoas 222
8.3 Mente, contexto, e competências gerenciais em gestão de pessoas 224

9 – Conclusões 233

A Filosofia de Rorty pode ser assim pensada 233
9.1 Texto para leitura e discussão: Filosofia da práxis e (neo)pragmatismo: a "novidade" do neopragmatismo de R. Rorty 237

Referências 247

Índice Alfabético 257

Capítulo 1

INTRODUÇÃO AO PENSAMENTO PRAGMÁTICO, ORIGENS E EVOLUÇÃO

1.1 O CONCEITO DE REALIDADE PARA PEIRCE

"*Your problems would be greatly simplified if, instead of saying that you want to know the 'Truth', you were simply to say that you want to attain a state of belief unassailable by doubt*".
Charles S. Peirce (1958, p. 189)

Demorou largo tempo, até que o movimento hegeliano penetrasse nos países de língua inglesa de sólida tradição empírica. No início do século, entretanto, os neo-hegelianos Bradley, Green, Royce, pareceram a William James formidáveis antagonistas. O mundo hegeliano é rejeitado por William James desde raízes emocionais e morais. Mundo que o sufocava, "*with its infallible impeccable all-pervasiveness*", um mundo que não permitia o refúgio individual, diante da sociedade. A repulsa de James é tão grande que ele dirá: "*Certainly, to my personal knowledge, all Hegelians are not prigs, but I somehow feel*" (Essays. *In*: **Radical Empiricism**, p. 276).

Mas as objeções de William James também eram intelectuais, pois via claramente, que, se as aparências realmente são contraditórias, como afirmam os hegelianos, então nem o mais alto poder sintetizador poderá salvá-las. As contradições reaparecerão na síntese, e o Absoluto terá que ser trazido como um deus *ex machina* para conjurar as dificuldades que esta lógica prepóstera criar. As necessidades satisfeitas pela dialética hegeliana são aquelas de um espectador numa pantomina que, longe de produzir perplexidade, causam o arrebatamento do pensamento. Para James, na verdade, estamos diante da falácia de supor que cada relação faz uma diferença

O fato de não existir no corpo de conhecimento científico, senão hipótese geralmente aceita e de acordo com os fatos experimentais, torna a verdade científica uma necessidade lógica. Por esta razão, a verdade será definida como aquela que prevalecer e a realidade como seu correlato. **Assim, a** opinião que detém a generalidade das aceitações é para Peirce a verdade, e o objeto representado nesta opinião é o real. Contudo, não é possível afirmar que a comunidade científica chegará jamais à unanimidade de opiniões. Portanto, para Peirce, em **Survey of Pragmatism**, a verdade independente da opinião individual é devida ao mero fato de ser o resultado predestinado, ao qual a pesquisa deveria conduzir.

Os julgamentos de percepção forçam sua passagem, e apenas sua interpretação é que pode ser objeto de revisão, ou seja, quais as inferências que podem ser retiradas deles. Portanto, a questão da verdade resolve-se na questão de método. E o único método capaz de ser aplicado, coletivamente, as experiências similares, e conduzir a resultados similares é o método científico. Em suma, o mundo é constituído de tal forma que apenas na base de fenômenos que são publicamente testados, apoiados em leis que são válidas para as experiências de todos, que as predições podem alcançar um moderado grau de sucesso. A definição formal de verdade é um conceito ocioso. E uma teoria da verdade nos deve devolver à teoria do método científico.

Peirce leva a abordagem operacionalista a excluir de modo restritivo categoria de termos factuais não apenas aqueles fatos não diretamente perceptíveis, mas também, os que se referem a disposições e não a ocorrências. Para Ayer as afirmativas observacionais devem confirmar uma teoria, mas não podem ser encaradas como expressão de condições necessárias e suficiente da veracidade das afirmativas teóricas com as quais estão correlacionadas. Deve ser rejeitada a tese do operacionalismo sempre que significar a redução de todas as afirmativas empíricas a afirmativas observacionais. Pois o significado de uma expressão e seu conteúdo factual não devem se confundir. Se o conteúdo factual possui a dimensão da teoria, então não será possível predizer além das predições já feitas.

A posição de Peirce é fruto de uma decisão ontológica de contar apenas com o que é diretamente observável. Desse modo, as afirmativas teóricas que não estiverem construídas de forma a possuir um referente empírico direto, servirão apenas para ligar uma afirmativa observacional à outra a predizer o que será observado com base no que foi observado. Porém o conceito de realidade para Peirce está bastante distanciado do conceito transcendental da natureza, kantiano, e também não se confunde com o conceito positivista comteano de um mundo de fatos.

O sistema de referência é um processo de inquirição que se inicia quando as visões prevalecentes se tornam problemáticas e termina por suprir uma estratégia para se chegar a eliminar as dúvidas emergentes por novas certezas. É falso o raciocínio fundado em princípios primeiros (racionalismo) ou em fatos últimos (empirismo). Desta forma, não existe conhecimento que não esteja mediado por conhecimento anterior. Mesmo a mais simples percepção é o produto de um julgamento, ou seja, de uma inferência implícita. Não existem fatos não interpretados, como também os fatos não podem ser reduzidos às nossas interpretações inferenciais implícitas ligadas a sinais representacionais. Assim, mesmo as percepções ocorrem numa dimensão de representação semiótica. Por outro lado, a base empírica não pode ser totalmente medida pelo pensamento, o que afasta Peirce da corrente idealista.

Peirce entende a realidade como formada de proposições verdadeiras, da totalidade destas proposições, sendo verdadeiras porque subsistiram a testes e são intersubjetivamente reconhecidas. Para Peirce, o que a realidade é coincide com o que podemos dizer, verdadeiramente, sobre ela. Lembra, portanto, a identidade sujeito/objeto de Hegel.

Para o pragmatismo crenças são conceitos, e o que separa o pragmatismo do positivismo é o entendimento de que a tarefa da metodologia não é clarificar a estrutura lógica das teorias científicas, mas a lógica dos procedimentos pelos quais se obtém teorias científicas. Ou seja: chamadas de informações científicas aquelas que obtiveram o consenso, quanto à sua validade. Peirce procurou demonstrar a indisputabilidade do conhecimento científico, demonstrando a possibilidade de institucionalização do progresso cognitivo. Neste sentido, a filosofia da ciência pode ser entendida como uma tentativa de elucidar a lógica do progresso científico. Peirce, apoiado em Berkeley e Kant, não sucumbe à atitude objetivista do positivismo. E empregando o conceito de lógica de uma maneira incomum, não se restringiu à análise das relações formais entre símbolos, à forma lógica da inquirição entre a lógica formal e a lógica transcendental. Isto o conduziu para além das condições de validade das proposições, sem, contudo, chegar a preocupar-se com as determinações construtivas cognitivas de uma consciência transcendental. Mas, tal como a lógica transcendental, a lógica da inquirição se estende à estrutura, da constituição do conhecimento. Entretanto, como um processo de inquirição e estrutura se materializa em condições empíricas, e o processo de inquirição significa a integração das conexões lógicas dos símbolos às conexões empíricas da ação num 'modo de vida' de uma comunidade de investigadores. O conhecimento deixa de ser simples descrição da realidade, mas não implica uma consciência transcendental, e sim, um processo de aprendizado cumulativo. A realidade é um conceito transcendental. Pois não existe uma única crença que possamos identificar *a priori* como sendo, em princípio, certa e tendo validade definitiva. Assim, o pensamento de que a realidade corresponde à possibilidade de conhecimento não repousa numa fundação absoluta.

Se a realidade é definida pela totalidade das possíveis afirmações verdadeiras e se estas afirmações são representações simbólicas, as estruturas da realidade podem ser elucidadas a partir da estrutura da linguagem. O objetivismo positivista tornou qualquer epistemologia que transcendesse à metodologia, extravagante e destituída de sentido. Em oposição a esta tendência, estão, seguramente, as obras de Peirce e de Dilthey, pois na realidade tanto o pragmatismo como o historicismo significaram uma auto-reflexão sobre a ciência; embora nenhum destes autores conseguisse uma emancipação completa do positivismo que reifica o ser que conhece, como um fato entre outros fatos. Peirce demonstrou que a aplicação de proposições teóricas a uma realidade só é possível dentro de um quadro transcendental que pré-forma a experiência de um modo específico. Dilthey liga a possibilidade do conhecimento objetivo à condição de virtual simultaneidade entre o intérprete e seu objetivo. A simultaneidade desempenha para as ciências culturais o mesmo papel da repetibilidade da experiência no mundo físico. A irracionalidade da vida permite a existência do intérprete no papel de observador não envolvido, mas simultâneo a seu objeto.

Habermas apontaria que tanto Peirce como Dilthey descobriram as raízes do conceito de interesses constitutivos do conhecimentos, mas não compreenderam o que isto significava pois, influenciados pelo positivismo, não viram a metodologia que descreviam como uma auto-reflexão da ciência.

A pretensão da experiência sensorial em constituir-se, como nível último de evidência, tem sido, duramente, atacada. As principais críticas partiram de Kant, Peirce, Husserl e Adorno, derivando, portanto, de correntes de pensamento bem diversas. Popper aceita estas críticas, quando diz que as observações implicam sempre interpretações à luz de experiências já feitas e de conhecimento já aprendido. Ou seja: os dados da experiência são interpretações no marco de teorias precedentes com as quais compartem o caráter hipotético. A teoria das organizações desenvolveu-se dentro do ideal positivista de ciência que assimila a ciências sociais às ciências da natureza. Em virtude desta assimilação domina nesta ciências um interesse cognitivo de caráter puramente técnico, e em consequência a teoria torna-se, para Habermas, incapaz de procurar pontos de vista normativos e idéias úteis para a orientação prática, assumindo uma atitude técnica.

Hans Albert em **O Mito da Razão Total** (La Disputa del Positivismo en la Sociología Alemana), afirmaria que a utilidade de uma ciência social, assim concebida, não é negada de modo algum por Habermas, contudo, existe sempre o perigo do não reconhecimento de suas limitações, nascidas da tentativa de identificar a problemática prática muito mais global à aplicação técnica, muito mais restrita. A restrição da racionalidade à mera aplicação doe meios tal como é postulada por esta concepção, obscurece a problemática dos fins num decisionismo ou na arbitrariedade de algumas decisões não sujeitas a uma elaboração refletiva. Habermas propõe a superação dos limites do positivismo, dialeticamente, por uma razão, na qual é conatural a unidade entre teoria e *praxis*. Habermas acredita que a herança hegeliana foi preservada pelo marxismo como filosofia da história orientada praticamente. Entretanto, como bem lembrou Albert, o culto dialético da razão total é demasiado ambicioso para contentar-se com soluções 'particulares' e dificilmente seria possível superar, dialeticamente, as distinções entre fatos e decisões, entre enunciados nomológicos e normativos, entre teoria e estado factual, dissolvendo os diversos aspectos do problema e planos de argumentação em uma totalidade de razão e decisão postulada *ad hoc*. Contenta-se a dialética com indicações, alusões e metáforas. Ora, as ciências positivas não se vêem, simplesmente, como um modo auxiliar de racionalidade técnica, mas, sobre tudo, como um paradigma de racionalidade crítica que, diante da dialética propugnada por Habermas, reage com ceticismo, enquanto procurara desvendar as conexões existentes entre teoria e prática.

Mas é forçoso discordar de Albert, quando afirma que a hipertensão conceitual hegeliana não dá lugar senão à fetichização, a uma magia verbal. Na teoria da organização só a análise dialética pode pretender a justificativa objetiva da ação, enquanto totalidade determinante.

O pragmatismo, como Durkheim observou numa série de conferências na Sorbonne em 1913/14, constituiu-se numa reação às idéias da racionalismo tradicional. E num primeiro passo para a investigação da noção de **interesses**. De acordo com Kaplan (**The Conduct of Inquiry,** 1964, p. 36), o pragmatismo é uma variante semântica do empirismo que se desenvolveu a partir do empirismo epistêmico de Locke e Kant que julgavam a experiência como condição necessária do conhecimento. O empirismo semântico afirma que não só o conhecimento mas também o significado compõem a experiência. Duas das três principais variantes do empirismo semântico, o positivismo lógico e o operacionalismo, preocupam-se com a possibilidade de o significado ser estabelecido e com os modos de verificabilidade das proposições. Para o pragmatismo, o significado de um objeto é o efeito que este produz. Dewey em **Essays in Experimental Logic** (1961), afirmou que o que conta não é origem de uma proposição, **mas, seu resultado**. Não são as conexões com a experiência anterior, mas a experiência a ser instituída. A verdade torna-se de uma forma muito peculiar, dependente da ação humana. E, se a ciência, sempre, admitiu que os fatos não falam por si mesmo, com o pragmatismo, a função do componente lógico-teórico necessário ao conhecimento científico se tornou ambígua, justamente em virtude da influência hegeliana. Pois, para Hegel a dialética era uma nova lógica para a qual apenas o todo é realidade e onde as entidades se fundem, umas nas outras, não sendo possível falar em verdade e falsidade como oposições agudas. Acreditamos que é apenas com o pragmatismo, que surge um contraste paradigmático ao behaviorismo na tradição anglo-americana. A obra de Mead pode confirmar esta afirmação.

Mead, obviamente, postula a existência de uma realidade externa e relevante. Mas, como Cassirer, torna esta realidade conceptualmente irrelevante na formulação de sua epistemologia, negando a possibilidade de conhecimento ou presunção sobre quaisquer qualidades determinantes da realidade.

A plausibilidade da noção de perspectiva de Mead é inegável e, sem dúvida ocupa a posição de uma axioma epistemológico. A idéia da perspectiva é crucial para qualquer abordagem teórica de uma realidade de mais de duas dimensões, uma realidade que incorpore uma terceira dimensão, o espaço; uma quarta, o tempo, e uma quinta dimensão psicosociológica. Devemos andar ao redor de um objeto antes de conhecê-lo, e a simbolização torna isto possível. Mas a conseqüência destas interações simbólicas é a de que o conhecimento é apenas o que pensamos que seja, sendo, portanto, um consenso derivado de uma síntese de experiências interacionais. Um universo de discurso é, simplesmente, um sistema de significados comuns; a própria universalidade e impessoalidade do pensamento é, de um ponto de vista, interacionista, o resultado da cristalização no indivíduo de atitudes particulares de outros, formando um modo de ver, uma atitude, conhecida como *the generalized other*.

O interacionismo simbólico explica como a integração das várias perspectivas é possível, mas não dá conta do ato real da integração ou não-integração de uma perspectiva no quadro de referência de um indivíduo.

É neste ponto que a contribuição de Mead se afasta do behaviorismo e do positivismo. A influência hegeliana no pragmatismo é inegável conduzindo a que suas conclusões epistemológicas repilam o marxismo que postula a existência de uma realidade externa e determinante, passível de erros, de uma falsa consciência e de uma interpretação cultural construtiva.

Peter Berger (*ob. cit.*, 1966, p. 105) considera a contribuição de G. H. Mead para a psicologia social como a mais importante teorização no campo das ciências sociais na América. A tradição do interacionismo simbólico permeou, rapidamente, diferentes perspectivas científicas; a sociologia do conhecimento, entretanto, permaneceu como tradição nãoassimilada, embora seja flagrante a afinidade entre as posturas metodológicas do interacionismo e algumas das questões mais cadentes da sociologia do conhecimento.

Historicamente, este fenômeno pode ser explicado; através da dominância dos fenômeno psicológicos, é, continuamente, permeada por forças sociais que, decididamente, moldam o comportamento.

Para o interacionismo, a realidade psicológica está em relação dialética com a estrutura social, pois o *self* e a sociedade são entidades, inextrincavelmente, relacionadas. O behaviorismo, como sabemos, está interessado em proposições sobre os fenômenos psicológicos, proposições que constituem a base de suas teorias sociais.

A relação dialética no interacionismo foi expressada por Mead nas relações entre '*I*' e '*Me*'. Em outras palavras, a socialização produz a simetria entre a realidade objetiva e a realidade subjetiva, entre a identidade subjetiva e a identidade objetiva, porque cada sociedade contém um repertório de identidade que faz parte do 'conhecimento objetivo' dos seus membros. A psicologia, na tradição de Mead, admite que a sociedade não somente define, mas também cria a realidade psicológica. A linguagem é, tanto fundamento, quanto instrumental da construção da realidade social, porque constitui o principal meio de socialização do indivíduo. Sobre a base lingüística se constroem os esquemas interpretativos, cognitivos e as normas morais, bem como os sistemas de valores e as visões teóricas articuladas do 'mundo'.

A sociedade ordena a experiência, pois a linguagem é inegávelmente uma invenção social, dotada de facticidade, externalidade e coercitividade. Indispensável se torna acrescentar que os modelos psicológicos tornam-se parte de um 'conhecimento social do mundo', partes significativas da construção social da realidade.

1.2 OS FILÓSOFOS ANALÍTICOS

A filosofia analítica foi definida, rudemente, por Richard Rorty, como uma tentativa de combinar a mudança sobre a discussão da experiência para uma discussão lingüística; a preocupação lingüística está em toda a filosofia do século XX – em Heidegger, Gadamer, Habermas e Derrida quanto em Carnap, Ayer, Austin e Wittgenstein. O que desejaram os filósofos analíticos era a criação das especialidades filosóficas. Edmund Husserl já tinha feito uma tentativa semelhante, entre 1945 e 1960 na filosofia analítica, empiristas lógicos, como Carnap e Hempel, substituíram Dewey e Whitehead. O contraste entre filosofia analítica e não analítica é comparável ao contraste entre cultura científica e literária, o contraste forte – fraco ou *techne/fuzzie*. A filosofia analítica contrasta com os maiores filosóficos não analíticos do século XX, Dewey e Heidegger, que se preocuparam com histórias sobre o declínio do progresso da civilização, buscando reconstruir, no caso de Dewey, a democracia social, e, no caso de Heidegger, de um modo pessimista, alertar sobre o descuidado gigantismo tecnológico. Os filosóficos analíticos procuram a profissionalização suspeitando do holismo, contextualismo, pragmatismo e historismo; este na filosofia, é o principal inimigo da profissionalização, e o medo da profissionalização leva a uma constante autocrítica e hábito de, por meio de uma constante inferência dos próprios fundamentos, colocar a filosofia no caminho seguro da ciência. Russell, Carnap, Kuhn e Putnam dominaram este propósito. Rorty, holísta, historicista, pós-pragmatista e contextualista, rompeu "conceitos" e "significados" dos analíticos. Para Rorty a tentativa de Russell-Carnap de usar a lógica simbólica para pôr a filosofia no caminho seguro de uma ciência, foi um fracasso tão grande quanto de Husserl de usar a *epochê* fenomenológica. Neokantianos do século XIX, fenomenólogos e fundadores da filosofia analítica, tentaram bloquear o caminho hegeliano, historicista, e a reivindicação que Wittgenstein, Sellars e Davidson, por um lado, e Heidegger, Foucault e Derrida, por outro, o fizeram ao deixar clara a importância de fugir à velha idéia de que há algo fora dos seres humanos, Deus ou a natureza intrínseca da realidade, e os detalhes técnicos da Crítica da Razão Pura de Kant. Para Rorty estamos diante do declínio da verdade redentora, é a ascensão da cultura literária; dentro de uma cultura literária, a religião e a filosofia aparecem como gêneros literários. A filosofia, talvez, nunca ocupe o papel redentor que Hegel reivindicou para ela, e a questão: o que é a *verdade*? Tem cedido lugar a: o que há de *novo*?

Renuncie-se à idéia de que existe uma natureza intrínseca da realidade a ser descoberta ou pela religião, filosofia e ciência. Pessoas podem concordar em cooperar no funcionamento das práticas e instituições que têm; basta substituir a palavra competição pela cooperação; não haverá nenhuma forma dominante de pensamento, não há mais como obter a perfeição. Então, é a jornada que importa

E, é disto que trataremos neste livro, em **Verdade e Progresso**, p. 127 e ss., podemos ter uma visão Pós-Moderna do Humanismo em Richard Rorty: Posicionamento Metafilosófico em Gestão de Pessoas:

> *Argumentei, no passado, que poderíamos ter sido convencidos desse ponto central algumas centenas de anos atrás, no decurso da assimilação das implicações da mecânica de Galileu à natureza da explicação científica. Se isso tivesse acontecido, não estaríamos agora cativos da metáfora do Teatro Cartesiano nem teríamos necessidade da noção de Fodor dos "estados psicologicamente reais". De fato, não teríamos*

nunca encorajado as tentativas de desenvolver uma ciência chamada "psicologia" que se considerava distinta tanto da sabedoria do folclore quanto da neurofisiologia. Na época em que os corpuscularianos estavam ocupados em drenar a natureza intrínseca de planetas, rochas e animais, e em extrair causas formais e finais, os filósofos cartesianos tinham de trabalhar duro(diante dos olhares incrédulos de pessoas como Hobbes e Gassendi) para criar a "consciência" como refúgio de noções aristotélicas como substância, essência e intrinsecalidade. Mas eles conseguiram. Graças a seus esforços, mesmo depois de os conteúdos brilhantemente diversos da natureza aristotélica terem sido misturados e transformados num grande redemoinho de corpúsculos, numa grande substância chamada "matéria", sobrou, aqui na Terra, outra substância: a mente. A mente que esses filósofos inventaram era seu próprio lugar – no sentido de que, como disse Davidson, ela continha "uma fonte básica de evidência cujo caráter pode ser completamente especificado sem referência ao que ele serve de evidência". Essa mente conhecia tanto seus próprios conteúdos quanto sua própria natureza intrínseca independentemente do conhecimento de qualquer outra coisa.

*O valor real da afirmação de que a mente é seu próprio lugar está em que a mente é capaz de mover-se independentemente de seu ambiente – é capaz de estabelecer relações "marcadas por versarem sobre "ou relações de "evidência" com todos os tipos de coisas que não têm nada que ver com o ambiente dela; por exemplo, coisas como unicórnios e cardinais transfinitos. Mas essa habilidade de mover-se independentemente de seu ambiente – uma habilidade que Husserl pensava ser o calcanhar – de – aquiles de todas as formas de naturalismo – é, na visão dos que (como Dennett e Davidson) acham que a intencionalidade é extrínseca, tão "naturalista" quanto a habilidade de refletir a luz ou exercer a força da gravidade. Isso porque, embora os unicórnios não existam, sentenças que usam a palavra "unicórnio" existem, e os simbolismos dessas sentenças não são mais misteriosos ou inaturais do que as colisões de átomos. Atribuir a crença em unicórnios a alguém é descrevê-la numa relação com uma proposição, assim como lhe atribuir o valor de um dólar é descrevê-la em certa relação com o mercador de escravos ou com uma organização bancária. Aquela primeira atribuição não é mais "inatural" do que essa última. É útil falar sobre crenças em unicórnios e, portanto, sobre **uni** para explicar o que encontramos nos livros medievais, assim como é útil falar sobre valores em dólares para explicar o comportamento dos empresários, falar de proposições para explicar o comportamento lingüístico de estrangeiros e falar de átomos para explicar, digamos, as reações químicas. Não falamos sobre a estrutura interna do nicho evolucionário dos unicórnios porque não precisamos falar de unicórnios quando estudamos biologia. Não questionamos a natureza intrínseca dos valores em dólares, dos próprios dólares nem das proposições, bem como não questionamos a natureza intrínseca dos cardinais transfinitos, pois valores, proposições e números são, obviamente, apenas fatias retiradas de vastas redes de relações.*

O movimento intelectual denominado "filosofia analítica" tem oscilado entre assumir a filosofia como terapia e vê-la como construção de sistema. Tem havido uma equivalente tensão entre os filósofos analíticos interessados simplesmente em livrar-se de pseudo-problemas, e os que querem dar longas e sistemáticas explanações de quanto os tais problemas são pseudo-problemas – e estes últimos fazem isso através da análise dos conceitos usados nas formulações de tais problemas. A obra de Donald Davidson atinge os dois pólos dessa oscilação. Partes diferentes de sua obra atraem pragmatistas inclinados à terapia, e analistas conceituais sistematizadores, para Davidson, não há coisas como mentes, mas as pessoas têm propriedades mentais, e isto quer dizer que certos predicados psicológicos delas são verdadeiros. Estas propriedades estão constantemente mudando, e tais mudanças são eventos mentais. Não há coisas como mentes, mas as pessoas têm propriedades mentais. Estas propriedades estão constantemente mudando e tais mudanças alteram valores.

Eventos no mundo físico freqüentemente nos motivam a alterar nossas crenças, intenções e desejos. Se dois eventos são relacionados como causa e efeito, há uma lei estrita sob a qual eles podem ser subsumidos; tudo que pode afetar o sistema deve ser incluído nele.

Não há leis psicofísicas estritas conectando eventos mentais sob suas descrições mentais com eventos físicos sob suas descrições físicas. Isto, contudo, implica redução ontológica, já que elas implicam que as entidades mentais não se acrescentam à mobília física do mundo. O resultado é o monismo ontológico acoplado com o dualismo conceitual: em muitos aspectos ele é como a metafísica de Spinoza. Donald Davidson nega que haja leis psicofísicas estritas, e chama sua posição de Monismo Anômalo (DAVIDSON, 1970).

Para Richard Rorty:

Qual é a razão para a irredutibilidade dos conceitos mentais? Por que não há leis psicofísicas estritas? Na tentativa de responder a estas questões, primeiro chamo a atenção para o holismo do mental. As atitudes proposicionais, nos termos dos quais os eventos mentais são caracterizados, não podem existir em isolamento. As crenças individuais, as intenções, as dúvidas e os desejos devem suas identidades em parte a sua posição em uma ampla rede de disposições adicionais: o caráter de uma dada crença depende continuamente de outras crenças; as crenças têm o papel que desempenham por causa de suas relações com os desejos e intenções e percepções. Estas relações entre as disposições são essencialmente lógicas: o conteúdo de uma disposição não pode ser separado daquilo que o implica e do que é implicado por ele. Isto coloca uma limitação à correta atribuição de disposições: visto que uma disposição é em parte identificada através de suas relações lógicas, o padrão de disposições em um indivíduo deve exibir um amplo grau de coerência. Isto não significa, obviamente, que as pessoas não possam ser irracionais. Mas a possibilidade de irracionalidade depende de um fundo [background] de racionalidade; imaginar um animal totalmente irracional é imaginar um animal sem pensamentos. (DAVIDSON, 1974, 1982)

Nós tipicamente identificamos disposições empregando sentenças como 'Gertrude Stein acha que Ezra Pound é um intérprete da aldeia', ou 'Allen Alker Read afirmou que os falantes nativos de uma linguagem não podem cometer erros lingüísticos'. Uma elocução de tal sentença deve, por razões semânticas, ser analisada como relacional: ela relaciona uma pessoa a uma entidade que é especificada através da pronunciação de uma sentença subordinada ('Ezra Pound é um intérprete da aldeia' etc.). Esta entidade é, com freqüência, inutilmente chamada de uma proposição. Ela é inútil, isto é, até que seja explicado como exatamente as palavras na sentença subordinada conseguem nomear ou descrever uma proposição, e aqui as explicações oferecidas (incluindo a de Frege) carecem de convencimento. A razão para escolher uma proposição como a entidade apropriada é que as proposições parecem o tipo de coisas que podem estar 'diante da mente', ser 'recebida', ou 'apreendida'.

Exceto por uma gramática enganosa, não há, contudo, nenhuma boa razão para supor que ter uma atitude proposicional requer uma entidade que a mente receba ou compreenda. Ter uma disposição é apenas estar em um certo estado; é uma modificação de uma pessoa. Não há necessidade de haver qualquer 'objeto' na ou diante da mente para a pessoa estar pensando, duvidando, tencionando ou calculando. O objeto ao qual uma atribuição de disposição relaciona o portador da disposição deve, é claro, ser conhecido, mas é somente o atribuidor que deve conhecê-lo. Tais objetos servem à mesma função que os números servem ao manterem contato com a temperatura ou o peso. Não há coisas como pesos ou temperaturas: "Esta caixa pesa 9 libras' relaciona a caixa a um número na escala da balança, mas o número é um objeto abstrato desconhecido para a caixa. (DAVIDSON, 1986, 1989a)

Qualquer um, capaz de atribuir uma disposição, tem ao seu comando um conjunto infinito de objetos abstratos adequados para manter contato com as disposições dos outros: as sentenças das linguagens dele ou dela. (Uma alternativa é considerar os objetos relevantes como os enunciados reais das sentenças em vez das sentenças; de qualquer modo há vantagens e desvantagens. Exploro a opção do enunciado em Davidson (1968)). O êxito na interpretação é sempre uma questão de grau: os recursos do pensamento ou expressão disponíveis a um intérprete nunca podem rivalizar perfeitamente com os recursos do interpretado. Nós fazemos o melhor que podemos. É sempre possível, evidentemente, melhorar o entendimento do outro, ampliando o banco de dados, acrescentando outra dose de simpatia ou imaginação, ou aprendendo mais a respeito das coisas sobre as quais o sujeito conhece. Este é o processo da interpretação radical. Não há ne-

nhuma corte de apelação adicional, nenhum padrão objetivo impessoal contra o qual mensurar nossos próprios melhores juízos do racional e do verdadeiro.

Aqui repousa a fonte da diferença definitiva entre os conceitos que usamos para descrever os eventos mentais e os conceitos que usamos para descrever os eventos físicos, a diferença que exclui a existência de leis psicofísicas estritas. O mundo físico e os números que usamos para calibrá-lo são propriedade comum, os objetos materiais e abstratos e os eventos com que podemos concordar e compartilhar. Mas não faz nenhum sentido falar em comparar ou vir a concordar com os padrões comuns definitivos de racionalidade, já que é para nossos próprios padrões, em cada caso, que nos voltamos ao interpretar os outros. Isto não deveria ser pensado como um fracasso da objetividade, mas antes, como o ponto em que as 'questões terminam'. Compreender os estados mentais dos outros e compreender a natureza são casos onde as questões terminam em fases diferentes. Como mensurar as grandezas físicas é decidido intersubjetivamente. Não podemos, da mesma maneira, ir atrás de nossas próprias normas definitivas de racionalidade ao interpretar os outros. A prioridade não está em questão. Nós não teríamos nenhum pensamento desenvolvido se nós não estivéssemos em comunicação com outros, e, conseqüentemente, nenhum pensamento sobre a natureza; a comunicação requer que tenhamos sucesso ao encontrar algo como nossos padrões de pensamento nos outros. (DAVIDSON, 1991b)

Tenho enfatizado a racionalidade como coerência, o ajustar de um pensamento ao outro. A necessidade de julgar os pensamentos dos outros como mais ou menos coerentes (através de nossos próprios padrões, obviamente) para reconhecê-los e identificá-los como pensamentos é às vezes chamado de um princípio de caridade. O termo é enganoso, já que não há nenhuma alternativa se queremos dar sentido às disposições e ações dos agentes ao nosso redor. O princípio de caridade tem outra aplicação, novamente sem implicação de bondade do coração. É evidente que aprendemos o que muitas sentenças simples e os termos nelas significam através da ostensão. "Isto é verde", "Aquilo é tomilho", "Está chovendo", são freqüentemente aprendidos deste modo (talvez, primeiro como sentenças de uma palavra). É minha opinião que tais situações estabelecem o que o aprendiz corretamente toma como sendo o significado destas sentenças tal como faladas pelo professor. É irrelevante se o professor está falando como lhe foi ensinado, ou como os outros na vizinhança ou na profissão ou na família falam; contanto que o aprendiz venha a associar a sentença com a situação como o professor faz, ele está a caminho de entender muito daquilo que o professor diz. Similarmente, a comunicação entre o professor e o aprendiz não depende deste falar como o professor fala; se o aprendiz chegar a consistentemente proferir, ele próprio, a mesma sentença em situações nas quais o professor profere, ele próprio, a mesma sentença, a comunicação é levada a cabo. (DAVIDSON, 1986a)

Eu questiono, então, duas afirmações familiares. Uma, é que o que alguém quer dizer por meio do que ele diz depende unicamente do que está dentro ou diante da sua mente, e que as situações nas quais as palavras são aprendidas meramente constituem a evidência do que essas palavras significam, em vez de conferir significado a elas. (Sustentar que as situações nas quais as palavras são aprendidas conferem significado a elas é abraçar uma forma de externalismo). A outra, é que o que alguém quer dizer depende, pelo menos em parte, do que outros em sua comunidade lingüística entendem pelas mesmas palavras, mesmo se o falante for desconhecedor do uso corrente ou 'correto'. Neste tópico eu estou com Allen Alker Read.

Se todo mundo falasse à sua própria maneira (como de fato fazem até certo ponto), isto sugeriria que não há nenhuma resposta para a questão de Wittgenstein sobre como pode haver uma diferença entre seguir uma regra e acreditar seguir uma regra? Como pode haver uma regra se somente uma pessoa a segue? Não estou seguro de que o conceito de uma regra seja idôneo, mas certamente deve haver um modo de distinguir entre os usos corretos e incorretos de uma sentença, casos onde ela é verdadeira e onde é falsa. O que é requerido, suponho, não é que as pessoas falem da mesma maneira, embora isso sirva. O que é requerido, a base da qual os conceitos de verdade e objetividade dependem para aplicação, é uma comunidade de entendimento, concordâncias entre os falantes sobre como cada um será compreendido. Tais 'concordâncias' nada mais são do que compartilhar expectativas: o ouvinte espera que o falante avance tanto quanto ele o fez anteriormente; o falante espera que o ouvinte avance tanto quanto antes. A frustração destas expectativas significa que alguém não avançou tanto quanto antes, isto é, como o outro esperava. Dada uma tal divergência, não há nenhuma declaração de quem está errado; isto deve depender de desenvolvimentos avançados ou de observadores adicionais. Mas as expectativas em comum e a possibilidade de sua frustração dão substância à idéia da diferença entre estar certo e estar errado, e ao conceito de verdade objetiva. Por conseguinte, elas provêem uma resposta ao problema de Wittgenstein sobre 'seguir uma regra'. (DAVIDSON, 1992)

Pois um falante seguir uma regra é, como estou interpretando, ele avançar tanto quanto antes; e isto em troca significa para o falante avançar tanto quanto sua audiência espera, e quanto ele pretende que sua audiência espere. (Uma análise melhor deve permitir casos nos quais o falante avance de um certo modo que a audiência não antecipe, mas no qual ela, não obstante, descubra a anomalia tal como pretendido pelo ouvinte.) Como podem, entretanto, as expectativas compartilhadas ser a base do conceito de verdade objetiva?

Todas as criaturas nascem fazendo distinções. Desde o começo, um bebê reage de forma a diferenciar sons altos, o seio, e logo indivíduos e certas expressões faciais. As similaridades não são sinalizadas pela natureza; nós é que julgamos sons altos como relevantemente similares, e que classificamos as respostas da criança como similares. Se pergun-

tarmos a que, exatamente, o bebê está respondendo, a resposta seria que àqueles objetos ou eventos que naturalmente classificamos juntos e que são melhores correlacionados com as respostas do bebê que naturalmente classificamos juntas. No fim, devemos questionar se esta noção acerca do que vem naturalmente faz um trabalho sério. Pois como decidimos se o bebê está respondendo ao som, ou às vibrações de seu tímpano, ou aos sinais a partir do ouvido interno ao cérebro? Dificilmente importa quando estamos em posição de especificar um estímulo apropriado a qualquer um dos vários pontos através da cadeia causal a partir da fonte do som até o cérebro. Mas, se pensarmos nas respostas à mãe, a maioria de nós não tem idéia sobre que classe de estímulos neurais provoca respostas relevantemente similares; o melhor que podemos fazer é dizer qual classe de estímulos (dados dos sentidos, aparições etc.) causado pela mãe. É por isso que, quando ensinamos a criança a dizer 'Mamãe' quando estimulada pela mãe, concluímos que a criança quer dizer que sua mãe está presente (ao invés de que ela está recebendo uma certa contribuição [input] neural).

O aprendizado que confere significado às sentenças básicas envolve necessariamente, então, três elementos: o 'professor' (que pode ser uma comunidade de falantes sem intenções pedagógicas), o 'aprendiz' (que pode estar começando uma primeira linguagem ou conscientemente tentando decifrar outra) e um mundo compartilhado. Sem o mundo externo compartilhado por meio da ostensão, não há nenhum modo através do qual o aprendiz possa descobrir como a fala conecta com o mundo. Sem um 'professor', nada daria conteúdo à idéia que há uma diferença entre compreender as coisas corretamente e compreender as coisas indevidamente. Somente aqueles que assim, compartilham um mundo comum podem se comunicar; apenas aqueles que se comunicam podem ter o conceito de um mundo objetivo, intersubjetivo.

Várias coisas seguem. Se somente aqueles que se comunicam têm o conceito de um mundo objetivo, apenas aqueles que se comunicam podem duvidar se um mundo externo existe. Ainda é impossível duvidar seriamente (consistentemente) da existência de outras pessoas com pensamentos, ou da existência de um mundo externo, dado que comunicar é reconhecer a existência de outras pessoas em um mundo comum. A linguagem, isto é, a comunicação com os outros, é deste modo essencial para o pensamento proposicional. Isto ocorre não porque seja necessário ter palavras para expressar um pensamento (pois não é); é porque a base do sentido de objetividade é a intersubjetividade, e sem o sentido de objetividade, da distinção entre o verdadeiro e o falso, entre o que se supõe que seja e o que é o caso, não pode haver nada justamente chamado pensamento. (DAVIDSON, 1990a, 1991a)

É característico dos estados mentais que as pessoas normalmente saibam, sem apelar à evidência ou à inferência, o que estão neles (Deixenos chamar esta característica de 'autoridade da primeira pessoa'). A existência da autoridade da primeira pessoa não é uma descoberta empírica, mas antes, um critério, entre outros, do que é um estado mental. Entre outros; assim pode acontecer que admitamos um erro na ocasião. Mas exceções não colocam em dúvida a pressuposição que nós conhecemos nossas próprias mentes. O que importa para esta pressuposição? A introspecção não oferece solução, já que ela falha ao explicar por que as percepções dos próprios estados mentais de alguém deveriam ser mais confiáveis do que as suas percepções de qualquer outra coisa. A sugestão, talvez derivada de Wittgenstein, de que os predicados mentais apenas têm a propriedade que possuem, aplicados a si mesmos sem o benefício da evidência, porém aplicados aos outros na base da evidência, somente aumentam o mistério: pois por que aquilo em que acreditamos sem evidência seria mais certo do que aquilo em que acreditamos na base da evidência? E, dado que as bases para se atribuir um estado mental aos outros são tão diferentes das bases para se atribuir um estado mental a nós mesmos, por que deveríamos pensar que eles são o mesmo tipo de estado? Acho que a resposta para este enigma é simples: devemos interpretar os pensamentos dos outros na base da evidência; interpretar a nós mesmos (salvo em casos especiais) não faz sentido. É, teoricamente, uma questão empírica difícil o como sei que sua sentença (e o pensamento que ela pode expressar) "A neve é branca' é verdadeira se e somente se a neve é branca. Se eu estiver certo sobre como alguém chega a ser interpretável, então, em geral, devo estar certo ao pensar coisas assim: minha sentença 'a neve é branca' é verdadeira se e somente se a neve é branca. A diferença entre os dois casos é que, quando interpreto você, duas linguagens estão envolvidas, a sua e a minha (as mesmas palavras podem significar coisas diferentes na sua linguagem e na minha). No segundo caso, apenas uma linguagem está envolvida, a minha própria; a interpretação não está, portanto (exceto em exemplos excepcionais), no quadro. (DAVIDSON, 1984b)

A explicação da autoridade da primeira pessoa também mostra por que os determinantes externos do significado não ameaçam nosso conhecimento do caráter de nossos próprios pensamentos. O que queremos dizer por meio daquilo que falamos é, se a minha avaliação do papel da aprendizagem na concessão de significado estiver correta, parcialmente fixado por eventos dos quais podemos ser ignorantes. Disto não segue que não sabemos o que queremos dizer, pois o conteúdo do que pensamos que queremos dizer é determinado exatamente pelas mesmas circunstâncias que determinam o que queremos dizer. (DAVIDSON, 1987)

Os tópicos que discuti acima são, na minha opinião, inseparáveis de muitos assuntos adicionais. Estes incluem:

1 – a filosofia da linguagem, que inclui os conceito de verdade e referência, e tem implicações fortes para a ontologia; (DAVIDSON, 1986b)

2 – a teoria da ação, que faz par com o estudo do mental porque o que faz de um evento uma ação é que ele é intencional sob alguma descri-

ção, e a intencionalidade é definida e explicada através de suas relações com as crenças, influências e intenções; (DAVIDSON, 1980)
3 – a irracionalidade, por exemplo, a fraqueza da vontade, o pensamento tendencioso, o auto-engano. A existência da irracionalidade cria quebra-cabeças para a avaliação do raciocínio prático e da intenção; (DAVIDSON, 1974, 1986b)
4 – a interpretação radical: o estudo de como é possível, dada a interdependência dos estados mentais, para uma pessoa vir a entender outra. (DAVIDSON, 1990b) (RORTY, R. 2005)

1.3 A CONSCIÊNCIA METODOLÓGICA E A DEFINIÇÃO DE SENTIDO

Uma grande distinção deve ser traçada entre epistemologia, metodologia científica e tecnologia de pesquisa. É, imediatamente, aparente que a última não substitui a primeira. A consciência metodológica só advém com a análise do paradigma subjacente à mera manipulação dos dados empíricos. Um desejo prematuro de definições "operacionais" não somente negligência o fato de que existem vários estágios de definição, mas, positivamente, torna-se um erro ao encorajar o abandono do chamado estágio 'nominal' de definição; isto é definição de sentido.

A teoria organizacional tradicional herdou uma vasta ordem de conceitos que foram, previamente, definidos e aperfeiçoados, para o melhor e para o pior, por gerações de cientistas sociais. Conseqüentemente, até certo ponto o teórico organizacional poderia se permitir ser "pensador inconsciente". Isto aconteceu, sobretudo, pelo predomínio absoluto do paradigma behaviorista na análise organizacional e na gestão de pessoas

A análise comparativa das organizações exige agora uma 'reconceitualização', para que seja possível a expansão comparativa da disciplina: Verdade e Progresso. Uma visão Pós- Moderna do Humanismo em Richard Rorty: Posicionamento Metafilosófico em Gestão de Pessoas.

De fato, estamos diante da grande expansão da teoria organizacional. À parte da expansão organizacional uma fonte mais especifica, de desafio conceitual e metodológico advém da expansão crescente dos sistemas organizacionais conceituais. E, o que é mais importante ainda, a expansão dos sistemas organizacionais inclui uma variedade de políticas difusas, de organizações primitivas e em vários estágios de diferenciação e consolidação de paradigmas diversos.

Assim, quanto mais amplo o mundo sob investigação, mais necessitamos de instrumentos conceituais afinados. Ficou, igualmente, claro que o vocabulário organizacional do behaviorismo não está projetado para compreender as sutilezas de uma análise comparativa. Por outro lado, é fácil entender as dificuldades de uma exigência de afastamento radical do vocabulário com uma sólida tradição empírica, obtida através de décadas.

A pergunta fundamental é: até onde e de que modo podemos continuar com a terminologia conceitual do behaviorismo? Devemos incorporá-la ou criar uma nova linguagem?

De modo geral seguimos a linha de menor resistência, e isto foi feito de forma quase involuntária, alargando o sentido, e deste modo o alcance das conceitualizações existentes. Ou seja; quanto mais se amplia a área comparativa, mais temos de lançar mão da extensão conceitual. Os defensores desta estratégia afirmam que isto contribui para tornar tais conceitualizações mais 'livres dos critérios culturais de valor'. Seus críticos, de modo talvez, mais pertinente, demonstram o 'efeito de bumerangue' da extensão conceitual ao regenerar as categorias comportamentais de análise bem pouco capazes de produzir explanações sobre o nível **macro-organizacional**.

O resultado líquido da extensão conceitual é o ganho em cobertura extensional que tende a ser igualado pela perda em precisão conotativa. A expansão conduziu à indefinição, a conceitualizações não-delimitadas que levam a pseudo-equivalências que, finalmente, conduzem a uma reunião sem sentido. Quanto maior o mundo, mais tem sido utilizadas as conceitualizações universais que se prestam bem pouco ao teste empírico e às refutações. De acordo com Croce, em **Logica come Scienza de Concetto Puro**, um conceito universal é, por definição, supra empírico, ou meta-empírico. Com a chamada "globalização" a questão é mais séria.

A negligência ao enfrentar os problemas da análise organizacional comparativa tem origem numa 'ilusão matemática' que leva a crer na superação das dificuldades em lidar com uma linguagem qualitativa, através da adoção, de uma língua quantificável.

A crença na infalibilidade da mensuração que aponta as diferenças de grau e não, de tipos, se esquece de que a compreensão do fenômeno exige pontos interrompidos. Estes pontos interrompidos só podem ser descobertos, logicamente, através de uma sutileza conceitual, e não, por medição. Não podemos medir, a menos que saibamos o que estamos medindo. Ninguém duvida da possibilidade e da utilidade da conversão de conceitos categóricos 'ou um ou outro', em conceitos de gradação. No entanto, enquanto escalas nominais ou classificações e escalas ordinais são relativamente fáceis de construir, o oposto é verdadeiro para as 'escalas de intervalo e especialmente para as escalas de proporção. A medição real começa na escala de intervalo que não constitui instrumento metodológico adequado para preencher o vazio entre o nível macro e o nível micro da análise organizacional. Uma quantomania mal colocada resulta apenas numa drástica perda de articulação lógica. Rejeitamos o modo clássico de análise *per genus et differentiam*, sem obter uma ciência de correlações funcionais. A análise organizacional comparativa não conseguiu escapar do paradigma behaviorista, produzindo apenas do ângulo da aditividade e da comparabilidade dos resultados.

A análise comparativa necessita de informação que seja suficiente e precisa para que possa ser comparada de modo significativo. Isto requer meticulosas taxonomias, complexas redes taxonômicas, classificações e tipologias.

Quadro 1 – A escala de abstração

NÍVEL DE ABSTRAÇÃO	MAIOR EXTENSÃO COMPARATIVA	PROPRIEDADES LÓGICAS E EMPÍRICAS DE CONCEITOS
NA: Categorias de nível alto (conceitualizações universais)	Comparações em área cruzada entre contextos heterogêneos	Genérica Indefinida (não-definida por uma oposta) alusiva Não testável
NM: Categorias de nível médio (taxonomias)	Comparações entre contextos relativamente homogêneos (teoria de alcance médio)	Geral Definida (por uma oposta) – Conteúdo denotativo alto e precisão descritiva baixa Testável
NB: Categorias de nível baixo (nível de especificadores)	Análise comparativa estreita (micro-redução)	Específica Definida operacionalmente Precisão descritiva alta e conteúdo denotativo baixo Falseável

(SARTORI, Giovanni. **Comunicação apresentada à Associação Internacional de Ciência política**. Turim, 1969) PUBLICAÇÃO – APSR – 1970.

O paradigma behaviorista tende a receber uma adesão cega e carece de poder adequado de discriminação.

Hempel, em **Fundamentals of Concept Formation in Empirical Science**, admite a necessidade de redes taxonômicas para resolver os problemas de descoberta de fatos e coleta de dados. Assim, a extensão pura e simples dos conceitos nada resolverá. Conceitualização indefinida, pseudo-equivalências e universais supra-empíricos são de pouca utilidade para a análise comparativa. Também, não podemos medir antes de conceitualizar. O problema da análise comparativa deve ser confrontado com suas questões metodológicas.

Uma dimensão do problema é a chamada escala de abstração. Enquanto a escala de abstração está relacionada ao problema dos níveis de análise, pode acontecer que um nível de análise altamente abstrato não resulte de uma subida na escala. Na realidade, uma quantidade de conceitos universais não é extraída de observáveis, tendo apenas uma significação sistemática; tal é o caso do isomorfismo, homeostase, regeneração, entropia etc. tais conceitos representam partes de uma teoria. Podemos, também, atingir níveis de conceitualização altamente abstratos via ascensão de escala, isto é, via inferências abstrativas vindas de observáveis. Por exemplo, termos como: grupo, poder, influência, comunicação, conflito, tomada de decisão podem ser usados tanto com significação muito abstrata, como muito concreta, com relação distante com objetos observáveis, ou com referência a observações diretas. Tais conceitos podem ser localizados e se movem em vários pontos de uma escala de abstração. Temos, portanto, o problema de avaliar o nível de abstração em que os conceitos estão localizados e as regras de transformação para obter proveitos extensionais sem sofrer perdas em precisão conotativa e testabilidade empírica.

Deve ser, igualmente claro, que os vários níveis não estão separados por limites nítidos. Não obstante, há em toda escala dois pontos decisivos, mesmo cruciais: a) o ponto em que um conceito se torna genérico (nível mais alto de abstração); e b) o ponto no qual o conceito se torna operacional (nível de abstração mais baixo).

O ponto decisivo se relaciona ao processo de ascensão e, particularmente, à transformação de categorias de nível médio em categorias de nível alto. Um conceito geral representa uma relação de específicos dos quais se retiram, ou aos quais se juntam, conjuntos identificáveis de específicos. De modo inverso, um conceito genérico não pode ser justificado por específicos; podemos mesmo dizer que um conceito sem oposição é um 'universal'. Um conceito universal sempre se aplica por definição não tendo oposto especificado. De modo oposto, sempre que um conceito for qualificado por um oposto é testável e falseável.

O conteúdo informativo das categorias genéricas é quase nulo, este é o primeiro ponto.

1.4 A VINCULAÇÃO DOS NÍVEIS MICRO E MACROORGANIZACIONAIS

Na análise comparativa das organizações a utilização de uma teoria de comportamento prévia, faz, por exemplo, do grupo de trabalho uma categoria de alto nível de abstração, uma construção analítica universal. Nunca somos informados do que o grupo de trabalho não é. Segue-se que nunca, em nenhum lugar, encontraremos não-grupos. Algumas conceitualizações intuitivas, concretas, apenas demonstraram a falta de suporte teórico e a inexistência de uma moldura taxonômica, deixando claro que a generalidade da teoria não se adapta à especificidade das descobertas empíricas. Somos assim deixados com um corpo de literatura que dá a sensação frustrante de desmontar, teoricamente, tudo o que descobre empiricamente.

O segundo ponto crítico na escala de abstração é o ponto de passagem de definições de significado para definições operacionais. Limites podem ser obtidos em toda escala de abstração apenas por estipulação. Mas cada tipo de definição corresponde a um nível diferente de análise e não pode ser substituído ou incorporado em outro. Definições operacionais conduzem, freqüentemente, a uma drástica redução de significado, implicando uma redução, equivalentemente, drástica da área de explanação. Tomemos, por exemplo, a sugestão de que o conceito de estrutura organizacional deva ser dispensado e substituído por um conjunto de afirmações operacionais referentes à estruturação de atividades, concentração da autoridade, controle de linha do fluxo de trabalho, tamanho do componente administrativo etc., se a sugestão é adotada, indiscriminadamente, a perda de substância conceitual é não só considerável, como também injustificada.

O mesmo se aplica ao conceito de poder. Esta preocupação na análise comparativa com a medição do poder não implica que a significação do conceito deva ser reduzida ao que pode ser medido sobre poder. Pois temos dois níveis de análise que não são mutuamente exclusivos, mas, complementares. Definições operacionais aparelham, mas não substituem definições de significado. Na verdade, são as definições de significado, e raramente, as definições operacionais, que estimulam a descoberta intelectual.

Podemos pensar em três níveis de conceitualização necessárias ao desenvolvimento da análise comparativa que permita a vinculação dos níveis micro e macro. A utilização do paradigma behaviorista, embora comporte estes três níveis, tornou desnecessária a investigação intelectual que transcende a operacionalização por medição. Sua teoria de comportamento tornou desnecessária a criação de taxonomias de nível médio e mesmo impediu a discussão de seus axiomas de alto nível de abstração. E isto ocorreu em virtude dos pressupostos de aplicação da teoria. A sofisticação estatística e a tecnologia do computador tendem a obscurecer a extensão a que a análise de dados compilados é condicionada por estruturas conceituais que não são conseqüência dos próprios dados. Números não têm por si mesmos poder explanatório, conseqüentemente, quanto mais exigimos que a análise quantitativa seja explanatória, menos a análise é realmente quantitativa. Pois o poder explanatório depende de uma estrutura conceitual que, no caso do behaviorismo, é uma estrutura de comportamento humano. A questão se torna, portanto, reconhecer que nenhum nível da análise pode ser traduzido exatamente e convertido para o nível seguinte. Neste sentido, sempre se perde algo, ou se ganha, ao longo da escala. A análise organizacional comparativa só poderá desenvolver-se na medida em que o uso disciplinado de termos e processos de comparação gere, em cada nível, conjuntos de proposições que reforcem ou contradigam as proposições de níveis vizinhos, permitindo ampliação da teoria de comportamento subjacente e explicando fatores institucionais.

Nenhuma teoria científica se propõe explicar uma situação de modo exaustivo e os requisitos propostos por Madelbaum para a irredutibilidade de certos conceitos sociológicos e pela explanação holística de situações parecem utópicos. É certo que o reducionismo psicológico compreende as posições do individualismo metodológico, contudo, nem todas as proposições científicas fundadas em indivíduos são psicológicas. Para que ocorra a redução de um campo de conhecimento a outro, certos requisitos devem se preenchidos. Se nos referirmos ao corpo de conhecimentos sociológicos com T2 e às proposições psicológicas necessárias para a redução como T1 e aos achados sociológicos por O2 e aos achados comportamentais como O1, admitimos que as proposições teóricas T2 são adequadas para explanar O2 e as proposições teóricas T1 adequadas para O1. Demonstrando que T2 foi reduzido a T1 deveremos estar preparados para explicar de modo adequado os achados O2. Deduzir T2 de T1 é, demasiadamente, difícil, pois proposições científicas, em qualquer campo do conhecimento não estão delimitadas com absoluta precisão, quer quantitativa, quer em sua própria formulação, pois, como sabemos, um paradigma científico é elaborado, continuamente, e mesmo 'construído' e ampliado, e os conceitos se alteram sutilmente, à medida que novos conhecimentos empíricos se verificam. Isto não leva, evidentemente, à conclusão de que qualquer redução é impossível. Toda vez que achados empíricos puderem ser explanados por proposições teóricas de um campo de conhecimento diferente daquele que os produziu, estaremos diante da redução. Thomas Kuhn crê que a redução é quase, virtualmente, impossível nas ciências fortes' que constituíram paradigmas, modos de fazer ciência. Lembremos que no campo das ciências sociais a situação é inteiramente diferente. A redução das proposições sociológicas não implica a necessidade de dedução destas proposições da psicologia comportamental (WEBSTER, JR., M. *Ob. cit.*, 1973, p. 262).

Não se está negando a existência de leis sociológicas, mas é inegável que nem a teoria sociológica nem a teoria psicológica possuem um alto grau de 'fechamento' ou 'completude', isto não impede a busca de regras de correspondência entre os dois campos de conhecimento. Webster tenta demonstrar a inviabilidade da explanação psicológica dos fenômenos sociais, em razão do presente estado do conhecimento empírico e das proposições teóricas, em ambos os campos. Mesmo constatando-se que o individualismo metodológico tem ganho aderentes, não é possível negar a alegação de que artigos de fé ou metateorias não são verificáveis ou sujeitos à falseabilidade.

Interessa-nos, entretanto, tentar demonstrar que há duas condições estabelecidas por Nagel para que possa operar a redução de um campo de conhecimento a outro, a saber a condição de conectabilidade e a condição de derivabilidade, são cumpridas no campo teórico que tem por objeto as organizações.

A condição formal de conectabilidade estabelece que existe uma definição explícita de todos os termos coletivos de um campo da teoria social em termos individuais. Uma vez preenchida a condição de conectabilidade, deverá ser enfrentada a condição formal de derivabilidade que estabelece que as premissas sobre a conduta individual devem ser suficientes para a dedução de afirmações sobre as ações grupais.

Se examinarmos a teoria organizacional iremos encontrar indícios muito fortes do preenchimento destas duas condições formais. Identificar uma teoria de comportamento que tenha fundamentado toda a teorização sobre organização, desde seus primórdios, até seus mais recentes estudos, torna-se a tarefa imposta.

Taylor já especificava que a administração científica era uma filosofia, uma atitude, embora seus exemplos e técnicas específicas se destinassem precipuamente aos níveis mais baixos da organização; sob o quadro conceitual da administração científica, já está implícita uma teoria comportamental, relativamente, bem desenvolvida. Os cinco elementos de administração de Fayol e seus 14 princípios, publicados, em 1916, na França e só lidos na América, algumas décadas mais tarde, partilham de pressupostos comportamentais que, ainda hoje, na década de 70, foram plenamente utilizados nas conceitualizações teóricas mais sofisticadas.

Eqüidade, estabilidade, iniciativa, *esprit de corps*, ainda hoje surgem como conceitos básicos para o entendimento do processo organizacional. Fayol já se referia à idéia de proporcionalidade como forma de injetar flexibilidade nas organizações. Mary Parker Follet considerava importante referir-se à 'lei da situação'. As principais pressuposições de Mooney e Reiley para suas generalizações baseavam-se no princípio de coordenação, como melhor modo de 'doutrinação' e trato com fatores comportamentais. Sheldon reconhecia que o homem era o principal fator na administração e que, portanto, não poderia ser tratado como uma máquina ou um bem. Estes primeiros teóricos, não obstante sua aparente ingenuidade, antecipavam as dimensões comportamentais que seriam introduzidas na teoria das organizações por Mayo e Roethlisberger. A busca da identificação da estrutura e dos procedimentos organizacionais esteve sempre mergulhada numa densa camada de pressupostos comportamentais.

A idéia de coordenação é justamente como um processo comportamental interativo entre a situação e os indivíduos, é uma idéia que acompanha a teoria organizacional, enfatizando a necessidade de ajustes recíprocos, entre grupos e indivíduos.

As tão discutidas idéias de equilíbrio e congruência surgem exatamente dos pressupostos comportamentais da teoria. O equilíbrio, provavelmente, explica o que Homans chamou o modo de padronização de um grupo. Homans representou uma síntese de certos conceitos da microeconomia, reforçados numa teoria psicológica que lança seus fundamentos em direção à teoria do controle social.

Provavelmente, tudo o que se sabe sobre organizações deve-se ao paradigma behaviorista, a sua própria origem. Os conceitos de atividade, valor, recompensa, custo, lucro, largamente utilizados nos conhecimentos das organizações são, diretamente, derivados das teorias de utilidade marginal.

O problema do equilíbrio é, essencialmente, o problema dos estabelecimentos de arranjos e compromissos, pelos quais os distúrbios criados numa fase sejam reduzidos em outra. O dilema comportamental consiste em que é impossível reduzir um distúrbio, sem criar outro. Daí a preocupação que permeia toda a teoria organizacional sobre a equalização do poder. Esta preocupação é paradigmática, mas resulta em duas vertentes nitidamente distintas; uma é rogeriana, e dá origem a trabalhos de aconselhamento e a pesquisas organizacionais baseadas no chamado 'treinamento de laboratório'. Nesta linha, temos McGregor, Likert, Argyris, Bennis e outros. Sem esquecer, o trabalho pioneiro de Mayo e Roethlisberger. A outra vertente procura identificar as características estruturais da organização, mas uma simples convivência com seus métodos indicará, irrefutavelmente, que tais métodos se baseiam em pressupostos comportamentais que detêm o monopólio das investigações e praticamente restringem estas investigações ao nível individual de análise.

Um princípio metodológico tem sido defendido por proeminentes cientistas sociais e filósofos: o individualismo metodológico. A aceitação ou rejeição deste princípio se encontra na raiz das mais sérias tentativas de avaliação das tarefas, sucessos e fracassos das ciências sociais. A controvérsia entre Kingsley Davis **The Myth of Functional Analysis as a Special Method in Sociology and Anthropology** – e George Homans **Bringing Men Back In** – não explicita os fundamentos filosóficos das posições dos dois professores americanos. C. A. Vapnarsky (ob. cit., p. 1) procura a exposição filosófica do individualismo, metodológico, na obra de dois filósofos profissionais K. R. Popper e J. W. N. Watkins, de um historiador I. Berlin e um economista F. A. Hayek.

1.5 FALÁCIA DA CONCRETUDE MAL COLOCADA

O individualismo metodológico, quanto a problemas de formação conceptual requer a explicação de termos coletivos, organizações, sociedade etc. através de atributos individuais dos componentes desta coletividades. Esta é, claramente, a posição de Hayek. Já, Watkins insiste na importância da explanação dos fenômenos sociais, através de ação individual. **Assim as discussões sobre o individualismo enfrentam os problemas da natureza dos conceitos sociológicos e das explanações sociológicas.** Para Popper, o coletivismo metodológico não é o único caminho do historicismo; de fato, o psicologismo também pode conduzir ao historicismo, sendo um subtipo de individualismo metodológico. Popper, ao atacar a versão historicista marxista, aplaude a rejeição que Marx apresentou contra o psicologismo, em sua crítica à postura de John Stuart Mill. **Hayek ofereceu a mais veemente defesa do individualismo metodológico**, ao atacar duas características tradicionais do pensamento social, objetivismo e o coletivismo, ambos negativos para o desenvolvimento da ciência social e o liberalismo político.

Ao objetivismo, Hayek opõe a abordagem subjetiva. O cientista social, a seu ver, não estuda fatos ou coisas, mas, idéias, e cabe à ciência oferecer as generalizações de segunda ordem das idéias de senso comum. Como as idéias só existem na mente dos indivíduos, não serão os métodos das ciências naturais os mais eficazes para captá-las.

May Brodbeck (**Philosophy of Science**, 1954, 21, p. 140) critica a posição de Hayek, por desconhecer que o comportamento, no interior de uma estrutura de relações, é diferente do comportamento individual. Uma coisa é afirmar como Popper, que a matéria-prima da ciência social são indivíduos e situações, outra, bem diferente, é a afirmação de Hayek de que apenas os indivíduos são observáveis e que as relações entre indivíduos são observáveis, indiretamente. Hayek parece esquecer que as conseqüências inesperadas do comportamento de indivíduos podem ser explicadas pelas estruturas de relacionamento. Sua teoria dá total relevo ao trabalho de construção científica a partir dos dados provisionais oferecidos pelas ações e pensamentos humanos. O abandono ao antropoformismo não significa abandonar a crença em unidades naturais de análise, obtidas da 'mesma' entidade, em diferentes circunstâncias as quais alteram seus atributos perceptíveis.

Hayek é enfático ao afirmar que o erro envolvido nas abordagens coletivistas reside em tomar como fatos, modelos construídos pelo senso comum e que não passam de meras teorias provisionais. **Isto conduz à falácia da concretude mal colocada.**

Os termos coletivos que usamos, diz Hayek, não designam entidades definidas, mas, relações. Não significam uma coleção estável de atributos reconhecíveis, cientificamente, e as conexões supostas podem, efetivamente, não existir, pois, entre si, tais eventos individuais, por nós agrupados, podem diferir grandemente. São meras seleções teóricas, o que exige o teste das teorias para validarmos as conexões entre as partes, conexões que, para Hayek, derivam sempre de mentes individuais.

– *To return to our more general conclusion: the world in which Science is interested is not that of our given concepts or even sensations. Its aim is to produced a new organization of all our experience of the external world, and is doing so it has not only to remodel our concepts but also to get away from the sense qualities and to replace them by a different classification of events. F. A. Hayek (1955, p. 23).*

– *The paradoxical aspect of it, however, is, as we have seen before that those by the scientistic prejudice are led to approach social phenomena in this manner are induced, by their very anxiety to avoid all merely subjetive elements and to confine themselves to "objetive facts",to commit the mistake they are most anxious to avoid namely that of treating as facts what are no more then vague popular theories. They thus become, when they least suspect it, the victims of the fallacy of conceptual realism (made familiar by A. N. Whitehead as the fallacy of misplaced concreteness. F. A. Hayek (1955, p. 54).*

– *What we group together as instances of the sarna collective or whole are different complexes of individual events, by themselves perhaps quite dissimilar, but believedby us to be related to each other in a similar manner; they are selections of certain elements of a complex picture on the basis of a theory about their coherence. F. A. Hayek (1955, p. 55).*

A crença de que o distanciamento e a visão compreensiva possam permitir a visão de totalidades, através de critérios objetivos, é para Hayek uma ilusão. Quando um historiador fala do Estado, de uma batalha, uma cidade um mercado, suas palavras cobrem coerentes estruturas, fenômenos individuais, que compreendemos, somente, através da análise das intenções dos atores individuais.

A crítica de Hayek é incisiva e cobre todos os movimentos positivistas e historicistas. Isto o coloca contra Saint-Simon, Comte, Hegel e Marx, pela inabilidade que vê, nestes autores, para desenvolverem uma teoria complexa dos fenômenos sociais. Pois são incapazes de perceber como as ações independentes de muitos homens podem produzir todos coerentes e **persistentes estruturas de relacionamento**: *"Which important human purposes without having been designed for that end"*. (*ob. cit.*, 1955, p. 80). Crêem os positivistas que nenhum resultado da ação humana pode demonstrar ordem ou servir a um propósito, a menos que sejam resultado de uma deliberação racional, esquecendo-se o caráter propositado da ação humana espontânea. As instituições humanas, embora sejam feitas pelo homem, **podem não ser o produto intencionado de sua ação**. O caráter das totalidades e o seu modo de interação não podem ser dados pelas interações dos esforços individuais. A grande contradição das teorias coletivistas está em manter a afirmação de que o todo é maior do que a mera soma das partes, mas vincular a sobrevivência da sociedade **ao controle consciente das mentes individuais**. Isto é tão verdadeiro, no caso de Durkheim, como é no de Marx ou Hegel.

– *Theoretical and historical work. are thus logically distinct but complementary activities. If their task is rightly understood, there can be no conflict between them. And though they have distinct tasks neither is of much use without the other. But this does not alter the fact that neither cam theory be historical nor history theoretical E. A. Hayek (1955, p. 73).*

– *"Philosophies or theories" of history (or "historical theories") have indeed become the characteristic feature, the darling vice of the 19th. century. From Hegel and Comte, and particulary Marx down to Sombart and Spengler these spurious theories came to be regarded as representative results of social sciences. E. A. Hayek (1955, p. 74).*

Para Hayek, o campo da ciência social deve muitas das suas características ao acordo entre dois pensadores considerados como antípodas tradicionais: o idealista Hegel e o positivista Comte. Em muitos pontos, o pensamento destes dois homens apresenta curiosas semelhanças que levaram inúmeros autores a derivarem suas próprias idéias de Hegel e de Comte.

Esta longa lista inclui o próprio Marx, Engels, Feuerbach, Renan, Taine, Durkheim, Mazzini, Croce e Dewey.

Hegel havia colocado a pesquisa empírica fora do campo científico, Comte a constituiria, na totalidade da ciência. Porém, ambos acreditavam que a ciência empírica deveria ser puramente descritiva, confinada ao estabelecimento de regularidades entre os fenômenos empíricos observados. Ambos eram, portanto, fenomenalistas estritos, negando a possibilidade de a ciência empírica transcender o momento da descrição na explanação propriamente dita. Explanações para Comte eram fútil metafísica, enquanto Hegel guardava as explanações para a sua filosofia idealística da natureza. Este fenomenalismo é, em última instância, cartesiano. Descartes acreditava que a mente é capaz de uma racional idade compreensiva, e as raízes desta racional idade espalharam-se, por todas as correntes do pensamento moderno, obscurecendo a emergência das teorias de comportamento individual, porque tais correntes deram primazia à 'direção consciente' de todas as forças na sociedade.

J. W. N. Watkins (*ob. cit*, 1953, p. 725) vê em Max Weber alguma preocupação com os pressupostos do individualismo metodológico.

Pois a construção do tipo ideal holístico visava uma compreensão superficial das principais características de uma situação social, enquanto o tipo ideal individualístico é construído pela observação de situações reais ocorridas com indivíduos, abstraindo-se os esquemas genéricos das preferências "individuais", as diferentes espécies de conhecimento da situação que o indivíduo possa possuir e as diversas relações típicas entre indivíduos e entre indivíduos e seus recursos.

1.6 OS TIPOS IDEAIS E A REDUÇÃO EMPÍRICA

A concepção inicial de Weber pressupunha a possibilidade de captação dos traços essenciais de uma realidade histórica, através da completa abstração dos detalhes do comportamento individual. Watkins (*ob. cit.*, 1953, p. 727) procura demonstrar que o próprio Weber, tacitamente, abandonou os tipos idéias holísticos considerados, metodologicamente, impossíveis, favorecendo os tipos ideais individualísticos, como método de reconstrução dos fenômenos históricos. Weber descreveu os tipos ideais individualístiscos, na primeira parte, de seu trabalho póstumo '*Wirtschaft und Gesellschaft*'.

Para Watkins, existem somente duas alternativas exaustivas. Ou bem os seres humanos são os únicos agentes da história, ou bem temos o holismo que acredita em agentes ou fatores super-humanos, o que conduz a explicar os eventos sociais, em termos não-humanos.

Para Nagel, não é possível a redução das teorias sociais a teorias psicológicas, pois, para que uma teoria seja redutível a outra, duas condições formais precisam ser preenchida: a condição de conectabilidade e a condição de derivabilidade. Desta forma, a redução, apenas opera se as leis experimentais ou teoria da ciência secundária forem uma conseqüência lógica das premissas teóricas da ciência primária. A derivação lógica é impossível, a menos que as leis da ciência secundária contenham nenhum termo que não ocorra nas premissas teóricas da ciência primária.

Ora, a condição de conectabilidade não pode ser preenchida porque nem todos os termos coletivos da ciência social são redutíveis a indivíduos. Quanto à condição de derivabilidade as leis aplicáveis a indivíduos não são suficientes para a dedução de afirmativas sobre grupos de indivíduos. Nagel oferece exemplos de tentativas não bem-sucedidas de redução da macro e microeconomias. Embora tal redução não se tenha operado, isto não impediu a formulação de considerações metodológicas seguras na ciência econômica; o mesmo deve ser verdade para a ciência social.

A posição de Nagel deixa bem claro que o compromisso com tese ontológica do individualismo metodológico não implica um compromisso com sua tese metodológica. Portanto, se está errado ao concluir que existe uma necessidade lógica de aceitação da tese metodológica, uma vez aceita a ontológica e as duas alternativas excludentes encontram sua origem na falácia da falsa disjunção. Mandelbaum afirmou que leis sociais não redutíveis a leis sobre o comportamento individual podem existir, embora não ofereça exemplos concretos. Nagel admite sua existência necessária.

A principal conclusão destes debates é a de que o individualismo metodológico e o holismo metodológico não são mutuamente exclusivos.

Popper apontou o perigo do abandono ou rejeição do individualismo, tanto para os propósitos científicos, como políticos. Neste sentido, é possível sugerir que o individualismo metodológico possui um *status* epistemológico similar ao do behaviorismo, podendo ser extremamente útil como guia de pesquisa, ou um mal, se exclui outras orientações.

Mas é francamente possível entender as razões para a utilização do paradigma behaviorista nas ciências sociais a partir da aceitação do preenchimento das condições de conectabilidade e derivabilidade.

O princípio de Dewey sobre a autonomia da inquirição científica, nas palavras de Kaplan, estabelece que *"the pursuit of truth is accountable to nothing and to no one not a part of that pursuit itself"* (*ob. cit.*, 1964, p. 3) e justifica o posicionamento contrário à radicalização de posturas metodológicas. Vemos assim, na posição de Homans e na posição de Davies, um contrapartida sociológica, semelhante ao posicionamento epistemológico que está subjacente às posturas de Argyris e Blau, por exemplo, na teoria das organizações. Homans e Argyris defendem o individualismo metodológico alicerçado numa teoria de comportamento humano. Enquanto Davies e Blau procuram excluir a necessidade de uma teoria de comportamento que fornecesse as explicações últimas, embora aceitem implicitamente as premissas do individualismo metodológico, e mesmo as exigências de uma teoria de comportamento humano positivista.

Não nos parece difícil aceitar que os conhecimentos sociológicos empíricos possam se reduzidos, em última instância, às proposições da psicologia. Para tanto, não é necessária a dedução das proposições sociológicas da teoria psicológica, como propõem Homans e Argyris. Basta que os resultados empíricos das pesquisas sociológicas incorporem pressupostos comportamentais, tal como acontece nas obras de Davies e Blau. As condições para a redução não excluem a possibilidade de leis sociológicas. Exigem apenas a existência de dois campos de conhecimento com conjuntos observacionais distintos. Assim, as condições de conectabilidade e derivabilidade não necessitam utilizar um método direto de redução que exigiria a dedução de T_2 a partir de T_1 implicando complexidades intransponíveis, mas podem efetivar-se apenas e, simplesmente, pela **redução empírica**, uma vez que fique demonstrada a superioridade das explanações psicológicas sobre as sociológicas a respeito de um mesmo fenômeno.

Nagel, ao analisar os problemas metodológicos das ciências sociais, conclui que nenhum domínio da investigação social estabeleceu um corpo de leis gerais e foi, apenas, sob a inspiração das realizações teóricas da ciência natural que se construíram vastos sistemas de 'física social', que, entretanto, não resistem a uma análise cuidadosa. A própria construção das teorias de alcance médio, quanto a seu valor empírico é, ainda, **um problema não resolvido**.

A quase completa unanimidade que prevalece entre os cientistas naturais, também, não caracteriza os investigadores sociais. Portanto, torna-se importante, para Nagel, discutir os problemas fundamentais da estrutura de explicações das ciências sociais.

As primeiras questões importantes referem-se á investigação do alcance dos experimentos controlados, como uma condição *sine qua non* da obtenção do conhecimento empírico e, em particular, do estabelecimento de leis gerais. É a análise das afirmações de que a possibilidade de dispor de procedimentos empíricos controlados é desprezível nas ciências sociais. O conceito de experimentação controlada deve ser entendido, menos em seu sentido estrito, e mais, em seu sentido amplo de investigação controlada, onde se torna possível buscar, deliberadamente, situações diferentes que permitam observar o comportamento de um mesmo fenômeno, discernindo-se a variação de certos fatores e suas relações com as mudanças do comportamento do fenômeno observado. Importa pouco se estas variações foram introduzidas pelo cientista, ou não, considerando-se a experimentação como uma forma extrema de investigação controlada.

John Stuart Mill estava convencido de que era impossível aplicar o experimento para o fim de estabelecer leis gerais nas ciências sociais, pois dois de seus cinco Métodos de Investigação Experimental, o Método da Concordância e o Método da Diferença, eram inexplicáveis. O primeiro, requeria duas situações para um dado fenômeno, que fossem, em tudo, diferentes, exceto por um aspecto que poderia ser identificado como causa ou efeito do fenômeno. O segundo, requereria que houvesse duas situações tais, de forma que o fenômeno estivesse presente em uma, mas não em outra, sendo semelhantes todos os aspectos, menos um, identificado, novamente, como a causa ou efeito do fenômeno.

A objeção de Mill funda-se no caráter, historicamente, condicionado e culturalmente determinado dos fenômenos sociais.

Nagel adverte, contudo, os críticos das leis gerais na ciência social admitindo sua possibilidade lógica, embora, não realizada.

As ciências naturais, freqüentemente, formulam leis para 'casos ideais' de tal forma que estas leis enunciam relações de dependência para casos limites, nos quais as leis se realizam, raramente, e por vezes, nunca. Em conseqüência, a análise de uma situação concreta com a ajuda de uma lei, assim formulada, introduz suposições ou postulados adicionais para cobrir o abismo entre a lei geral e o caso concreto. Além disto, tais suposições ou postulados são complexos, e não se dá a menção explícita de todas as suas condições.

Portanto, o caráter, historicamente, condicionado dos fenômenos sociais não constitui obstáculo à formulação de leis transculturais de grande generalidade. A economia serve como exemplo de ciência social que tem formulado tais leis.

Quanto à objeção relativa às mudanças de comportamento, dos seres humanos, no interior das sociedades de que participam, a ciência deve estar acompanhada de noções, ainda que gerais, da proporção em que as propriedades investigadas podem ser alteradas devido à sua interação com o instrumento de medida.

Quanto à objeção de que o cientista social possui uma identificação empática com os fenômenos que investiga, Nagel lembra que tal identificação concerne às origens das hipóteses explicativas, mas não, à sua validade. Pois identificação não é conhecimento e não anula a necessidade dos juízos objetivos, avaliados de acordo com princípios lógicos comuns a todas as investigações controladas.

Em resumo, nenhuma das dificuldades metodológicas que se consideram como obstáculos às explicações sistemáticas dos fenômenos sociais é exclusiva destas ciências ou, intrinsecamente, insuperáveis. Importa realizar o exame das várias características estruturais ou formais que se apresentam nas diversas formas de explicação prevalecentes na investigação social.

Embora os fenômenos sociais possam ser muito complexos, não se pode afirmar que sejam, em geral, mais complexos que os fenômenos físicos ou biológicos, para os quais foram formuladas leis gerais, estritamente universais. **Igualmente criticável, para Nagel, é a postura do individualismo metodológico.** Pois, embora, seja correta a suposição metodológica da interpretação dos termos coletivos da ciência social como designações de grupos e de seus comportamentos, tais termos não se definem, invariavelmente, a partir de tais indivíduos ou grupos, nem a suposição exige que os termos coletivos sejam, em princípio, definíveis deste modo.

Para Popper, os esforços metodológicos nas ciências sociais não conduziram, exceção feita, à economia, senão a grandes decepções. Popper classifica os cientistas sociais, quanto à sua atitude, em relação aos métodos das ciências físicas, em pro-naturalistas e anti-naturalistas, sendo que para Popper, nenhuma das duas correntes compreende os métodos da física. O historicismo apresenta-se como a teoria que tentou combinar estes dois tipos de atitudes. E as teses historicistas são, fundamentalmente, responsáveis pelo estado pouco satisfatório das ciências sociais.

As teses antinaturalista do historicismo exaltam o papel da situação histórica. Qualquer método que admitisse as regularidades sociais estaria admitindo a noção de permanência e de finalidade que a história recusa. Nesta versão do historicismo, as leis sociais são produzidas pelo homem, por sua ação interveniente na história. A repetição real de uma experiência é tão impossível na sociedade, quanto o é num organismo biológico. Uma concepção deste gênero pode argumentar que é impossível analisar e explicar as diferenças entre as teorias sociais, a partir de suas conexões com as preferências e interesses prevalecentes num dado período histórico. A novidade social não é, como na física – uma novidade surgida da reorganização dos fatores. Na sociedade a novidade é real. Um fato social pode ser compreendido através da análise das forças que o produziram, através de sua significação, através de sua gênese. Tal método ultrapassa a explicação causal, **dando surgimento à uma metodologia essencialista, contrária ao nominalismo posição dominante nas ciências físicas**.

As teses pro-naturalistas do historicismo admitem a existência de leis universais e distinguem estas leis de suas verificações empíricas. Nesta versão do historicismo, as verdadeiras leis sociais são as leis históricas. A partir deste ponto, toda a construção racional de uma tecnologia social dependerá para o historicista de sua conveniência histórica.

A tecnologia social apresenta-se para o historicista de dois modos; a tecnologia totalista ou utópica, e a tecnologia oportunista. A primeira, possui um caráter público, tendendo a remodelar a sociedade global, enquanto a tecnologia oportunista realiza ajustes limitados e que são continuamente aperfeiçoados. Na prática, o modelo utópico resulta inviável, pois, ao rejeitar, *a priori*, as limitações do controle institucional, o utopista viola os princípios do método científico e, ao invés, de construir uma sociedade nova, ele vê-se obrigado a remodelar os homens. As totalidades **não podem ser objeto do estudo científico**, a não ser, através do privilegiamento de certas propriedades que conferem a algo uma estrutura organizada, pois a ciência é seletiva, sendo impossível capturar a estrutura 'concreta' da realidade social. Isto faz com que o método totalista permaneça necessariamente um programa. A evolução da vida sobre a terra ou a evolução da sociedade humana não são suscetíveis de serem captadas por uma lei científica. Uma lei universal não enuncia uma existência, uma tendência existencial. **Ao contrário, uma lei científica enuncia a impossibilidade de tal ou qual evento.** Platão, Maquiavel, Vico, Spengler, Toynbee e outros filósofos e cientistas sociais apresentaram 'leis' de evolução histórica. Comte e Mill apresentaram tendências absolutas de sucessão evolutiva, profecias incondicionais tão diferentes das predições científicas condicionais. Segundo a posição popperiana, é impossível, por exemplo, que a tendência à acumulação dos meios de produção, apresentada por Marx, seja uma lei científica.

1.7 O INDIVIDUALISMO METODOLÓGICO

Metodologicamente, o essencialismo histórico, dogmático, destrói-se a si mesmo, ao buscar as bases de suas explicações, através da construção de modelos nominalistas, meramente descritivos, apoiados nas concepções do individualismo metodológico, buscando atitudes individuais, antecipações, relações, para explicar os complexos fenômenos sociais. Como sabemos, Popper rejeita o historicismo, na sua vertente dialética materialista, como nas correntes idealistas utópicas. Para Popper, não existe nenhuma razão que justifique a impossibilidade de uma teoria sociológica que alcance diversos períodos sociais, de leis cujo domínio de validade não seja limitado. Mas, para tanto, **tais leis devem se apoiar no postulado da racionalidade total, prevendo-se a posse de informações completas por todos os indivíduos.** Neste caso, a novidade que pode ser racionalmente analisada e predita não pode absolutamente ser intrínseca, pois a distinção entre novidade de arranjo e novidade intrínseca corresponde à distinção entre explicação causal e apreciação de evento único.

Para Popper, a pretensão científica das ciências sociais só é legítima uma vez aceito o nominalismo e abandonados para sempre o essencialismo e o holismo metodológico.

O individualismo metodológico partilha alguns elementos com o reducionismo psicológico, mas não se confunde com esta postura. Entretanto, freqüentemente, estas duas posições metodológicas distintas, e por vezes rivais, são confundidas. O individualismo metodológico utiliza indivíduos como unidade básica de construção das teorias científicas. O reducionismo psicológico supõe uma teoria do comportamento individual como base para outras construções teóricas. A redução se dá sempre que a teoria redutora contém termos não incluídos no vocabulário da teoria reduzida e se os fatos explicados por uma teoria são também explicados pela outra e se a teoria redutora possuir o mesmo grau de sistematização da teoria reduzida.

A publicação, em 1958, de **Social Behavior as Exchange**, por Homans, reorientou a sociologia americana preocupada com o paradigma funcionalista. Surgem, a partir daí, as *exchange theories* preocupadas com a análise dos fenômenos a nível individual. A esta estratégia de construção teórica denominamos individualismo metodológico, pois procura explicar qualquer instituição social ou fenômeno, **através dos indivíduos como unidade básica de análise**, (BRODBECK, M., 1968. *In*: **Readings in the Philosophy of the Social Sciences**, p. 280).

Desta forma, uma teoria construída, sobre tal pressuposto, **contém afirmativas sobre indivíduos e seu comportamento**. Além desta estratégia epistemológica, existe pouco acordo entre os seguidores desta postura; entre estes, Berger, Blau, Colemam, Davis, Homans, Newcombe, Stinchcombe e Zetterberg. Os individualistas metodológicos negam que o todo seja maior que a soma de seus compoentes.

A doutrina oposta, o holismo metodológico, é tida como impraticável pelos seus opositores. E ambos os contendores buscam suas razões nas práticas de seu oponente.

E, é inegável que o individualismo metodológico, degenerado no que se costuma chamar **monadismo**, resulta na desesperada incorporação de relações complexas e difusas em termos relacionais ou individuais. E as duas alternativas tendem a ser exaustivas, na medida em que alegam que o ser humano é o único agente da história, ou que alegam que existem leis ou fatores supra-humanos no contexto histórico. **O marxismo é, provavelmente, uma tentativa ambivalente de conciliação destas posturas**. Aliás, o dilema entre total liberdade individual e a sociedade que assegura os meios desta liberdade permeia todo o pensamento ocidental, tornando o liberalismo, o marxismo e outras filosofias políticas **uma seara de controvérsias**.

A posição popperiana considera impossível que exista uma tendência social que não possa ser **alterada por indivíduos** possuidores de informação apropriada. E é interessante notar que isto o liberalismo e o marxismo têm **em comum**.

Laird Addis (The Individual and the Marxist Philosophy. *In*: BRODBECK, *ob. cit.*, 1968, p. 317) pergunta se, ao assumirmos que a visão de Marx está preocupada com as macrovariáveis e que isto não afeta a liberdade da ação humana, podemos, ainda, afirmar que Marx é um holista. E se isto é verdade, Marx chegou a propor ou não propôs as leis que asseguram esta liberdade? Em suma, não há tão boas razões para considerar Marx um holista metodológico, e mais ainda, seguramente, não há razão para entendermos que Marx decidiu-se por um holismo, sem leis paralelísticas que asseguram a liberdade do homem, enquanto indivíduo. E é até mesmo possível sustentar que Marx poderia ter defendido a posição individualística, em termos da definição psicológica da liberdade.

A filosofia marxista foi acusada de excluir a escolha e o comportamento na história, pois as regras do materialismo excluem o arbítrio, o que tornaria Marx um holista, preso a um determinismo econômico de tipo fatalista.

O que Marx exclui não é comportamento, mas, a livre vontade. Escolhas são eventos mentais, e para Marx toda a explanação deve ser feita em termos de eventos materiais ou físicos. A história é independente da vontade dos homens e os componentes sociais formam um sistema fechado. O determinismo econômico não deixa lugar para a eficácia causal do comportamento. Torna-se, portanto, extremamente importante, mesmo crucial, analisar a concepção de Marx da conexão entre mentes e mundo material, sua visão do relacionamento da teoria psicológica e da sociologia, a importância da economia na sociedade e, finalmente, sua versão do determinismo.

A postura de Marx é dualista. Não há processo entre as variáveis sociais por si só, todas as variáveis são definidas em termos de propriedades dos indivíduos, e, dadas estas definições, as leis do grupo são dedutíveis das leis individuais. Doutra forma, não é possível explicar a liberdade do homem e mais, basicamente, de uma classe social para mudar a história.

Para Marx, a visão do processo social se dá através do interacionismo social total, e isto é formalmente incompatível como determinismo econômico. Como entender, então, uma doutrina do interacionismo social em que o elemento econômico se torna necessário? Isto é possível privilegiando algumas variáveis econômicas, sobretudo, a luta de classes; desta forma nem todas as variáveis interacionais têm igual peso.

Em suma, Marx não é um holista metodológico consumado, e sua teoria insiste na liberdade do homem. Mesmo, se nos o considerarmos holista, teremos de admitir que sua teoria contém leis paralelísticas que dão conta da liberdade humana. Desta forma, não é necessário levar em conta os eventos mentais na explanação e predição dos eventos físicos, e as variáveis físicas constituem um sistema de causalidade fechado que compõe o materialismo marxista.

Assim, o arbítrio, a escolha, desempenham papel fundamental desde que interajam com o mundo material. E o marxismo não pode ser tido como assertiva de que a ordem social é causalmente independente da ordem individual, donde segue a conclusão sobre a impossibilidade de contrastar como opostos os paradigmas behaviorista e marxista, uma vez que, vencida a falsa consciência e o domínio do econômico, teremos comportamento regulado por suas próprias leis. A inversão do hegelianismo é uma volta ao behaviorismo, porque desequilibra a totalidade interacional e o valor dos mitos e simbolismos da sociedade humana. O sentido de liberdade no marxismo é, essencialmente, behaviorista e, igualmente, clássico, porque se refere à responsabilidade moral. Isto ultrapassa a tradição de Spinoza e Hegel, para quem o sentido de liberdade significa a consciência da necessidade. Marx não afirmou jamais que as mentes fossem um epifenômeno. Apenas, efeitos e não, causas.

1.8 TEXTO PARA LEITURA E DISCUSSÃO: JEREMY BENTHAM E UTILITARISMO (Autor: Professor Doutor Gastão Rúbio de Sá Weyne-PUCSP)

1.8.1 Introdução

Jeremy Bentham (1748-1832) foi o filósofo e jurista inglês em torno do qual se constituiu o grupo de pensadores utilitaristas clássicos. Com uma obra volumosa e percorrendo os mais variados temas, foi responsável pela sistematização dos princípios que constituem o núcleo do enfoque utilitarista. No entanto, Bentham é o pensador *utilitarian* que recebeu o maior volume de críticas, tendo sido tratado com pesadas ofensas e extrema animosidade por seus críticos mais ferrenhos, quase sempre desconhecedores do conjunto de sua obra.

A história mostra que ninguém mais do que Jeremy Bentham, sabidamente um pensador liberal, defendeu com tanta veemência e de forma incansável o utilitarismo, uma corrente de pensamento que ele, confessadamente, não criou, mas recebeu-a dentre outros, de Epicuro, Helvetius, Priestley, Hobbes, Beccaria, Hartley, Humes, Hutcheson. Bentham foi o porta-voz dos interesses da burguesia inglesa no início do século XIX, tendo procurado traduzir acertadamente suas idéias predominantes e prevalecentes em sua época.

Bentham, como o grande cultor, defensor e divulgador da doutrina do utilitarismo, defendeu essa corrente inglesa do pensamento ético, político e econômico, uma teoria que responde a questões acerca do que fazer, do que admirar e de como viver, em termos da maximização da felicidade ao maior número de pessoas. Enfatize-se que Bentham sempre admitiu a idéia do utilitarismo como anterior a ele, e tudo parece indicar que seu mérito não está somente no seu marcante empenho para a consolidação dessa doutrina, mas, na sua contribuição para uma vigorosa aplicação da teoria a vários problemas práticos.

Observe-se que o utilitarismo compreende o bem-estar do maior número possível de membros da sociedade, o bem comum, de forma coletiva e não, distributiva. Apenas interessa o máximo bem-estar geral, enquanto a partilha desse bem-estar pelos diferentes membros não desempenha qualquer papel autônomo. É, portanto, possível que a desvantagem que o sistema possa ter para alguns, seja compensada através duma maior vantagem para os outros.

No panorama político atual, constata-se uma significativa redução das preocupações com a ética, com a solidariedade, com os simples sentimentos de felicidade ou de realização pessoal. Nesse contexto, o utilitarismo é criticado através de um argumento um tanto cínico, de que basta cada um individualmente maximizar as suas vantagens para que socialmente se obtenha um mundo que não seria ideal, mas seria o melhor possível.

Para tentar analisar as polêmicas idéias utilitaristas de Bentham, parece prudente que se tome uma posição relativista. Isto significa não recusar, de um lado, a ponderação dos valores correspondentes aos princípios morais associados ao tema e, de outro, não admitir como lícito afirmar a posse de qualquer verdade absoluta, capaz de uma demonstração racional ou de uma teoria indiscutível. Não se pode fugir de adotar um valor ou intenção moral, algumas vezes oposto aos pensamentos de Bentham. Será possível, assim, a formação de um vínculo entre a responsabilidade de análise e de discussão. Estabelece-se, nestas condições, uma oposição ao dogmatismo insolente, e forma-se uma consciência de que a posição que venha a ser assumida não tenha um caráter inabalável e nem seja susceptível de uma demonstração impositiva, criando-se, desta forma, uma abertura para o questionamento e o convencimento.

1.8.2 O princípio da utilidade na concepção de Bentham

Para Jeremy Bentham, a dor e o prazer, que considerava os *"dois senhores soberanos"*, dominam a humanidade e, através destes sentimentos, é possível distinguir o que é certo do que é errado, com indicação do que se deve fazer. Esta concepção tem o objetivo, segundo ele[1], de *"construir o edifício da felicidade através da razão e da lei"*. Em sua concepção original, Bentham iniciou a defesa do utilitarismo, afirmando o seguinte:

A natureza colocou o gênero humano sob o domínio de dois senhores soberanos: a dor e o prazer. Somente a eles compete apontar o que de-

---

[1] BENTHAM, Jeremy. **An Introduction to the Principles of Morals and Legislation**. Oxford: Clarendon Press, 2005. p. 11.

vemos fazer, bem como determinar o que na realidade faremos. Ao trono desses dois senhores está vinculada, por uma parte, a norma que distingue o que é reto do que é errado e, por outra, a cadeia das causas e dos efeitos. Os dois senhores de que falamos nos governam em tudo o que fazemos, em tudo o que dizemos, em tudo o que pensamos, sendo que qualquer tentativa que façamos para sacudir este senhorio outra coisa não faz senão demonstrá-lo e confirmá-lo. Através das suas palavras, o homem pode pretender abjurar tal domínio, porém na realidade permanecerá sujeito a ele em todos os momentos da sua vida. O princípio da utilidade reconhece esta sujeição e a coloca como fundamento desse sistema, cujo objetivo consiste em construir o edifício da felicidade através da razão e da lei. Os sistemas que tentam questionar este princípio são meras palavras e não, uma atitude razoável, capricho e não, razão, obscuridade e não, luz.

Admitindo a possibilidade de aperfeiçoar a doutrina do utilitarismo, em 1820, Bentham declarou que preferia que o princípio da utilidade passasse a ser denominado de princípio da maior felicidade. Nas novas edições de seus livros passou a adotar notas de rodapé com esta observação. Observe-se que os dois termos são associados informalmente uma vez que se entende ser a "utilidade" de Bentham a utilidade para produzir felicidade.

Um problema inicial que se apresenta é que há muitas facetas a considerar para um melhor entendimento do estado de felicidade. Veja-se que esta situação subjetiva exige que se defina, inicialmente, qual é o estado de bem-estar que, para cada indivíduo, equivale à sua felicidade. Parece difícil, portanto, definir o que é a felicidade, considerando-se ter ela muito de pessoal, pois cada um tem seus níveis de aspiração específicos e sua felicidade própria.

O utilitarismo enfrenta uma dificuldade básica, que é a questão de saber de que modo se pretende universalizar a felicidade. Isto é, em qualquer caso, extremamente difícil quando se entende, como Bentham, a felicidade como uma substância que se pode partilhar. Ora, as qualidades de vida dos homens são demasiado diferenciadas para que seja possível reduzi-las a um denominador comum. Certamente, todas ou quase todas as pessoas pretendem ser saudáveis, livres, abastadas, com posses e bem-sucedidas, mas há muitas pessoas livres, ricas e bem-sucedidas que não são felizes. Outra grave objeção ao utilitarismo surge quando se questiona o que aconteceria se o maior bem do maior número apenas pudesse ser alcançado através de medidas drásticas de eliminação de vidas humanas, de modo a que o mundo se libertasse de todas as criaturas repulsivas ou incômodas, dos criminosos, dos que têm um comportamento fora de normal, dos doentes mortais, dos inválidos e até mesmo daqueles que são feios ou mal humorados.

Parece ser necessário, como ponto de partida, discutir sobre o conteúdo do útil, ou seja, o que é considerado o mais proveitoso para o maior número. Para Bentham, o prazer é o bom ou útil; o utilitarismo combina-se aqui com o hedonismo. Ainda para Bentham, em suas observações no rodapé de suas obras, o útil ou bom é a felicidade. E, como por ela não se entende exclusivamente a felicidade pessoal, mas a do maior número possível de homens, a sua doutrina vem a ser uma forma de eudemonismo social. Mas o que se considera bom ou útil pode ser também o conhecimento, a virtude, o poder, a riqueza etc., e, nestes casos, têm-se tipos diferentes de utilitarismo segundo a maneira diferente de conceber o conteúdo do útil para o maior número. Se os bens intrínsecos que os atos humanos podem causar não se reduzem a um só, mas a uma pluralidade dos mesmos, teremos então um utilitarismo pluralista, de acordo com o qual o bom não é um só sentimento, mas várias coisas que podem, ao mesmo tempo, considerarem-se como boas.

Outro questionamento a ser feito em relação ao utilitarismo benthamiano consiste em saber a quem o útil beneficia. Esta questão se justifica para afastar uma falsa opinião sobre o utilitarismo, interpretado no sentido egoísta, bastante divulgada e de acordo com a qual o bom seria somente o útil ou proveitoso para uma pessoa, isto é, o que contribui para o bem-estar de um indivíduo, prescindindo de que seja vantajoso também para outras pessoas, ou para a sociedade como um todo. Numa concepção semelhante, seria inconcebível o sacrifício de um a favor do outro ou da coletividade. O utilitarismo assim concebido seria uma forma de egoísmo ético, posição que Bentham não defendeu.

Eliminada esta significação do "útil" (como o útil para uma pessoa, independentemente de que o seja ou não para os outros), seria possível interpretar o utilitarismo no sentido oposto: como uma doutrina que concebe o bom como o útil para os outros, independentemente de que coincida ou não, com o próprio bem-estar pessoal. De acordo com esta posição, o bem seria o útil para os outros, ainda que esta utilidade entrasse em contradição com os interesses pessoais de alguém. O utilitarismo seria assim – em diametral oposição ao egoísmo ético – um altruísmo ético.

Nessa linha de raciocínio, o utilitarismo pretende ser mais exatamente a superação de ambas as posições extremas e unilaterais. O egoísmo ético exclui os demais: o bom é somente o que serve a um interesse pessoal. O altruísmo ético exclui este interesse pessoal e vê o bom somente naquilo que visa a um interesse geral (o dos outros). O utilitarismo sustenta, pelo contrário, que o bom é o útil ou vantajoso "para o maior número de pessoas", cujo interesse inclui também o interesse pessoal.

Mas, como conciliar os diversos interesses – o dos demais e o individual – quando entram em conflito? Um conflito semelhante pode apresentar-se, por exemplo, quando um país pequeno é agredido por uma potência estrangeira e se trava então uma guerra justa, defensiva e patriótica. O interesse pessoal exige, de um lado, que se conserve a própria vida ou que não se renuncie às suas comodidades, mas o interesse geral reclama, por sua vez, a renúncia a estas comodidades e o risco até da vida no campo de batalha. O utilitarismo aceitará neste caso o sacrifício do interesse pessoal, da felicidade própria ou até da própria vida a favor dos demais ou em benefício da comunidade inteira. Mas este sacrifício não será considerado bom ou útil em si, mas na medida em que contribua para aumentar ou estender a quantidade de bem para o maior número. Inclusive sacrificar a vida, neste caso, será útil ou proveitoso (isto é, bom) porque, do contrário, ocorreriam males maiores (ou seja, as conseqüências seriam piores) do que se se realizasse qualquer outro ato em seu lugar.

Vê-se então que o bom (o útil) depende das conseqüências. Um ato será bom se tem boas conseqüências, independentemente do motivo que levou a fazê-lo ou da intenção que se pretendeu concretizar, ou seja, independentemente do fato de que o agente moral se tenha proposto, ou não, que um seu ato seja vantajoso para si, para os demais ou para toda a comunidade, o ato – se é benéfico nas suas conseqüências – será útil e, por conseguinte, bom. No entanto, como só se pode conhecer as conseqüências depois de realizar o ato moral, exige-se sempre uma avaliação ou um cálculo prévio dos efeitos ou conseqüências prováveis, que Bentham inclusive tentou quantificar. O utilitarismo concebe, portanto, o bom como o útil, mas não num sentido egoísta ou altruísta, e sim, no sentido geral de bom para o maior número de homens.

Pode-se questionar que a pobreza do repertório de conceitos desenvolvido pela ética utilitarista não dá plena conta da riqueza do mundo moral. As noções de virtude e justiça, as disposições de lealdade e sinceridade, as afeições naturais e tudo o que parece dirigir-se aos sentimentos humanos e suscitar a espontaneidade da ação, não poderiam ser mantidas em toda a sua integridade quando analisadas por uma abordagem de tipo utilitarista. Esta abordagem tende a atribuir um valor meramente instrumental para essas noções e disposições. Nesta concepção, o agente moral ideal preconizado pelo utilitarismo leva em conta apenas a maximização imparcial da felicidade, ignorando as emoções, os vínculos e as afeições pessoais.

1.8.3 Críticas às concepções utilitaristas de Bentham

Ao longo do tempo, inúmeras críticas foram dirigidas a Jeremy Bentham, algumas vezes como ofensas à sua personalidade; outras, em razão dos anacronismos e preconceitos de que o acusaram, e, outras vezes, através de críticas fundamentadas por discordância filosófica às suas idéias.

Bentham, portanto, não foi carente de críticos célebres. Há todo um elenco de figuras ilustres que também se notabilizaram pela abundância de expressões indelicadas e reveladoras de sentimentos pouco dignificantes no trato com aquilo que julgavam ser Jeremy Bentham e sua filosofia. Os especialistas têm se dado ao cuidadoso trabalho de colecionar as expressões usadas por personalidades famosas que nunca leram um texto inteiro de Bentham e somente tiveram contato com suas idéias através de terceiras mãos.

O que há de comum a todas essas críticas é que, em primeiro lugar, são todas produzidas por figuras notáveis que não conseguiram esconder sua violenta rejeição àquilo que concebiam como a filosofia de Bentham. Outro aspecto comum aos autores citados está no fato de que, quase todos, desconhecem de forma exemplar a obra e o pensamento de Bentham. O que caracteriza, de forma mais típica, esta modalidade de críticas é o caráter de aforismo em que ela se expressa. Por via de regra essas críticas são apresentadas em um discurso direto em que prevalecem os adjetivos e carecem os argumentos.

Tudo indica que o poder das idéias de Bentham constitui parte dos motivos que teriam gerado a fúria de seus críticos. Segundo Pitkin[2], algumas das idéias de Bentham tornaram-se pressupostos comuns até um ponto em que se pode afirmar que elas teriam triunfado dentro de cada um. Pitkin afirma que, se acontecesse de Bentham retornar hoje, ele certamente ficaria contente com a extensão de seu triunfo, a influência de suas invenções, reformas, vocabulário, o prestígio que contemporaneamente desfruta o utilitarismo e seus derivados: a teoria da escolha pública, a teoria da escolha racional, a teoria dos jogos e a teoria da análise de custo e benefício.

Para Ogden[3], Bentham tinha forte influência na esfera política e jurídica; não era um pensador de idéias originais e profundas, era confuso em suas afirmações filosóficas e tinha a tendência de simplificar problemas complexos, pedante e sistematizador de opiniões diversas, superestimado pelos seus contemporâneos.

Analisando a metodologia de Bentham, Smith[4] afirmou que *"Mr. Bentham era prolixo, ocasionalmente envolvente e obscuro e inventava*

---

[2] PITKIN, Hanna F. **The Concept of Representation**. California: University of California Press, 1972. p. 21.
[3] OGDEN, Charles Kay. **Introduction to Bentham's work**. London: Paul, Trench, Trubner, 1931.
[4] SMITH, Sidney. **Fallacies of Anti-Reformers**. Edinbourg: Edinbourg Review, 1824.

novas e alarmantes expressões. Gostava de divisões e subdivisões e amava o seu método em si, mais do que suas conseqüências".

É sabido que Kant pensou que a sua própria teoria moral estava em clara oposição ao princípio da felicidade, que é, segundo Bentham, o princípio basilar do utilitarismo. Diz Kant[5]: *"Se a eudemonia (o princípio da felicidade) é tomada como princípio em vez da eleuteronomia (o princípio da liberdade da legislação interior), a conseqüência disso é a eutanásia (a morte suave) de toda a moral".*

Kant nega que a felicidade seja o ideal de razão e, mais especificamente, que a teoria da felicidade possa ser suportada por qualquer espécie de raciocínio *a priori*. Argumenta a favor do último ponto de forma impressionante:

Só a experiência nos pode ensinar o que nos dá prazer. As naturais tendências para o alimento, o sexo, o repouso, o movimento e (por desenvolvimento das nossas próprias disposições naturais) as tendências para a honra, o aumento do nosso conhecimento etc., só podem fazer conhecer a cada um de sua particular maneira, onde deverá procurar tais prazeres. A experiência pode ensinar-lhe também os meios com os quais procurar alcançá-los. Qualquer aparente raciocinar **a priori** *aqui não é mais do que experiência elevada por indução à generalidade.*

Bentham não foi o criador do princípio de utilidade, mas sim, adaptou-o e ampliou-o, como ele mesmo o reconheceu. No entanto, o seu ineditismo autocontestado foi duramente atacado, principalmente na avaliação de Marx[6], para quem Jeremias Bentham é um fenômeno puramente inglês. Mesmo sem excluir Christian Wolf de nossos filósofos, nunca houve em tempo algum em nenhum país, ninguém que, como ele, se pavoneasse tão presunçosamente com os lugares-comuns mais prosaicos. Nem o princípio da utilidade foi invenção de Bentham. Reproduziu, sem espírito, o que Helvetius e outros franceses do século XVIII tinham dito com agudeza intelectual. Se quisermos, por exemplo, saber o que é útil a um cão, temos de conhecer antes sua natureza. Essa natureza não pode ser inferida do princípio de utilidade. Do mesmo modo, para julgar todas as ações, movimentos, relações etc. do homem pelo princípio de utilidade, temos de nos ocupar, antes, com a natureza humana em geral e ainda com a natureza humana historicamente modificada em cada época.

Com relação ao chamado "utilitarismo negativo", observe-se que as principais objeções à doutrina do utilitarismo são, em primeiro lugar,

---

[5] KANT, Emmanuel. **Critique de la Raison Pratique**. Tradução de Ferdinand Alqué. Paris: Presses Universitaires de France, 1949. p. 35-39.
[6] MARX, Karl. **O Capital, Crítica da Economia Política**. 8. ed. Tradução do alemão por Reginaldo Sant' Anna. São Paulo: Difel, 1982, v. 6, nota de rodapé, p. 708.

que a felicidade não se pode universalizar a menos que seja entendida sem qualquer conteúdo. Como exemplo, para uns a felicidade é vencer uma competição esportiva; para outros, é estudar Aristóteles. Em segundo lugar, o interesse do utilitarismo é apenas o de que a maioria, o maior número possível, seja feliz. Desta forma, o utilitarismo não se preocupa com a minoria que não é feliz, e essa minoria não é necessariamente numérica. Ora, não se pode fundamentar de forma utilitarista uma tutela das minorias, podendo aliás a minoria ser combatida quando tal seja útil tendo em vista a felicidade da maioria. O "utilitarismo negativo", como o designou Ilmar Tammelo[7], escapa a ambas as objeções. Deve-se impedir a infelicidade na maior medida possível e do maior número possível de pessoas. E a infelicidade ou, mais rigorosamente, a aspiração que cada pessoa tem de não ser exposta à infelicidade, é algo que se pode universalizar. Pode apontar-se concretamente aquilo que para todas as pessoas significa infelicidade: doença, enfermidade, dores, pobreza, fome, falta de abrigo.

A extensa obra de Jeremy Bentham tem sido amplamente analisada e discutida ao longo do tempo e, com a criação da "International Society for Utilitarian Studies – ISUS", tem sido melhor avaliada, surgindo novas e recentes interpretações[8]. Desta forma, é possível, através de novos intérpretes revisionistas, concretizar a busca de uma nova visão sobre a filosofia benthamiana, diferente, portanto, do velho e tradicional enfoque, característico de uma interpretação atualmente considerada como distorcida, ou seja: é necessário reavaliar a antiga visão tópica, que não faz justiça à complexidade dessa filosofia.

1.8.4 Considerações finais

Para seus críticos, Bentham construiu uma abordagem simplista e grosseira das motivações que levam as pessoas a agirem como agentes morais. Ao afirmar que o único mecanismo que controla a ação das pessoas é a busca do prazer e a fuga da dor, ele estaria construindo uma teoria que trivializa a estrutura da intencionalidade humana. Assim, na formulação utilitarista de Jeremias Bentham não teriam lugar os mais altos ideais da amizade, dignidade, justiça, liberdade, patriotismo, fraternidade, amor materno. Nesse sentido, a ética benthamiana não com-

---

[7] TAMMELO, Ilmar. **Outlines of Modern Legal Logic**. London: Wiesbaden, F. Steiner, 1969.
[8] Entre os chamados "novos intérpretes" da filosofia benthamiana estão, entre outros citados neste trabalho: F. Rosen, M. Oakeshott, L. J. Hume, J. R. Dinwiddy, D. Lyons, A. J. M. Milne, H. B. Jacobini, R. C. Pratt, M. James, J. H. Burns, P.J. Kelly, W. Stark, W. L. Taylor e L. C. Boralevi.

portaria os ideais dos atletas, dos heróis, dos santos, dos mártires, nem de masoquistas.

Não se pode negar, porém, que Bentham não só foi um dos pensadores mais independentes e originais como também prestou à ética uma colaboração que essa não pode perder. Pela plenitude e sugestiva força de seus pensamentos, por seu bom senso prático e por sua amplitude de visão são seus escritos mais compensadores do que o exame dos escritos da maioria dos seus opositores que andam sobre bases especulativas e desfraldam a bandeira do idealismo.

O novo enfoque ou nova interpretação caracteriza-se pela idéia de que o pensamento de Bentham constitui um todo coerente, e que, se tal filosofia abriga tensões, ela é bem mais consistente do que supuseram seus intérpretes clássicos. De acordo com a interpretação tradicional, a característica mais saliente da personalidade de Bentham é tratar-se de uma figura pouco maleável e que, em seu desejo quase doentio de acolher, em suas obras, os mais variados assuntos, teria produzido uma obra eclética e eivada de contradições. De acordo com a interpretação clássica, correntes estranhas à índole do utilitarismo teriam exercido uma influência tão avassaladora sobre a polêmica personalidade de Bentham, que ele e seus seguidores não teriam podido responder, de forma mais convincente, aos ataques de seus opositores.

A nova interpretação da obra de Bentham, denominada também interpretação revisionista, foi certamente propiciada pela publicação, nas últimas décadas das obras completas de Bentham[9], o que ensejou inúmeros estudos, os quais buscaram retificar supostos erros de interpretação, resultantes de uma leitura parcial da obra benthamiana.

Os novos intérpretes entendem, em sua maioria, que Jeremy Bentham é um pensador de grandes méritos e que muitas das contradições e falácias que lhe foram imputadas residem no fato de que certas passagens de sua obra foram lidas sem se levar em conta o conjunto da sua produção. Tudo indica que uma leitura mais acurada e que possa abranger um contexto mais amplo pode auxiliar a dissipar algumas das supostas contradições e falácias.

Convém registrar que o que se convencionou chamar de nova interpretação não constitui obviamente um bloco monolítico de teses. O que os novos intérpretes têm em comum é a propensão a uma reconstrução da filosofia de Bentham que sugere a existência de um pensamento mais coerente e vigoroso do que se supunha. Também não se trata de negar ou

---

[9] As principais obras completas de BENTHAM consistem nos **Works of Jeremy Bentham** e no **Colleted Works of Jeremy Bentham**.

escamotear a existência de obscuridades, ambigüidades ou tensões nas idéias deste pensador.

Ao que parece, a chave propiciadora dessa nova interpretação é fornecida pelo conceito de felicidade, o qual não seria incompatível com os conceitos de liberdade, de justiça e de virtude, mas, ao contrário, o ideal de felicidade acalentado por Bentham seria impensável sem tais elementos que lhe são constituintes. Enfim, a nova interpretação deve ser mais discutida e analisada, considerando-se que ela provoca e estimula a releitura e um reexame incentivador do pensamento de Bentham.

REFERÊNCIAS

POPPER, Karl Raymond. **La logica de Ia Investigacion Científica.** Madrid: Técnos, 1962.
_____. **La Sociedad Abierta y sus Enemigos,** Buenos Aires: Paidós, 1957.
_____. **Misere de l'Historicisme Paris.** Libraire: Plon, 1955.
_____. **The Logic of Scientific Discovery New York.** Harper and RowPublishers, 1965.
_____. The Sociology of Knowledge. *In*: CURTIS; PETRAS. **The Sociology of Knowledge, a Reader.** New York: Praeger Publishers, 1970.
HABERMAS, Jurgen. **Technik und Wissenschaft ai Ideologie Frankfurt Suhrkamp,** 1970.
KNOWLEDGE, and Interest. *In*: EMET, D.; MACINTYRE, A. (Eds.) **Sociological Theory and Philosophical Analysis.** New York: Macmilian, 1970
VAPNARSKY, C. A. On Methodological Individualism in Social Sciences in The Cornell. **Journal of Social Relations.** Spring, 1967. v. 2 n. 11, 2.
HAYEK,. F. A. **The COUNTER - Revolution or Science**: Studies on the Abuse of Reason, Glencoe, Free Press, 1964.
BRODBECK, M. **Readings in the Philosophy of the Social Sciences.** London: Collier/MacMilian, 1968.
BRODBECK, M.; FEIGL, H. **Readings in the Philosophy of Science.** New York: Appleton, 1953.
WATKINS, J. Ideal Types and Historical Explanation. *In*: FEIGI; BRODEBECK (Eds.). **Readings in the Philosophy of Science.** New York: Appleton,1953
KAPLAN, A. **The Conduct of lnquirv.** San Francisco: Chandler, 1964.
MILL, J.S. **Utilitarianism.** London: Longsmans, 1867
WEBSTER JR. M. Pychological Reductionism, Methodological lndividualism, and Large Scale Problems. **American Sociological Review**, v. 38, 1973.
HOMANS, G. Bringin Men Back. **AmericanSociologicaL Review,** 1964. Social Beha vior: its elementary forms. New York: Harcourt, 1961. The Nature of Social Sciences. New York: Harcourt, 1967.

Capítulo 2

O MÉTODO PRAGMATISTA: RESOLVER QUESTÕES, LEVANDO EM CONTA VÁRIAS POSSIBILIDADES, MAS, FUNDAMENTALMENTE, CONSIDERANDO AS CONSEQÜÊNCIAS POLÍTICAS DE UMA OU OUTRA OPÇÃO

2.1 INTRODUÇÃO

Este nosso trabalho adota em um primeiro momento, e, provisoriamente, a afirmação de M. Guéroult sobre ser *"a história da filosofia, antes de tudo, filosofia"*, mas, devendo ser, sempre, intransigente sobre a verdade histórica da produção do texto filosófico.

Assim, percorreremos o texto de Paul Ricoeur, escolhido como eixo de nossas reflexões, procurando captar seu tempo lógico, seus movimentos. Sabemos, porém, que durante toda a leitura estaremos tentando unificar diferentes tempos lógicos, sobretudo, quando se trata, como é o caso de um filósofo que se refere à obra de dois outros filósofos, percebendo diferentes tempos históricos (que não podem conter os tempos lógicos) E, por o texto se referir, em parte, a Hegel, lutando, também, com uma concepção tempo universal à maneira hegeliana.

Na verdade, como já o afirmou Goldschmidt, em **A Religião de Plantão**, estaremos assim, tentando aproximar **consciências filosóficas** para que tenham o mesmo ritmo, sob a premissa básica de que aceitaremos ser dirigidos pelos ritmos filosóficos que serão analisados.

O texto escolhido se presta, admiravelmente, a esta tentativa, pois já em si, é um acabado exemplo de "como ler filósofos", sendo também, uma belíssima demonstração de busca de um fio condutor do espaço do impensado na obra de Hegel e Husserl. Esperamos poder assim, e seguindo Recoeur, falar sobre a metodologia para ler e redigir em filosofia. *"Le philosophe le plus autodidacte ne peut faire l' économie de Kant; l' histoire doit avoir un sans pour la recherche même de la vérité"* Ricoeur. Aprendemos durante a análise que atribuir-se sentido à história e um movimento à razão é caminho do qual se precisa com coragem abrir mão para produzir história da filosofia sem filosofia da história. Sabemos que a unidade de uma filosofia é unidade singular. A singularidade em questão é a do sentido da obra e não a do vivido peculiar ao autor. Neste sentido, tomadas em seu conjunto, as filosofias não são nem verdadeiras, nem falsas, mas outras. Também compreendemos, ao fim, que a pesquisa da verdade está suspensa entre o caráter finito do questionamento filosófico e a abertura do ser. *"L'histoire de la philosophie est oeuvre de philosophie comme detour de la clarification de soi"* (RICOEUR, P. **Histoire et Vérité**, *op. cit.*).

Atingimos então, uma definição intersubjetiva de verdade e, é, justamente, para explorar este conceito que escolhemos o texto **Hegel et Husserl, sur l'intersubjetivité**, aceitando, como Paul Ricoeur, que não existe um "logos" desta abertura que fundamente na unidade todas as questões filosóficas. Mas, buscamos levados por Ricoeur, à luz, a este *"éskhaton"* a uma esperança ontológica de certeza que têm seus sinais e garantias. O texto de Ricoeur a ser tratado em seus diferentes movimentos, será, portanto, o exercício que nos propusemos, de compreensão da leitura de filósofos. O segundo período da filosofia moderna, ainda que inicializado pelo racionalismo de Kant, é muito mais empirista que o primeiro; os dois campos – racionalismo e empirismo – se conflitam mais fortemente. A força do empirismo se revela também na multiplicidade de suas denominações, porquanto é citado também como positivismo, neopositivismo, pragmatismo, neo-realismo, filosofia analítica, e ainda, por expressões como: behaviorismo, funcionalismo e similares.

2.2 DA FENOMENOLOGIA AO PRAGMATISMO

O filosofo não afirma que é possível uma transcendência final das contradições humanas/ e que o homem total nos espera no futuro: como toda a gente sobre isso nada sabe. Diz apenas – o que é completamente diferente – que o mundo teve um começo, que não devemos julgar seu futuro pelo seu passado, que a idéia de um destino nas coisas não é uma idéia, mas uma vertigem, que as nossas relações com a natureza não estão fixadas de uma vez para sempre, que ninguém pode saber o que pode fazer com a liberdade, nem imaginar como seriam os costumes e as relações numa civilização que não fosse perseguida pela competição e pela necessidade. Não põe sua esperança em destino algum, mesmo favorável, mas precisamente naquilo que em nós não é destino, na contingência de nossa história, sendo esta negação a sua posição (MERLEAU-PONTY, Maurice. **Elogio da Filosofia**).

Passamos neste tópico a desvelar os movimentos do texto de Ricoeur[10], cujo tema central é: "*La phénoménologie husserlienne réussit-elle à faire l'économie du concept d'esprit, et plus précisément de cette modalité du Geist qui, dans l' encyclopédie, s'appelera 'esprit objective? Y réussit-elle en lui substituant un concept d'intersujetivité, c'est à dire modalité de conscience...*".

No artigo referido os momentos do texto se sucedem em torno desta questão da recusa husserliana do 'Geist 'hegeliano. Poder-se-ia, diz o autor, objetar, de pronto, que o reencontro entre Hegel e Husserl não tem e não teve lugar, nem no tempo lógico, nem no tempo histórico, e que os dois termos (fenomenologia) empregues pelos filósofos são apenas homônimos, resultado de uma polissemia tão comum em filosofia ao longo de seus textos.

O autor procura, desde logo, descartar esta atitude e investigar o espírito hegeliano "*dans l'elément de la conscience*".

Assim, a fenomenologia do espírito em Hegel é ciência da experiência da consciência. Não se trata da consciência individual, mas, da experiência histórica. Neste sentido, não é nem fenomenologia da consciência, nem da consciência em si, nem da razão, mas do espírito, contudo a passagem, a ultrapassagem da consciência pelo espírito não abole toda a possibilidade de um reencontro com Husserl.

Para Ricoeur este reencontro se dá à medida que, de fato, a fenomenologia hegeliana é uma recapitulação de todos os degraus da experiência humana.

O espírito hegeliano é efetividade ética concreta; em Hegel não estamos mais na ordem da moralidade universal kantiana, mas, na sua atualização concreta, nas ações, nas obras, nas instituições. O espírito é este tipo de consciência que não tem somente a razão, mas que é a razão. É evidente que isto não se passa na fenomenologia de tipo husserliano.

Ricoeur, no texto sob análise assim se expressa:

---

[10] Em: RICOEUR, **Hist. Et Vér**, *op. cit.* Dans la vérité: "*cette préposition dans fait apparaitre une relation nouvelle qui n'est pas exactement celle que suggèrent d'autres prépositions telles que: en vue de la vérité, ou en direction de la vérité. La vérité n'y est pas seulement un terme, un horizon, mais un milieu, telle, l'atmosphère ou mieux, la lumière, selon une expression commune à Gabriel Marcel et à Martin Heidegger. J'espère que ce que j'appelle ma philosophie, ma penseé baigne dans un certais milieu canstitué par sa non résistance aux médiation, et même par son pouvoir d'instituer toute médiation, à la façon dont la lumière, selon le Timée, est médiatrice entre le feu de l'oeil et le feu de l'objet. C'est ainsi que je comprend le mot si profond de Spinoza: plus nous connaissons les choses singulières, plus nous connaissons Dieu*". **Hist. et Vér**. *op. cit*. L'opposition entre les deux phénomé nologies (Hegel e Husserl) doit être plus subtile qu'une opposition massive entre les deus oeuvres le laisserait supposer.

> *L' homme (para Hegel) y est successivement chose parmi les choses, vivant parmi les vivantes 1 'être rationnel comprenant le monde et agissant sur lui, vie sociale et spirituelle et existence religieuse. C'est en ce sens que la phénoménologie, (de Hegel) sans être une phénoménologie de la conscience, est une phénoménologie dans l'élément de la conscience.*
>
> *Idem, 'La conscience ne devient universelle qu'en entrant dans un monde de la culture, des moeurs, des institutions, de l'histoire.*

Em Hegel o espírito entra na pátria da verdade, na qual a razão já constituiu uma totalização parcial, da consciência em si, e onde a intencionalidade foi abolida, não pode existir neste referencial uma consciência que se debruce a outra. Toda a alteridade foi suplantada. Como diz Ricoeur, "*avec l'esprit se termine le régne de la conscience séparér de son autre*".

Ora, em Husserl não é concebível a abolição da intencionalidade, não é concebível a imensa concentração do espaço fenomenológico.

Ricoeur explícita esta concentração:

> *Ce n'est pas schématiser à l' exces de présenter la différence entre une philosophie de l'esprit et une philosophie de la conscience si l'on dit que l'esprit n'est pas dirigé versun autre que lui manque, mais qu'il est, tout entier, integral à lui même, immanent à ses determinations et faisant que ces déterminations soient immanentes les unes aux autres il est ce qui dépasse et retient ses moments antérieurs. Sa constituant en figures, il peut demeurer en chacune, mais aussi se rendre fluide à travers elles, sans cesse dépassant le simple donné de chacune. Il procéde par scission -par jugement-scission (Urteil-mais pour faire suite avec soi-même, se réunir à soi, s'enchainer à soi. Il va du plus concrete au plus abstrait, du plus apuvre en structures au plus riche en déterminations. Ainsi réconcilie-t-il le fait et le sens et met-il fin à la séparation entre la recionalité et l'existence. C'est ce que j'appelle l'abolition de l'intentionnalité;*

A fenomenologia de Hegel não é uma fenomenologia da consciência, mas a problemática hegeliana se insere no espírito husserliano, na medida em que o espírito tem um momento de intencionalidade, de luta, de separação, de dor, *de distance de soi à soi*, o espírito não é igual a si mesmo, senão no momento terminal, que Hegel chama o espírito certo de si, a derradeira instância hermenêutica; as situações anteriores (de separação de si mesmo) prendem-se à consciência e não, ao espírito. É esta distância que qualifica como fenomenologia a dialética do espírito.

Para P. Ricoeur, a porta estreita que permite a superação da consciência pelo espírito é a fenomenologia. Neste ponto o texto é exemplar e luminoso das possibilidades do 'impensado' na leitura dos filósoficos.

A intersecção com Husserl

P. Ricoeur, texto sob análise.

Il faudrait suivre Hegel dans les dédales de la conscience dé doublée, écartelée entre la foi et les lumiéres, pour s'assurer de cette distance que la conscience doit traverser pour se rejoindre elle-même dans la certitude dee soi-même. C'est cette distance encore une fois qualifie comme phénomenoligie la dialectique de l'esprit. Et cette distance se rappelle à nous jusque dans l'avant-derniére étape. Il est éton nant, et à certains ègards effrayants, de découvrir que pour atteindre le seuil même de l'expérience cardinale...il faut passer par l'échec de la liberté abstraite dans l'experience historique de la Terreur...cette liberté...reste une volonté abstraite qui refuse la passage par l'institution...alors mortelle...sans médiation, sans règle, pure négativité.

A partir deste movimento o autor aprofunda suas interrogações, que podem ser enfeixadas por sua questão seguinte: "*La theorie de l'intersubjectivité de Husserl peut-elle tenir lieu d'une theorie hégélienne d'esprit?*"

Aqui a forma de intersecção dos mundos hegeliano e husserliano é atráves da constituição husserliana.

Na verdade, o autor encadeia uma ordem de razões, para responder a esta questão; o primeiro argumento a constituição, o segundo argumento, em ordem progressiva, a analogia no relacionamento entre os 'ego', e o terceiro argumento, um campo de realidades e experiências acessíveis à descrição empírica, a sociologia compreensiva.

Assim, a primeira na ordem das razões, a constituição, torna possível que

...le travail infini de l'explication du moi méditant...explication des opérations du moi et de la constitution de ses objets s'intégre comme chaine de 'méditations' particuliéres dans le cadre d'une 'méditations' universelle indéfiniment poursuivie. Tel est le travail du sens, dont je n'ai pas la clé et qui plutot me constitue comme moi.

A constituição '*dans*' e a partir de 'meu ego' consiste num trabalho de Análise, de exegese, afastado o subjetivismo idealista da fenomenologia husserliana, esta explicação, atráves de dois pontos de apoio, contra esta acusação de subjetividade; o primeiro, que a constituição não se opera tabula rasa, mas a partir de um objeto já constituído; o segundo, que consiste em afirmar que é necessário uma rede intersubjetiva, não bastante um simples e único *je pense*, cartesiano, como diziamos, esta explicação pode ser comparada ao espírito hegeliano, apreendido, ele mesmo, no elemento da consciência.

Na ordem de razões que permitirá ao autor encontrar em Husserl a superação do espírito hegeliano, no tempo lógico, está o segundo argumento na analogia entre o ego, e o alter ego. A significação do ego não é unívoca, é análoga, analogia transcendental de múltiplas experiências, perceptivas, imaginativas, culturais.

O enigma escondido na evidência cotidiana é a reduplicação do "ego" no "alter ego". *"M'imaginer être à votre place, c'est précisément ne pas y être"*. A segunda pessoa significa uma outra primeira pessoa.

Ricoeur, neste texto diz:

si la constitution n'est pas une création de sens, si elle prend son propre terme comme guide transcendental de son déploiement, son véritable statut épistémologique est celui de l'explicitation, (Auslegung). Il faut avouer que cet aspect de la phénoménologie n'a guére été souligné para le commentateurs...Expliciter c'est déployer le potentiel de sens d'une expérience, ce que Husserl appelle précisément horizons externes et horizons internes de l'objet...

Ricoeur na obra analisada diz: "*ce n'est pas un raisonnement empirique, mais un principe transcendental. Il signifie que tous les autres avec moi, avant moi, apres moi, sont moi comme moi*".

O terceiro argumento, e o mais forte que permite a Ricoeur opor Husserl a Hegel, é, precisamente, a possibilidade de uma sociologia compreensiva que Husserl instaura. E este argumento terá um peso importante na segunda parte de nosso trabalho quando faremos nossas reflexões pessoais.

Neste momento e só neste momento, a resposta ao desafio hegeliano do espírito está completa; para Ricoeur, Husserl e Weber constituem a resposta a Hegel. Estamos portanto, sem dúvida, no plano da filosofia contemporânea, do instituinte e do instituído. O tema central fascinate do século 20. Neste texto Ricoeur fez isto, mostrou o espaço do impensado que vai de Hegel e Husserl, fez a passagem no tempo histórico, no tempo lógico, e numa atemporalidade filosófica. Seguir Ricoeur neste texto proporcionou-nos ver tópico a tópico o encadeamento proposto pelo curso de leitura e redação em filosofia. Husserl e Weber são os dois, necessariamente, os dois, a resposta que isoladamente, nenhum dos dois seria a Hegel.

Husserl se utiliza da analogia do "ego" para dar sustentação a todas as produções culturais e históricas descritas por Hegel sob o título de Espírito.

Ricoeur diz;

'c'est seulement à l'ensemble que Husserl et Weber constituent qu'on peut demander s'il réussit à faire l' économie su Geist hégélien...l'individu est le porteur de sens...l'important est que la conduite d'un individu tienne compte d'une manière ou de l'autre de celle d'un autre agent et ainsi entre dans une modalité d'action plurielle. Seule une petite partie de cette sphère d'action mutuelle est personnalisée...

2.3 O PRAGMATISMO E A INTERSUBJETIVIDADE

Após, termos acompanhado os movimentos do texto, abrirmos espaço para as nossas reflexões, as quais girarão em torno da afirmação que aceitamos, provisoriamente, ao iniciarmos, ser a história da filosofia, antes de tudo filosofia, intransigente porém, com a verdade histórica da produção do texto filosófico. Explorar esta questão é mergulhar fundo na questão do antagonismo ou da correlação entre o pensamento filosófico e a ciência humana. Salma Tannus em **A filosofia como crítica da cultura** assim coloca a questão: A título de introdução, lembremos um conhecido problema afrontado por Husserl e muitas vezes explorado por Merleau-Ponty. Poderia receber ele formulações diversas, todas elas, porém, contrapondo dois pólos ou dois termos: trata-se do antagonismo ou da correlação entre a idéia e fato, ou entre essência e experiência ou ainda entre interioridade e exterioridade, ou até mesmo, entre subjetividade e objetividade, e que constituiria a base do antagonismo ou da correlação entre pensamento filosófico e elaboração científica. Esta, como se sabe, é uma questão a que Merleau-Ponty dedica vários textos... Assim, se para Merleau-Ponty só há história na medida em que houver uma lógica na contingência, uma razão na desrazão, pode-se completar que só há filosofia se os sentidos ou as verdades que ela busca foram procurados no seio do devir, na trama histórica dos acontecimentos. Merleau-Ponty atribuía assim uma certa inerência entre o trabalho do historiador e do filósofo. *"Philosoph aber ist man erts nur als Werdender und als werden Wollender. Husserl"*.

Irrefutavelmente, o século XX viveu a diminuição das distâncias entre as ciências humanas e a filosofia, o que será, ou o que resultará desta atração, desta força gravitacional, é ainda muito cedo para pensarmos, o século acabou e seu espaço do impensado ainda é imenso e inexplorado, nem poderia ser de outro modo. Mas o texto que acabamos de analisar dá conta desta imensa bi-polaridade fascinante para os praticantes de quaisquer e todas as ciências humanas. Por outro lado, a própria epistemologia e a filosofia das ciências de modo geral, ganharam um enorme espaço nesse século.

É inegável que as questões postas pela fenomenologia são cruciais para o entendimento de um social orgânico, de um espaço de construção do institucional, e das regras do jogo do poder. Neste sentido, é de fato fascinante que a filosofia de Husserl seja concebida como ciência rigorosa, para não ser mais uma Weltanschauungem, e, portanto, para não ser uma ideologia.

A questão, portanto, da possibilidade de uma história da filosofia (e Husserl foi crítico de sua possibilidade, embora sua biblioteca em Lovaina deixasse claro que conhecia bem a Kant, a Descartes, aos empiristas pelas anotações cuidadosas em seus livros) torna-se uma questão tão basilar em nosso tempo.

Kant propôs uma teoria epistemológica, Husserl uma teoria da essência, da consciência, e da essência da objetividade, a redução como via de acesso à imanência.

Ao *a priori* kantiano de uma síntese entre razão e experiência, Husserl apresenta-nos um *a priori* que é ao mesmo tempo formal e material.

Como bem lembra Marilena Chaui em **Da realidade sem mistérios, aos mistérios do mundo**, *op. cit.*, ao referir-se a *Merleau-Ponty* em *Le Philosophe et son Ombre*. A fenomenologia desejara conduzir à expressão completa o mundo tácito de nossas experiências ainda mudas, e transcendendo a Husserl, para Merleau-Ponty para a filosofia fazer falar não é tornar proferido o que era mudo, mas pôr-se à escuta de um silêncio que transfigura a linguagem. Porém, tanto em Husserl como em Merleau-Ponty, a filosofia deseja pôr-se à escura do ser bruto, reabrindo seu sentido.

Para Jean-François Lyotard, *ob. cit*, a fenomenologia constitui, simulaneamente, uma introdução lógica às ciências humanas, enquanto procura definir-lhes eideticamente o objeto, anteriormente, a qualquer experimentação e uma retomada filosófica dos resultados da experimentação, na medida em que procura apreender-lhe a significação fundamental, em especial quando procede à análise crítica da ferramenta mental utilizada... num segundo sentido instala-se no âmago destas ciências, no coração do fato, assim, realizando a verdade da filosofia que consiste em extrair a essência do interior do próprio concreto: é então o revelador das ciências humanas.

Nossas reflexões sobre este imbricamento entre filosofia e ciências humanas, em nosso tempo, nos leva a tentar percorrer o caminho inverso ao percorrido por P. Ricoeur no texto analisado; este texto buscava a superação de Hegel em Husserl e Weber; nós tentaremos sublinhar os elos que unem Husserl e Hegel e ajudam a elucidar o problema do poder, de seu jogo e das instituições no século XX. O espaço do impensado, sem dúvida, une Hegel e Husserl, e a reflexão como teoria desejada a Merleau-Ponty será o movimento rumo a um centro virtual sempre à distância, onde futuros pensadores poderão opor ao motivo central de Husserl 'o enigma da tese natural do mundo e de suas experiências a serem decifrados e pensadas, um enigma ainda maior para o qual Husserl não enfrenta Hegel, mas trabalha na posição herdada entre faticidade e essência, entre a experiência e o conceito. Enigma que Merleau-Ponty percebeu. Lemos em Marilena Chaui, *op. cit.*, numa filosofia da indivisão e diferenciação simultâneas, onde a relação entre o espírito e a letra não é de exterioridade, mas também não é de identidade e, sim, de envolvimento e extravasamento recíprocos, onde a linguagem não traduz significações, mas as encarna... o impensado não é o que não foi pensado, nem o que tendo sido pensado e não pode ser proferido, não é o menos; é o excesso do que se quer dizer e pensar sobre o que se diz e se pensa... mantém uma obra aberta... o impensado é uma ausência que conta no mundo porque não é vazio, mas ponto de passagem. Não é buraco. É puro. Não é lacuna que preenchemos, mas trilha que seguimos; modo muito claro, e que talvez não tivesse tempo de elaborar em toda a sua verdade. Dito de um modo muito ingênuo, diríamos que Hegel e Husserl são verso e reverso, e Merleau-Ponty, a tentativa de uma saída, de uma abertura para o problema que, igualmente, de modo tosco, denominamos institucional instituinte-instituído na filosofia. E que como esboço de uma futura pintura está também na figura do dispositivo de Foucault.

A questão instituinte-instituído detém, ao nosso ver, o cerne da união entre filosofia e ciências humanas, e o detém num plano ambíguo, incomensurável, riquíssimo para a exploração. De novo, de modo ingênuo, mas, absolutamente aberto, diríamos que a questão já candente ao longo do século que passamos poderia fixar-se, mais uma vez instituinte e instituído, nos desdobramentos dos pensamentos de Hegel e Husserl que viram estas questões em verso e anverso, sendo o plano de suas filosofias, ambas, os ângulos da questão revelados. Em **A Crise do Entendimento**, Merleau-Ponty desvela o que pode ser a conseqüência deste movimento filosófico anterior. Foucault, *op. cit.*, a respeito do dispositivo encontrou-me, diante de um problema que, ainda, não resolvi. Disse que o dispositivo era de natureza, essencialmente, estratégica... o dispositivo, está, portanto, sempre inscrito em um jogo de poder, estando sempre, no entanto, ligado a uma ou a configurações de saber que dele nascem mas que, igualmente, o condicionam. É isto, o dispositivo: estratégias de relações de força sustentando tipos de saber e sendo sustentadas por eles... a *épistémé* é um dispositivo especificamente discursivo, diferente do dispositivo que é discursivo e não discursivo, seus elementos sendo muito mais heterogêneos.

Em **A Crise do Entendimento**, Merleau-Ponty lembra que para Weber a história é o lugar natural da violência. Assim, toda história, a história da filosofia incluída, é uma luta entre a ordem da verdade e a da violência. A invasão da história pelo historiador não poderá ser evitada, mas pode-se fazer com que, assim como o sujeito kantiano, o entendimento histórico construa segundo certas regras capazes de assegurar valor intersubjetivo às suas representações do passado....cada perceptiva estará ali apenas para preparar as outras e só estará fundada se for admitida como parcial, aceitando-se que o real fica mais além. Portanto, o pensamento de Hegel e Husserl, no interior da história da filosofia oferece ao filósofo a 'ação do imaginário', o espetáculo de uma ação; em contrapartida o filósofo consulta a história com predisposição para interrogar cada tempo sobre uma escolha fundamental difusa em seus pensamentos, em suas vontades, em suas condutas cujo balanço, ele, portanto, nunca chegou a fazer. Neste sentido, poderíamos dizer que o instituído/instituinte era o binômio de Hegel, e o instituinte/instituído foi o binômio de Husserl, ficando pois aos filósofos contemporâneos a luta entre verdade e luta. E tal como Merleau-Ponty, e trazendo seu exemplo do capitalismo como a concha que o animal religioso secretou para habitar, diríamos que a questão instituinte-instituído é a concha que a questão filósofica escolheu por habitar e ninguém sabe quem no futuro habitará esta concha, e se, ao final desse desenvolvimento prodigioso, haverá novos profetas ou uma renascença vigorosa de todos os pensamentos, de todos os ideias ou, enfim, no caso de nada disso se produzir, a petrificação. A analogia com o pensamento weberiano é correta na medida em que permite exemplificar como recuperar as escolhas fundamentais do passado. Talvez, veja, talvez, as questões postas, por Montaigne ou Descartes já não ecoem em nossos tempos, porque já incorporadas em Hegel e Husserl assumiram novos desdobramentos. Neste sentido, a filosofia não postula o empíreo, mas aspira a uma fecundidade.

Neste texto, A crise do Entendimento ilumina-se a prática da história da filosofia, embora se fale de Weber e da história:... talvez ignore o que Weber estabeleceu como mais certo: se a história tem, não um sentido como um rio, mas sentido, se nos ensina, não uma verdade, mas erros a evitar, se a prática não se deduz de uma filosofia dogmática da história, então, não é superficial fundar uma política sobre a análise do homem político. Ao fim e ao cabo, uma vez postas de lado as legendas oficiais, a importância de uma filosofia não é dada pela filosofia da história que a inspira e que, noutras mãos, produziria somente convulsões, mas pela qualidade humana que leva seus chefes a animarem verdadeiramente o aparelho político, e a fazer com que seus atos mais pessoais pertençam a todos...ora para se conseguir isto é preciso aquela capacidade para viver a história de que fala Weber... a arte de inventar aquilo que, a seguir, parcerá ter sido exigido pelo tempo...

Para concluir o percurso, resta-nos ainda, colocarmo-nos na perspectiva contemporânea que pode em filosofia ser expressa por um pequeno trecho de notas de *"Le visible et l'invisible. Je suis contre la finitude au sens empirique, existence de fait qui a des limites et c'est pourquoi je suis pour la métaphysique. Mais elle n'est pas plus dans l' infini que dans la finitude de fait"*.

Se interrogar sobre a essência do tempo e do espaço não é na modernidade fazer filosofia, a dimensão da filosofia cruza a da essência e do fato. As questões da faticidade vão, agora, mais longe que as questões do cogito da razão. Na expressão de Husserl, "Porém, o fundamento de tudo é a captação do sentido do dado absoluto, da absoluta claridade do estar dado, que exclui toda a dúvida que tenha sentido; numa palavra: a captação do sentido da evidência absolutamente intuitiva, que a si mesma se apreende. De certo modo, na sua descoberta reside a significação histórica da meditação cartesiana sobre a dúvida. Mas, em Descartes, descobri-la e perdê-la foi tudo uma só coisa.

Ou em Merleau-Ponty, em notas de trabalho (**Le visible et l'invisible**) "*La pensée est trop fermée sur soi, mais le néant est trop hors de soi, pour qui on puisse parler d'ouverture à l'être, et sous ce rapport, immanence et transcendance ne se distinguent pas. Soit, dira-t-on peut être. Partons donc de l' ouverture à l' etre*".

Portanto, fazer história da filosofia ou mesmo ler filósofos devemos fazê-lo abrindo-nos para o ser: As ciências humanas oferecem à filosofia este ser selvagem, em estado bruto. Perante este ser em estado bruto vale a antítese entre cultura e criação, entre positividade e negatividade, entre o mesmo e a alteridade.

Na expressão de Salma Tannus Muchail... é esta certa ambigüidade que, além de marcar uma postura fortemente antidogmática, parece abrir espaço para a possibilidade de eventual reunião das duas atividades (filosofia e história) numa mesma prática.

Podemos concluir, portanto, diferentemente, da afirmação de Guéroult ao iniciarmos o trabalho, que não basta ao filósofo apenas e tão-somente ser sempre intransigente com a verdade histórica da produção do texto filosófico, dado que isto seria, de certo modo, até fácil. Cabe, porém, ao filósofo tarefa maior –"sua sombra foi estirada" – deve haver um espaço onde o filósofo de que se fala e aquele que fala estejam presentes juntos, embora, de direito, seja impossível repartir a cada momento o que é de cada um. Assim, surgiu o pragmatismo como reação em duas frentes – reação ao racionalismo em geral, sobretudo, ao idealismo hegeliano, e reação ao positivismo, ao qual ele mesmo pertence, buscando todavia, ultrapassá-lo algum tanto, através de seu critério de verdade, o sucesso. A coisa em si não se a consegue conhecer, senão naquilo que a experiência oferece, ficando portanto, para nós a realidade reduzida a um conglomerado de elementos heterogêneos, que não conseguimos submeter a um princípio ordenador absoluto, como querem o panteísmo de Spinoza, o transcendentalismo de Kant, e o idealismo de Hegel. Não podendo o princípio ordenador ser detectado pela via, meramente, especulativa, como querem os procedimentos das filosofias racionalistas, mas, devendo ser algo, experimentalmente, verificável, somente resta a utilidade, o proveito, o resultado; este outro campo está no plano do verificável, e portanto, é capaz de ser tratado, cientificamente. A base gnosiológica do pragmatismo é, pois, a do sucesso como critério de verdade, assim analisado por seus propugnadores. Precursor do pragmatismo foi Charles Sanders Peirce (1839-1914); neste sentido são lembrados também Ch. Wright e F. E. Abbot. Seu principal representante e propriamente chefe fundador, foi William James (1842-1910). Desenvolveram-se logo várias diretrizes pragmatistas. Cresceu dentro do círculo pragmatista, a assim chamada **Escola de Chicago**, na qual o nome de destaque foi John Dewey (1859-1952), cuja face é, notoriamente, sociológica. Outro foi o pragmatismo liderado por Ferdinand C. S. Schiller (1864-1937), de caráter mais subjetivo, no sentido de antiabsoluto. Geograficamente, o pragmatismo é um fenômeno americano.

2.4 INSTITUCIONALIZAÇÃO E LIBERDADE: GESTÃO DE PESSOAS E TRABALHO

As teorias hieráticas de organização social começaram como ideologias da estratificação e apologias do poder e sobrevivem nas teorias formais de administração. Para Paul Meadows *"The Metaphors of Order: toward a taxonomy of Organization Theory"*, (*In*: **Sociological Theory**: inquires and paradigms. Gross, 1967, p. 85), **os teóricos das organizações herdaram uma tarefa hercúlea, qual seja: como combinar a ordem hierática e a análise funcional para produzir uma teoria funcional das organizações**[11].

Os resultados, não surpreendentemente, são taxados de ideológicos. Indubitavelmente, a moderna teoria das organizações não possui uma forma de explanação transcendental, em termos de variáveis operando fora do sistema, tão pouco está dotada de explanação imanente, em termos da totalidade das variáveis do sistema, mas é composta por explanações atomistas, em que algumas partes do sistema são selecionadas para representar o todo. Os temas básicos do modelo atomístico são o utilitarismo que vê a estrutura como um processo residual, o racionalismo e o voluntarismo que vêem as criaturas como tomadores de decisões, o acionismo social que vê não as pessoas, mas os sistemas de ação. Os sistemas de ação social de Parsons, Barnard, Mayo e dos behavioristas, de modo geral, podem ser opostos à postura de Simmel, Park, Burgess e Mead que vêem a sociedade como um conjunto ordenado, uniforme, e predizível de padrões de interação, alguns primários, outros derivados e que constituem uma teoria de ação da personalidade (interacional). O instrumental teórico do acionismo social é formado pelos modelos orgânicos, teleológicos,

---

[11] Até onde conhecemos apenas o trabalho de Ilkka Heiskanen, 1967 tratou metodologicamente dos problemas envolvidos em tal construção.

pela teoria do equilíbrio, pela teoria da motivação. É irrecusável que a teoria de motivação tem superado o modelo de equilíbrio na conceptualização de organizações. Podemos identificar quatro modelos motivacionais, na teoria da organização. O modelo tecnológico que assume que o homem é racional e a conformidade é racional e que vai de Adam Smith a Taylor. O modelo consensual que vai de Rousseau à Escola de Relações Humanas. O modelo retórico que explica a ordem, a uniformidade e a aceitação como um problema de persuasão, de comunicação. E por fim, o modelo de aprendizado que assegura que a dinâmica do aprendizado explica tanto as uniformidades como as variações no comportamento organizacional, postura de Likert, Argyris e Senge.

Os problemas de institucionalização são diferentes no interior dos diversos paradigmas. Parece-nos contudo, que apenas o behaviorismo tem sido capaz de tratar com êxito os relevantes processos da institucionalização. O próprio Parsons, ao voltar a escrever sobre organizações em **The Institutional Functions in Organization Theory**, (*ob. cit.*, 1974, p. 3), embora mantendo seu quadro conceptual funcionalista, é obrigado a fazer concessões importantes ao behaviorismo, ao tratar dos problemas de institucionalização. Parsons admite que a teoria organizacional surge das preocupações com organizações burocráticas, numa vertente weberiana. Em seus trabalhos anteriores distinguiu as organizações por suas funções na sociedade mais ampla e, sobretudo, **pela diferença entre os valores** que governam uma organização. Embora, os mecanismos utilizados sejam burocráticos, empresas e governo diferem, quanto a **valores**.

Ao analisar o problema institucional Parsons afirma que o **imperativo de solvência** imposto às organizações econômicas é mais relevante que a motivação de lucratividade. Com relação, a um dos teóricos mais importantes do behaviorismo, C. Barnard, certamente, um dos primeiros autores a referir-se, **implicitamente** às teorias de troca, Parsons proclama:

> *The book I refer to is entitled 'The Functions of the Executive', (1938). I hope it's memory is still green in your field. I think that is an extraordinary book. Why didn't he call profit the organizations purpose if it is a business organization? Because profit-making is not the definition of the organization function in the larger system. What is produced at the level of goods and services is the focus of this function in the larger system, not the medium which guides the firm to certain kinds of decisions in it's relations to the outside environment* (*ob. cit.*, 1974, p. 5).

Ao analisar a institucionalização, Parsons adere ao behaviorismo. Interessado, basicamente, por um tipo de organizações, sugere sua especificidade, "*I have rather indirectly, suggested that somehow for the university the market is not a very suitable organizations model, that so-*

mehow the democratic association is not, and I think bureaucracy is not" (*ob. cit.*, 1974, p. 8).

Parsons para analisar as universidades, em seu processo de institucionalização, **recorre à clivagem entre autoridade de linha e habilidade profissional, provocada pelo behaviorismo**. Consideradas sob o prisma desta clivagem as universidades estão no extremo de um *continuum*, pois quem conhece os departamentos de ensino, das grandes universidades, sabe, que praticamente, não existem dois membros de um departamento com, exatamente, a mesma especialidade.

Este sistema pluralístico, com certeza, invadiu o sistema organizacional da sociedade mais ampla. Desde este ponto de vista, devemos falar das organizações modernas como constituídas por **diferentes equilíbrios**. Portanto, conclui Parsons, deve haver algum tipo de **institucionalização**, através do qual estas diferenças possam ser coordenadas. "*whereby they, can make their contribution, whereby their expertise can be mobilized for their appropriate functions and purposes and yet somehow the authority structure can remain intact*" (*ob. cit.*, 1974, p. 9).

Parsons julga encontrar na área da sociologia jurídica uma solução para os problemas institucionais organizacionais, pois instituições semelhantes às processuais são **uma resposta** aos problemas de **integração** das organizações complexas. Instituições **análogas** às processuais **comporiam os conflitos organizacionais**. Para tanto, a burocracia seria a forma de dar ao conflito uma explicitação, para que possa ser composto. **Ora, tal concepção é evidente behaviorismo**. A análise da vida acadêmica constitui, para Parsons, o exemplo nítido desta necessidade de composição de interesses e da superação do tipo ideal de burocracia, tipo ideal weberiano, no qual os indivíduos têm um só papel específico, e a organização, um só propósito.

Parsons, em seus artigos anteriores, havia proposto algumas alternativas não-behavioristas. O problema está no fato de que é impossível operacionalizar e testar os conceitos parsonianos. Mas, devemos lembrar o que Gouldner escreveu sobre Parsons, em seu livro **The Coming Crisis** –

> "*Parsons*" *conceptualizations are thus not to be understood merely as scientifically instrumental or as useful for research; indeed, this still remain to be shown. They are in part ends in themselves, they really need no research to fulfill their symbolic functions. Their very structure represents Parsons vision of the oneness of the social world – Rather than being exclusively instrumental they are like icons whose very form communicates something vital about the world (ob. cit.).*

Na realidade, ao tratar com o problema da complexidade e das múltiplas facetas do conceito de autoridade, Parsons aproxima-se

do paradigma behaviorista. A visão weberiana de autoridade revelou-se **incapaz** de tratar as questões da institucionalização. O processo de institucionalização se dá em Weber, através da rotinização, da racionalização e da formalização. Entretanto, quando aplicados à autoridade tradicional estes três processos resultam no ritualismo das formas institucionais. Do mesmo modo, se aplicados à institucionalização da autoridade carismática, resultam em sua destruição. **O processo de institucionalização ficou para ser tratado pelo behaviorismo**, e é a este paradigma que Parsons recorre em sua análise. A metodologia weberiana de compreensão vinculou o entendimento de um sistema de ação ao entendimento de um sistema de pensamento e vice-versa. Portanto, pode equiparar autoridade pessoal e institucional. Diversos autores apontaram o fato de Weber não ter distinguido entre autoridade pessoal e institucional, parecendo acreditar que a segunda é uma transposição direta da primeira. Seus críticos afirmaram que a autoridade institucional repousa, mínimamente, num conjunto muito mais complexo de identificações. Weber sempre destacou o fato de que a psicologia teria muito pouco a contribuir para os estudos sociológicos. Mas, ao situar a ordem social nos fundamentos do comando e da obediência, Weber, obviamente, se comprometeu quando menos, com as críticas que lhe foram feitas pela vertente psicológica. É sabido que o sistema de dominação weberiano repousa na coerção e no interesse, fatores externos, e na legitimação, fator interno. Assim, a autoridade repousa não apenas no interesse voluntarístico, mas também, e sobretudo, num senso de valores. **Contudo, a concepção deste senso de valores não foi suficiente para que Parsons pudesse compreender a institucionalização organizacional**, obrigando-o a recorrer a uma forma de behaviorismo. A análise da autoridade institucional no behaviorismo tem conduzido à afirmação de que carisma e razão não são dicotômicos, pois fé e razão parecem combinar-se nos quadros da moderna autoridade institucional. A formulação do conceito de autoridade weberiana, como lembrou Blau, em **Critical Remarks on Weber's. Theory of Authority**, (1963) repousa num paradoxo entre o controle autoritário e o voluntarismo. Parsons, por seu turno, notou que a construção de tipos ideais implica um relacionamento fixo entre vários elementos que podem, em realidade, variar, independentemente, uns dos outros. (**The Structure of Social Action**, 1937, p. 606), e Bendix afirmou que a construção de tipos ideais obscureceu, justamente, as contradições, conflitos e compromissos nos quais Weber estava interessado. Tal teorização inexiste em Weber, porque este estava mais preocupado com as crenças que legitimam a autoridade do que em conceptualizar, sistematicamente, as condições estruturais de seu surgimento. Isto se deveu, ainda, à importante influência exercida por Georg Simmel sobre a obra de Weber. Procede de Simmel a preocupação metodológica com o princípio de compreensão e com a utilização de tipos ideais para a reconstrução histórica. (SIMMEL, **Probleme der Geschichtsphilosophie**). Existiam, é claro, diferenças entre as obras de Simmel e Weber. O primeiro, preocupou-se com o estudo das interações entre indivíduos, constituindo-se, praticamente, como o grande clássico do paradigma interacionista na sociologia. Weber, em **Economia e Sociedade**, criticou a incapacidade de Simmel para distinguir entre significados subjetivos (dos quais Simmel não cuida) e objetivamente válidos. Na realidade, o tipo ideal weberiano é objetável em seu conteúdo analítico. A construção de tipos ideais, entendida como idealização, na linguagem de Hempel e Rudner, é comum a todo o empreendimento científico. É o provável que Weber estivesse familiarizado com as complexidades da construção de idealizações que já eram comuns no meio científico de sua época. Embora, talvez não, nas ciências sociais. Que as leis não sejam conhecimento direto da realidade, mas construções de pensamento, não é uma proposição weberiana, mas reflete uma postura científica e filosófica clássica. Parsons, analisando a obra de Weber, apontou o uso dos tipos ideais como conclusão substantiva e não, como ferramenta metodológica analítica (1947, p. 601).

O tipo ideal de burocracia weberiana é, para Joseph Lopreato e Letitia Alston, (*ob. cit.*, 1970, p. 88), uma forma de idealização propedêutica que não contém proposições científicas, embora implique proposições científicas veladas. No tipo ideal da burocracia está implícito que os contrapartes reais possuam eficiência, na medida em que se aproximem do ideal. No pólo oposto, as idealizações teóricas apresentam-se em forma de leis, e a sua aplicabilidade requer afirmações adicionais da teoria que deve dar conta das discrepâncias entre a situação real e a situação hipotética que a lei descreve. Daí por que o problema das disfunções da burocracia não tem a relevância teórica e científica que teria se Weber estivesse trabalhando com idealizações teóricas da burocracia que devessem ser incrementadas, especificamente, através de casos não congruentes com a idealização. Não existem na postura weberiana modos de explicação das disfunções burocráticas. E, portanto, também, não estão previstos mecanismos de institucionalização. Isto levou a teoria organizacional a afastar-se de uma teoria política, que explicasse a distribuição e a aceitação do poder nas organizações.

Se o estrutural funcionalismo possui escassa tradição empírica, também a construção weberiana, a par de limitações empíricas, possui um limitadíssimo conteúdo pragmático, porque é incapaz de controlar os fenômenos de interesse do jogo do poder organizacional, o que justifica, plenamente, a interveniência de um outro paradigma, cuja sofisticação metodológica já ultrapassa a simples investigação das relações interpessoais e dos processos sociopsicológicos que as governam. Tal é o caso de **The Organization of Academic Work**, Blau, 1975, que se autodenomina um estudo macrossociológico da estrutura social, mas que não foge aos axiomas tradicionais do behaviorismo; suas proposições empíricas básicas supõem, categoricamente, que a organização é constituída de pequenos grupos que necessitam ser socializados e integrados.

Isto se deprende da inter-relação de suas hipóteses, pois Blau acredita que o aumento do tamanho organizacional gera a diferenciação de suas unidades a taxas desaceleradas, reduzindo o componente administrativo a taxas declinantes, enquanto a diferenciação estrutural aumenta o componente administrativo. **Ou seja: a diferenciação organizacional é necessária para produzir os grupos suficientemente pequenos que possibilitem a integração social, criando a interdependência e promovendo a especialização.**

Isto à medida que se distancia das teses de Lawrence e Lorsch sobre as influências do meio ambiente sobre o comportamento organizacional, é similar na falta de explicação de mecanismos institucionais. **O que tem ocorrido é a articulação do paradigma behaviorista**, pois podemos conceber a preocupação da teoria organizacional, hoje, com mensurações sofisticadas, objetivando determinar se o grau das características operacionais, também denominadas estruturação de atividades, especialização, padronização e formalização, não está completamente determinado por fatores contextuais, e, se a resposta for não, a questão se torna medir a relação entre o grau de estruturação e o desempenho organizacional, encaminhando-se a análise dos resultados em direção do enriquecimento do conteúdo pragmático das teorias, mas desprezando os desdobramentos de uma teoria política. **Os clássicos, e mesmo os teóricos do período de relações humanas, objetivaram medir apenas o relacionamento entre grau de estruturação e desempenho organizacional, e é somente com a ampliação do campo teórico que os fatores contextuais passam a ser considerados, com a articulação do paradigma que vai ampliando seu leque de questões.** Entretanto, as mais recentes mensurações não isolaram um fator contextual, ou alguns fatores contextuais, como responsáveis pelas características operacionais da organização, e nem mesmo identificaram uma combinação particular de fatores como sendo responsável. E, novamente, esqueceram a questão instrumental do poder.

É inegável, contudo, que o conhecimento sobre organizações vai legitimando as preocupações de seus primeiros teóricos ao responder negativamente à questão da completa determinação por fatores contextuais.

O caráter prescritivo da teoria, também, não foi abandonado. O que se deu com a crescente sofisticação dos estudos empíricos foi uma qualificação maior das prescrições, não mais aplicáveis a todos os indivíduos e a todo tipo de contexto. Neste sentido, são bastante claras as formulações de Woodward, 1958, 1965, Burns e Stalker, 1961, Lawrence e

Lorsch, 1967, Drucker, 1989, Deming, 1990, Hammer e Champy, 1994 etc.

Inúmeros problemas são enfrentados pela articulação do paradigma à medida que a articulação prossegue. Provavelmente, o problema metodológico mais crucial consiste na atual inevitabilidade da coexistência da dualidade com que as escalas de medida são utilizadas, pois os fatores contextuais, origem e controle, tamanho, tecnologia, localização, recursos, dependência, podem ser tratados apenas por uma escala ordinal, desde que as distâncias ou intervalos entre as formas de tecnologia, ou recursos, por exemplo, são desconhecidas. Assim, o estudo dos aspectos contextuais da organização produz um conjunto bastante heterogêneo de escalas, quando comparado ao estudo das características operacionais, especialização, formalização etc., medidas sempre através de escalas de intervalo ou razão, o que representa questão metodológica relevante.

Gary G. Stanfield (*ob. cit.*, 1976, p. 489) procurou teorizar mais, sistematicamente, sobre problemas decorrentes dos relacionamentos entre tecnologia e estrutura organizacional apontando as conclusões, aparentemente, contraditórias que estão a indicar a necessidade da desagregação conceitual destas categorias, as quais não são de forma alguma homogêneas. Pela desagregação proposta, estudos que envolvam uma seleção limitada de variáveis estruturais e tecnológicas devem limitar-se a concluir, apenas com relação aos termos das variáveis específicas, sem que possam inferir relacionamentos entre tecnologia e estrutura organizacional, generalizando-os.

Tais relacionamentos só deveriam resultar de uma gama abrangente de variáveis tecnológicas ou estruturais. Mesmo assim, para Stanfield, permaneceria a ambigüidade decorrente da separação absoluta entre tecnologia e estrutura organizacional. Outra solução proposta por Stanfield está no estabelecimento de uma teoria classificatória que permita delimitar as fronteiras entre tecnologia e estrutura organizacional, em relação a áreas sobrepostas que este autor identifica.

Estas alternativas, tal como propostas, pretendem corrigir os resultados contraditórios produzidos pela categorização não racionalística das variáveis, que leva à prática de não-explanação explícita das separações conceituais, feitas pelo autor da pesquisa, como se seu sistema de categorias tivesse **validade consensual**; outra prática, condenada por Stanfield, resulta da tentativa de generalização, a partir de variáveis que não foram mensuradas.

As críticas de Stanfield, embora corretas no plano lógico, devem ser opostas à noção de paradigma e da articulação deste paradigma, pois será, apenas, **através do exame da contribuição dos resultados de pes-**

quisa para a articulação do paradigma sob estudo que se tornará possível uma análise crítica dos resultados e soluções teóricas propostos.

Neste sentido, vale a pena examinar não apenas o artigo de Stanfield, mas também, e sobretudo, algumas produções clássicas no campo da metodologia do estudo organizacional, mais especificamente, o artigo de J. K. Benson, **Organizations**: A Dialectical View (*ob. cit.*, 1977, p. 1/AS) e o artigo de D.V. Nightingale e J. M. Toulouse, **Toward a Multilevel Congruence Theory of Organization** (*ob. cit.*, 1977, p. 264). Tratando-se de artigos importantes neste campo, é surpreendente o desconhecimento de filosofia da ciência, sobretudo, porque, sem tal conhecimento, parece-nos impossível que se possa teorizar sobre a ampliação das teorias organizacionais, quer nos níveis de busca de congruência interna, quer ao nível de busca de paradigmas alternativos para a análise organizacional.

Stanfield notou que, claramente, a estrutura organizacional não é uma variável unidimensional, como bem indicam os estudos, entre outros, de Pugh e Woodward. Igualmente, a maioria das teorias dos sistemas sociotécnicos postula que a tecnologia é um agregado complexo de muitas variáveis. Neste sentido, os estudos de grupo de Aston, de Perrow, Woodward e Blau; a tecnologia, enquanto conhecimento, para Jones (1982) pode estar, ou não, incorporada a bens tangíveis.

Um rápido exame das chamadas áreas de sobreposição apontadas por Stanfield revelará as articulações do paradigma behaviorista. As definições de tecnologia usualmente incluem como elementos: 1) características da matéria-prima, 2) da manipulação de outros suprimentos, 3) técnicas de transformação utilizadas, 4) facilidades e *lay-out* de fábrica, 5) taxas de mudança nos métodos de produção. Estas dimensões, segundo Stanfield, estão sobrepostas freqüentemente às dimensões de estrutura, pois 1) a matéria-prima e os suprimentos incluem membros da **organização** (BURNS e STALKER, 1961); 2) as técnicas de transformação de matérias-primas também incluem os membros da organização; 3) o conhecimento disponível sobre estas técnicas implica um grau de especialização e o uso de treinamento formal como uma qualificação ocupacional, 4) o *lay-out* é, praticamente, uma decorrência do seqüenciamento das tarefas, sendo, portanto, logicamente dependente **da divisão do trabalho entre os membros da organização**, 5) a taxa de mudança nos métodos de produção se sobrepõe à **centralização de autoridade**.

O que Stanfield identifica como sobreposição entre as linhas demarcatórias do conceito de estrutura e do conceito de tecnologia são, na realidade, autênticas articulações do paradigma behaviorista que busca suas explanações, como sabemos, através da utilização de reduções ao nível do individualismo metodológico, incorporando, sempre uma teoria psicológica de comportamento humano, realizando uma micro-redução teórica, ao nível do conhecimentol, habilidades, experiências e capacidade das pessoas. **Assim, as propaladas tendências homogeneizantes destas categorias teóricas encontram sua explicação, não numa alta de racionalidade ou categorização, mas, ao contrário, derivam de axiomas paradigmáticos iniciais que se propõem justamente este tipo de explicação.** Deste ponto de vista, as contradições encontradas, no exame comparativo dos resultados das pesquisas, não constituem um problema metodológico, porque todas estas pesquisas são conduzidas no interior de um paradigma perfeitamente consolidado como prática científica e que apenas vai se articulando dentro de determinadas regras metodológicas perfeitamente delimitadas, e voltadas apenas para o comportamento individual ou grupal.

Nightingale e Toulouse (*ob. cit.*, 1977, p. 264) desconsiderando inteiramente a noção de paradigma, **mas, obviamente, alcançados por suas regras**, intentam a criação de uma teoria organizacional em diferentes níveis de análise, na qual cinco conceitos, ambiente organizacional, valores administrativos, estrutura organizacional, processos interpessoais e grupais, e reações de ajustamento dos membros da organização, são inter-relacionados pela análise de sistema aberto. O trabalho parte da possibilidade de uma cisão dos conhecimentos entre a vertente sociológica e a vertente psicológica da teoria das organizações, mais ou menos, no estilo sugerido pela crítica de Argyris a Blau, (1972). Desconhecendo a articulação necessária das proposições no interior de um paradigma, os dois autores se propõem a **integrar** as diversas teorias numa conceptualização genérica, e comportamentalista.

Principiam pela definição de seus cinco conceitos básicos pela predição de congruência entre estes conceitos.

Para tanto, realizam uma pesquisa empírica em 20 organizações, à busca de uma demonstração empírica da possibilidade de integrar as perspectivas psicológicas e sociológicas numa conceptualização única. Resulta a afirmação de uma forte inter-relação entre conceitos a nível individual e a nível interpessoal, e entre estes níveis e a estrutura organizacional.

Nada poderia ser melhor exemplo da articulação behaviorista. Sua teoria da congruência estabelece a existência de uma pressão para a congruência em virtude das interações recíprocas entre os conceitos. Interações que se dão sempre a nível comportamental porque todo o estudo está voltado para os aspectos internos ou externos que afetam o comportamento *in and of, organizations.* O comportamento é causa das estruturas complexas e diferenciadas. Estas, por sua vez, produzem percepções gerenciais complexas e diferenciadas do ambiente externo. Não existem análises em diferentes níveis agregados. E as questões institucionais não são referidas.

O poder é, na teoria organizacional, a determinação do comportamento. Lembremos que para Weber, o poder é definido como a habilidade que uma pessoa possui para **impor sua vontade** sobre outra, dominação que advém da habilidade de influenciar em interesses, ou que repousa na autoridade, ou seja, **o poder de dar ordens e no dever de obedecer.** Weber preocupou-se com as crenças que **legitimam** a autoridade, **negligenciando a conceptualização das condições estruturais da origem e manutenção do poder, análise que ficou para os behavioristas**, como sinônimo de atitudes.

A preocupação de Etzioni com poder coercitivo é, claramente, não-weberiana, e é, sem dúvida, behaviorista, ninguém deu continuidade ao pensamento weberiano na teoria organizacional

Outro exemplo desta divergência está na comparação entre Simon (**Administrative Behavior**) e Weber, quanto à distinção entre autoridade e persuasão, pois na autoridade as pessoas suspendem seu próprio julgamento, indicando, como bem apontou Bendix, a **importância do pensamento** hegeliano na formulação weberiana.

Perrow discute em seu livro **Complex Organizations**, alguns modelos que denomina neo-weberianos. Somos forçados a discordar desta denominação, pois acreditamos que o modelo weberiano não ganha força e complexidade, com March e Simon, ou Cyert e March. O behaviorismo nada tem a ver com Weber, e seu nível de análise não é, inteiramente, sociológico ou estrutural, mas refere-se aos padrões de comportamento na organização que são relativamente estáveis e que mudam apenas pouco a pouco. **O processo de legitimidade se faz pela conquista dos valores individuais que também influem sobre a organização.** Para Simon uma organização absorve a incerteza e controla as premissas de decisão. Portanto, o comportamento é controlado sem referência a itens convencionais de regras ou comandos, tão peculiares a Weber.

A burocracia não explica a organização simoniana onde o significado subjetivo, voluntarístico da ação, é tão pouco valioso.

Igualmente não são neo-weberianos Woodward e Burns e Stalker ou Etzioni. **E desde que o behaviorismo não isola os dados 'estruturais' dos dados de 'processo' organizacional, as estruturas variam de acordo com o tipo de trabalho realizado, sendo impossível a análise que desconheça as características individuais dos membros da organização, seus desejos, motivos, impulsos.**

A função ou o papel da organização na sociedade foi descrita por Parsons (1956) e Selznick, (1949, 1957). Mas a tipologia de Blau e Scott de 1962, preocupada em analisar o 'papel social' da organização na sociedade terminou por grupar estas organizações **em termos dos indivíduos ou grupos** que são os beneficiários diretos da organização. **Tal individualismo metodológico** impossibilita a viabilização da explicação a nível de função social, tornando a organização dependente do comportamento de grupos ou de indivíduos detentores dos 'destinos' da organização, que se apresentam no papel de membros, ou proprietários, ou clientes, ou cidadãos. A tipologia de Etzioni (1961) também não se preocupa senão com os controles comportamentais e os meios de reforço e recompensa.

Estudos, como os de Burns e Stalker, (1961), também são estritamente behavioristas, pois estão voltados para o comportamento no trabalho, através de interações verticais (sistema mecânico) ou laterais e verticais (sistema orgânico). Essencialmente, as mesmas conclusões resultam do trabalho de Lawrence e Lorsch. Desde que a 'diferenciação' entre os departamentos define-se como a diferença na orientação emocional cognitiva entre os gerentes dos diversos departamentos funcionais, enquanto a 'integração' é definida como o estado de colaboração do grupo, a ser efetivada através do 'integrador', um indivíduo capaz de homogeneizar comportamentos, ou do gerente através da cadeia de comando.

A própria influência da tecnologia sobre a estrutura organizacional, jamais ultrapassou as conclusões de uma análise comportamental, uma vez que a tecnologia das organizações nunca deixou de ser uma questão de *'who does what with whom, when, where, and how often'* (CHAPPLE & SAYLES, 1961).

O quadro a seguir apresenta a comparação entre diferentes perspectivas epistemológicas:

Quadro 2

	Anti-reducionismo (estruturas e objetos)		*Reducionismo (estruturas sem unidade nem gênese)*	*Construtivismo (gênese e estrutura)*	*Espiritualidade (múltiplas gêneses)*
Objeto	1. Platonismo		4. Empirismo	7. Dialética	A mente humana evolutiva
Sujeito	2. Apriorismo		5. Nominalismo e Convencionalismo	8. Relativismo histórico	Comprometimento íntimo com o sistema de valores
Interação sujeito x objeto	3. Fenomenologia		6. Identificação (empirismo lógico)	9. Dialética	Institucionalização e liberdade em gestão de pessoas

(Fonte: **Piaget – Logique et Connaissance Scientifique**, 1967, p. 1.240).

A afirmação de que uma nova teoria deve, ao menos, explicar todos os resultados das anteriores, também, é por demais severa. Quanto à afirmação de que os testes devem ser os mais rigorosos possíveis, pode inferir-se que, ao testar uma teoria, nossa preocupação deve ser sempre falsificá-la. Assim, se adotamos esta postura, podemos estar sacrificando, em seu início, uma teoria promissora e este, também, não é o propósito da ciência. Sobretudo, da ciência 'normal'. E como Lakatos – 'Criticism and Growth of Knowledge', apontou, por vezes, é mais surpreendente a corroboração de uma teoria que a sua falsificação. Outra postura de Popper requer a rejeição da teoria, experimentalmente, refutada; tal postura, também, é muito drástica, pois não é interessante repudiar uma teoria sem que no horizonte exista o que Lakatos denominou uma alternativa promissora. Popper, ainda, postula que uma teoria refutada experimentalmente, e rejeitada, não deve mais ser reavivada; a objeção a esta afirmativa é a de que não podemos, simplesmente, voltar a uma situação teórica anterior e a teoria reaceita, sempre, o será, em consideração a uma hipótese auxiliar subseqüente. Outra exigência de Popper é que seja repelida a inconsistência teórica; nesta instância, pergunta-se Maxwell, se, por vezes, não é conveniente aceitar, provisoriamente, a inconsistência teórica. Rorty acredita em **Verdade e Progresso**, p. 127 e ss., que

> *para enxergar as coisas sob a perspectiva naturalística de Davidson, é útil considerar a analogia entre atribuir estados a um cérebro e à mente. Ninguém pretende sugerir que o cérebro é seu próprio lugar ou que ele pode perder o contato com o mundo externo, pois é irrelevante se o cérebro está ligado a fios, computadores e células fotoelétricas ou ao resto de um sistema nervoso central. Ele sempre está ligado a algum mundo externo. Se essa ligação terminasse, ele deixaria de ser um cérebro em funcionamento; passaria a ser apenas um monte de células. De modo similar, se um processador central feito de metal, silicone e plástico não estiver ligado a alguns dispositivos de entrada e saída, ele não funcionará como um processador central, mas simplesmente, como um monte de chips. Podemos, portanto, imaginar que Davidson monta o seguinte argumento: se a mente é apenas o cérebro sob outra descrição, então mente e cérebro são igualmente capazes de fazer a ligação. O máximo que a redescrição em termos mentalísticos, e não neurais, poderia fazer seria descrever ligações cada vez mais complicadas e não eliminá-las por completo.*
>
> *A explicação de Davidson para a pergunta "por que a mente não é seu próprio lugar" está perfeitamente ligada à avaliação quase neurológica que Dennett faz da consciência em termos do processamento distribuído paralelo. O trabalho desses holistas, tomados em seqüência, pode ser considerado o estágio final do ataque iniciado por Ryle ao cartesianismo. Se esse ataque for bem-sucedido, nossos descendentes acharão uma pena o fato de o século XVII não ter dado prosseguimento ao projeto de recontextualizar tudo de acordo com a visão de que a mente é apenas mais uma fatia de uma vasta rede de relações. Se o século XVII tivesse*

tratado as Meditações de Descartes simplesmente como uma parte infeliz do aristotelismo residual, perdoável no caso do autor de um grande tratado sobre a mecânica corpusculariana, talvez não tivéssemos nunca de nos preocupar com a noção de "consciência" ou de ciência da psicologia.

O importante é diferenciar uma estratégia a longo prazo, tal como está traçada por Popper, de uma tática de trabalho científico a curto prazo. A preocupação de Popper, em resolver o problema da demarcação o conduziu, obviamente, para questões colocadas, no longo prazo. Para Maxwell, Popper falhou ao tentar resolver o problema da demarcação, pois deveria ter provado que suas regras metodológicas realizariam seu propósito melhor que quaisquer outras regras, e isto não foi feito. Faltou, ainda, caracterizar a ciência como um empreendimento racional.

A revolução popperiana é para Maxwell, em última instância, uma revolução nos valores, pois, ao considerar o problema da indução insolúvel e, portanto, sem sentido a questão da verificação, Popper nos está dizendo que devemos valorizar as teorias científicas '*even though they remain utterly improbable conjectures*', (*ob. cit.*, 1972, p. 139). As teorias científicas valem pelo seu conteúdo significativo e poder explanatório e por sua vulnerabilidade a uma das mais devastadoras formas de crítica – o teste experimental. E as teorias científicas que continuamos a aceitar valem por sua habilidade de sobrevivência, neste universo científico hostil.

Popper interpreta o problema da demarcação como a busca do critério de cientificidade. Popper, em **The Logic of Scientific Discovery**, observou que suas regras metodológicas, simplesmente, definem as regras do jogo científico e não necessitam de qualquer espécie de *rationale*, isto, entretanto, torna impossível que Popper postule a resolução do problema da demarcação. Lakatos criticou a Popper, por não ter solucionado o problema da confiabilidade, da credibilidade das teorias científicas. Maxwell o critica por não ter resolvido o problema da demarcação que era seu objetivo primário. A ciência busca verdades explanatórias, não, simplesmente, verdades. Este é seu objetivo. Para Maxwell, Popper tentou reduzir este objetivo a um ainda mais fundamental', a descoberta e a eliminação de erros "*Thus Popper tries to reduce the search for explanations to a search for high empirical content which is in turn reduced to a search either for elimination of error or for progression towards the truth*" (*Ob. cit.*, 1972, p. 148).

Para Maxwell, isto constitui um erro, pois, poder explanatório não pode ser equacionado a alto conteúdo empírico. Uma vez que é possível aumentar e diminuir o poder explanatório.

2.5 TEXTO DE LEITURA E DISCUSSÃO: DO POSITIVISMO AO PÓS-PRAGMATISMO

Emile Durkheim (1823-1917). Sociólogo francês, de origem judia, nascido em Epinal, Alsácia. Estudou em Paris na Escola Normal Superior, formando-se em filosofia, 1882. Inicialmente lecionou em vários liceus. Estudou ciências sociais em 1885 e 1886, em Paris e na Alemanha. De 1887 a 1902 professor de pedagogia e ciência social, na universidade de Bordeaux. Doutorado em 1893, com tese sobre a divisão do trabalho social. Em 1902 retorna a Paris, como suplente da cadeira de pedagogia, na Sorbonne, vindo a ser titular em 1906; a referida cátedra passará a denominar-se de sociologia, em 1913.

Praticou Durkheim o realismo social, no sentido de que a sociedade está acima dos indivíduos, como entidade *sui generis*, com propriedades específicas, tal como um composto químico, que não é apenas a soma das partes; existe algo acima do homem individual, a sociedade, dentro de cujo contexto ele se forma, sendo pois, finalmente um produto da mesma. A partir dali desenvolveu Durkheim uma filosofia e sociologia da educação.

O realismo social foi por sua vez é tratado como positivismo social, em que epistemologicamente só vale a experiência, sem racionalismos. Contribuiu para esclarescimentos epistemológicos sobre a sociologia e para a determinação de conceitos sociais que servem à filosofia social e política. A sociologia de Durkheim não vê no final dos problemas sociais uma solução pela simples resolução das classes em luta a se superarem umas as outras pela liquidação dialética, mas pelo consenso do acordo.

Dürkheim é considerado chefe da assim chamada escola sociológica francesa, distinta da escola de ciência social de Le Play. Influenciou também a pedagogia e a filosofia da educação, exatamente porque a educação é interpretada como um processo social.

Obras: **Da divisão do trabalho social** (*De la division du travail social*, 1893); **Regras do método sociológico** (*Règles de la méthode sociologique*, 1894); **O suicídio**: um estudo de sociologia (*Le suicide: une étude en sociologie*, 1897); **As formas elementares da vida religiosa**: o sistema totêmico na Austrália (*Les formes élémentaires de la vie religieuse: le systhème totémique en Australie*, 1912). Póstumos: **Educação e sociologia** (*Education et sociologie*, 1922); **Sociologia e filosofia** (*Sociologie et philosophie*, 1924); **Pragmatismo e sociologia** (*Pragmatisme et sociologie*, 1955); **Educação moral**: um estudo sobre a teoria e a aplicação da sociologia da educação (*Moral education: a study in the theory* *and aplication of the sociology of education,* 1961), conferências publicadas dispersivamente entre 1902 a 1906.

John Stuart Mill (1806-1873). Filósofo e economista inglês, nascido em Londres. Como seu pai, o filósofo utilitarista James Mill, empregou-se na Companhia das Índias Ocidentais (*East India Company*), de 1823 a 1858. Parlamentar por Westminster, em 1865, havendo então defendido o *Reform Bill* (1867), o voto feminino, alguns direitos da Irlanda. Não reeleito, retirou-se para Avignon, ali se entregando, mais intensamente aos trabalhos intelectuais, até falecer poucos anos depois (1873).

Cedo passou do empirismo (de seu pai) ao positivismo de Comte. Deu novo desenvolvimento ao estudo da indução, a que Bacon já dera início, estabelecendo melhor suas regras: *concordância* entre os fenômenos, *diferença* entre eles, *variações concomitantes*, finalmente *resíduos*. Não valorizou o silogismo, como aliás já fizera Bacon. Aliás, o nominalismo (contra os universais), praticado por Stuart Mill é peculiar ao positivismo em geral, não favorece ao silogismo; em última instância, nem mesmo à indução. Tratou também Stuart Mill da estrutura das demais ciências, como dialética, e da psicologia, instituindo a esta sua condição de ciência específica, porquanto houvera sido reduzida por Comte à biologia. Não deve entretanto, a psicologia afastar-se da experiência fenomênica, de sorte que ficam sem sentido as faculdades e a alma substancial à parte. Afasta, portanto, a psicologia racional. As ciências morais, ou a ética, estuam a conduta do homem, apoiando-se na psicologia, e não, em princípios metafísicos normativos; desta sorte estão reduzidas ao plano positivo. Stuart Mill foi um liberal em política, havendo procurado fazer coincidir o bem individual com o coletivo. Na formação da sociedade é relevante a causalidade dos valores individuais e altruísticos, culminando num socialismo ético. Estabeleceu também o liberalismo econômico. Foi um dos primeiros a escrever sobre a libertação da mulher, o que é interpretado como reflexo dos problemas sociais do meio em que viveu e mesmo, porque os preconceitos de seu tempo o fizeram demorar 21 anos para se casar com Henrriet Taylor, após a morte do primeiro marido desta.

O fenomenismo de Stuart Mill reduz a matéria a uma possibilidade permanente de sensações. "*O espírito não é uma possibilidade permanente de estados de consciência*".

Obras: **Um sistema de lógica, dedutiva e indutiva, em conexão com os princípios e métodos da pesquisa científica** (*A system of logic, ratiocinative and inductive, being a connected view of the principles and the methods of scientific investigation*, 2 vols., 1843), com freqüentes reedições; **Ensaios sobre algumas questões ainda não resolvidas sobre** economia política (*Essays on unsettled questions of political economy*, 1844); **Princípios de economia política com algumas aplicações à filosofia social** (*Principles of political economy, with some of their applications to social philosophy*, 2 vols., 1848); **Sobre a liberdade** (*On liberty*, 1859); **Pensamentos sobre a reforma parlamentar** (*Thougts on parlamentary reform*, 1859); **Considerações sobre o governo representativo** (*Consideration on representative government*, 1861); **Utilitarismo** (*Utilitarianism*, 1863); **Exame da filosofia de Sir Guilherme Hamilton** (*Examination of Sir William Hamilton's philosophy*, 1865); **Augusto Comte e o positivismo** (*Auguste Comte and positivism*, 1865; **Discurso inaugural da Universidade de St. Andrews, 1867; Inglaterra e Irlanda** (*England and Irland*, 1868); **A sujeição das mulheres** (*The subjection of women*, 1869); **Capítulos e discursos sobre a questão da Irlanda** (*Chapters and speeches on the Irish Land question*, 1870); **Autobiografia** (*Autobiography*, 1873); **Três escritos sobre religião**: natureza, a utilidade da religião e teísmo, 1874; **Correspondência** (*Letters*, 2 vols., 1910).

Fonte: <www.cfh.ufsc.br/~simpozio/novo/2216y840.htm>.
Acesso em: 20 maio 2007.

Capítulo 3

NOMINALISTAS E UNIVERSALISTAS EM GESTÃO DE PESSOAS: A DISPUTA EM RICHARD RORTY E JURGEN HABERMAS – JAMES E DEWEY – PLATÃO E DESCARTES

3.1 INTRODUÇÃO

O que tem ocorrido é a articulação do paradigma behaviorista, pois podemos conceber a preocupação da teoria organizacional, hoje, com mensurações sofisticadas, objetivando determinar se o grau das características operacionais, também denominadas estruturação de atividades, especialização, padronização e formalização não está completamente determinado por fatores contextuais, e, se a resposta for não, a questão se torna medir a relação entre o grau de estruturação e o desempenho organizacional, encaminhando-se a análise dos resultados em direção do enriquecimento do conteúdo pragmático das teorias, mas desprezando os desdobramentos de uma teoria política.

Os clássicos, e mesmo os teóricos do período de relações humanas objetivam medir apenas o relacionamento entre grau de estruturação e desempenho organizacional, e é somente com a ampliação do campo teórico que os fatores contextuais passam a ser considerados, com a articulação do paradigma que vai ampliando seu leque de questões. Entretanto, as mais recentes mensurações não isolaram um fator contextual, ou alguns fatores contextuais, como responsáveis pelas características operacionais da organização e, nem mesmo identificaram uma combinação particular de fatores como sendo responsável. E, novamente, esqueceram a questão institucional do poder.

3.2 O REALISMO E O RELATIVISMO SEGUNDO RORTY

Searle e eu reconhecemos que certas proposições são intuitamente óbvias, indemonstráveis e tomadas como certas. Mas, enquanto ele acha que elas não podem ser questionadas sem que as próprias práticas (ou, pelo menos, sua "inteligibilidade") o sejam, eu as vejo como interpretações opcionais sobre essas práticas. Enquanto ele vê condições de inteligibilidade, pressuposições, eu vejo floreios retóricos destinados a fazer com que os especialistas sintam que eles são verdadeiros para alguma coisa grande e forte: a Natureza intrínseca da realidade. A meu ver o conforto derivado desse sentimento é, nesse estágio da maturação da humanidade ocidental, tanto desnecessário quanto potencialmente perigoso, assim como o conforto derivado da convicção de obedecer ao desejo de Deus.

Ele é desnecessário e perigoso porque nossa maturação consiste na percepção gradual de que, se podemos confiar uns nos outros, não precisamos acreditar em outra coisa. Em termos religiosos, essa é a tese feuerbachiana de que Deus é simplesmente a projeção do melhor, e às vezes do pior, da humanidade. Em termos filosóficos, essa é a tese de que tudo o que a conversa sobre a objetividade pode fazer para tornar a nossa prática inteligível pode ser feito igualmente bem pela conversa sobre a intersubjetividade. Em termos políticos, essa é a tese de que, se pudermos manter vivas a democracia e a tolerância recíproca, tudo o que resta pode ser estabelecido por tentativas incansáveis de alcançar algum tipo razoável de compromisso.

Para adotar essas várias teses, é útil refletir que nada em nossa prática exige que façamos a distinção entre uma característica intrínseca e outra, extrínseca à realidade. Se podemos abandonar a distinção intrínseco-extrínseco, a distinção entre o que as coisas são independentemente das necessidades e dos interesses humanos e o que elas são em relação a essas necessidades e esses interesses, também podemos abandonar a idéia de que existe uma grande diferença entre buscar a felicidade humana e buscar o conhecimento ou a verdade científica. Poderemos então considerar esta última busca não como uma tentativa de representar as características intrínsecas da realidade, sem relação com as necessidades humanas, mas, como um meio de encontrar descrições da realidade que satisfaçam necessidades humanas específicas – aquelas que nossos colegas cientistas e acadêmicos julgam, devem ser satisfeitas. A diferença entre a subjetividade ruim e o conhecimento correto será agora interpretada como a diferença entre a satisfação de necessidades particulares, idiossincráticas e, talvez, secretas, e a satisfação de necessidades amplamente compartilhadas, bastante difundidas e livremente debatidas.

Essa substituição da objetividade como representação acurada pela objetividade como intersubjetividade é o movimento pragmático chave, aquele que permite aos pragmatistas sentir que podem ter a seriedade moral sem a seriedade "realista", pois a primeira é uma questão de levar outros seres humanos a sério e não levar nada mais igualmente a sério. Confirma-se, dizem os pragmatistas, que podemos de fato levar os outros a sério sem levar a sério a natureza intrínseca da realidade. Não mudaremos nossas práticas – nem políticas, nem acadêmicas – só porque adotamos filosofias não representacionalistas da linguagem e da mente. Mas podemos mudar nossas atitudes em relação a essas práticas, nosso entendimento de por que é importante fazer isso. Nosso novo entendimento sobre o que estamos fazendo será, por si só, tão indemonstrável, e tão intuitivo, como era a tradição racionalista ocidental. Mas os pragmatistas acham que será melhor não apenas porque ele livrará os filósofos da perpétua oscilação entre ceticismo e dogmatismo, mas também, porque eliminará mais algumas desculpas utilizadas pelo fanatismo e pela intolerância (RORTY, 2005).

3.3 A DISPUTA ENTRE JURGEN HABERMAS E RICHARD RORTY

Rorty considera Derrida um filósofo mais intrigante do século XX e julga Habermas o filósofo de maior utilidade social deste século, um defensor universalista da social democracia. Para Rorty, Habermas, Heidegger e Derrida são filósofos da subjetividade, e suas posições remontam a Kant e Hegel, com uma tentativa metafísica, na opinião de Rorty, impossível de combinar o interesse público e o interesse privado, reunindo atividades que deveriam permanecer separadas. Diz Rorty, contrariamente, a Habermas, que com Nietzsche a crítica da modernidade se faz com que se chama "teorização ironista", que enfatiza sua contigência; esta teorização, crê Habermas, deve ser substituída por algo de maior utilidade social, ou seja, uma filosofia da intersubjetividade, mantendo o que é útil no racionalismo iluminista, ao mesmo tempo em que recusará todas as tentativas metafísicas de fundamentar o racionalismo na natureza do sujeito, Habermas, também, rejeitará Rorty que tenta subvertê-lo. Para Habermans, a filosofia politiza a epistemologia. Habermas diz que:

> *pensa na compreensão intersubjetiva como o telos inscrito na comunicação em linguagem ordinária e no logocentrismo do pensamento ocidental, elevado pela filosofia da consciência, como uma condensação e uma distorção de um potencial sempre operativo na prática comunicativa da vida diária, mas apenas seletivamente explorado.* (**Philosophical discourse**, p. 311)

Ou seja, o que Heidegger chama "metafísica" e Derrida de "logocentrismo", Habermas procura fazer com a análise dos interesses e das ações emancipatórias. Habermas é um filósofo universal, que diz que a racionalidade com muita intersubjetividade, socialmente unificadora, é valiosa e central para a vida humana. Rorty, ao contrário, vê um contraste entre a necessidade privada de autonomia e a necessidade pública de uma visão sinóptica dos objetivos. Habermas quer validade universal e desconfia do que chama de historicismo lingüístico, na linha de pensamento de Dewey, Heidegger, James, Derrida, Davidson e Nietzsche. Habermas vê antidemocracia no sujeito escondido sob as máscaras lingüísticas de Foucault, Derrida e Castoríades. Para Rorty não há razão para escolher entre Dewey e Derrida, entre solução de problemas públicos e as lutas privadas por autonomia. As duas atividades podem coexistir, pacificamente; para Rorty o apego de Habermas à idéia de validade universal o leva às mesmas tentações de Platão, Santo Agostinho e Kant, julgando que existe algo como "humanidade em si mesma" que deve ser emancipada, Rorty evita a institucionalização, evita algo como um destino universal, foge da necessidade de um passado filosófico, aceita o contextualismo, pois, para Rorty, liberdade é o reconhecimento da contigência, e, não, da necessidade natural de liberdade, menos, ainda, da utilidade social da filosofia de problemática universalista e fortes estratégias teóricas. Diz Rorty:

> *Quando somos nominalistas, qualquer exploração das relações pressupostas entre conceitos em que podemos nos engajar toma a forma do argumento de que não podemos usar algumas palavras de certos modos se não usarmos algumas outras de outros modos. Portanto, nós, nominalistas, não encontramos utilidade para uma versão renovada da "lógica transcendental" de Kant. Agradecemos a Wittgenstein por ter zombado da idéia kantiano-fregiana de que, como ele colocou, "a lógica é algo sublime". Lemos Wittgenstein como um filósofo terapêutico, cuja importância está em nos ajudar a escapar de modos de usar as palavras que gerem **pseudoproblemas**.* (RORTY, **Verdade e Progresso**, p. 417)

3.4 JAMES E DEWEY, PLATÃO E DESCARTES

Para Rorty, renunciar à idéia de que existe uma natureza intrínseca da realidade a ser descoberta, seja pelos sacerdotes ou filósofos e até cientistas, é separar a necessidade por redenção da busca por concordância universal. Uma vez que abandonemos a busca da realidade, a imaginação humana se liberta, a esperança platônica de escapar do temporal para o eterno foi primitiva; Kant abriu o caminho para ver a mente e o mundo como independentes. Sócrates e Platão subsituíram de modo autoconsciente a religião pela filosofia, o modelo de êxito cognitivo de Platão – a matemática nunca vai nos oferecer algo redentor. John Dewey pensou que o fato de um profissional físico matemático, desfrutar de maior prístígio social do que um artista ou artesão é um legado infeliz da distinção platônico-aristotélica entre verdades eternas e verdades empíricas; abandonar a última idéia que une a filosfia a religião foi descrever um método cartesiano e, portanto, fundar uma nova epistemologia, que é recusada por James, pois não existe, nem é possível que seja atingida, a verdade como correspondência, a exemplo de Peirce, o filosofo pragmatista James, associa a idéia da verdade ao que é vantajoso. Essa mudança de paradigma resulta para muitos no utilitarismo – no sentido de que o utilitarismo concebe o homem como superior, superioridade esta comprovada pela vontade e domínio do homem no meio real. Nesta perspectiva, o homem apresenta uma capacidade de modificar o mundo à sua semelhança. Logo, o pensamento e o conhecimento visam orientar as ações atendendo aos fins práticos de sua vontade em sociedade. Foi o fim da metafísica idealista. Para Rorty, o século XX demonstrou que, se você quiser uma metafísica, não poderá ser transcendental, pois a única metafísica possível, se o for, é materialista, pois acabou para sempre a esperança pela verdade redentora; não há respostas para realidade objetiva, dizem os relativistas pós-modernos; a objetividade é intersubjetividade, e os propósitos das ciências, religiões, filosofias e peças literárias são, continuamente, redifinidos em novos paradigmas; a cultura superior já não será pensada como absoluta, não há nenhum modelo para o homem; existem tantas perfeições, quanto existem homens imperfeitos na sabedoria de Wilde. A jornada é que importa, a idéia de um compromisso ontológico passa a ser descartada. A melhor tradução do grego *méthodos* é a caminho,. Rorty acredita que reteçer questões dissolve os problemas tão, freqüentemente, quanto os resolve, o humanismo pós-moderno crê que não temos deveres com nada, exceto uns com os outros.

3.5 TEXTO PARA LEITURA E DISCUSSÃO: NEOPRAGMATISMO
(*In*: Pragmatismo e Economia: Elementos Filosóficos para uma Interpretação do Discurso Econômico. Paulo Gala, Danilo Araújo Fernandes e José Márcio Rego)

Da mesma forma que Quine inicia dentro do pensamento filosófico americano uma "nova era" para o pragmatismo, Richard Rorty inicia um processo na década de 80 de resgate (a partir de Quine) da filosofia pragmatista em uma versão mais voltada para os pressupostos e valores pragmatistas presentes principalmente na filosofia de James e Dewey. O projeto filosófico de Richard Rorty se aproxima da tradição inaugurada por W. Quine ao mesmo tempo em que busca fazer um resgate do pragmatismo a partir de uma visão ética e baseada no princípio da democracia. Ou seja, o pensamento de Rorty representa uma forma de fazer filosofia que alia a crítica ao racionalismo próprio dos pragmatistas pioneiros ao desenvolvimento da filosofia da linguagem poste-

rior a eles ao mesmo estilo da filosofia de Quine. A diferença, no entanto, está na leitura e no grau de proximidade ou afastamento que ambos têm em relação à tradição semântica da filosofia analítica e do empirismo da primeira metade do século XX. De uma outra forma, podemos dizer que Rorty, diferentemente de Quine, busca a compreensão da filosofia como uma atividade dinâmica que procura se libertar das imposições epistemológicas e empiristas da tradição analítica, sem perder de vista sua função crítica em relação à linguagem, própria da filosofia de tradição anglo-americana. Avança em uma dimensão hermenêutica que não se permite envolver por determinismos epistemológicos e semânticos que buscam delimitar, em última instância, o campo de ação do conhecimento considerado como cientificamente válido. Nesse ponto Rorty se coloca em posição de antagonismo em relação às propostas epistemológicas pragmatistas tanto de Quine como de Peirce. Faz parte de uma nova geração de filósofos que compreendem que a filosofia e o conhecimento científico devem estar voltados para a vida e para a busca da solução de problemas concretos e não, para a "Verdade" vista como representação semântica da natureza. "Chamamos algo de ciência na medida em que nos permite predizer o que irá acontecer e, portanto, nos permite influenciar o que irá acontecer. É claro que há uma variedade de outros critérios para boas teorias científicas, além do sucesso preditivo e uma variedade de razões para tornar-se um cientista além do imperativo de contribuir para que tenhamos a natureza sob controle" (Rorty 1998, p. 20). Para ele, não faz sentido pressupor que o conhecimento possa ser alcançado, seja ele de forma desinteressada ou não, através de instrumentos e métodos de validação racional ou empírica, que nos poderiam fornecer evidências a partir de juízos representacionais sem qualquer caráter normativo e sem nenhuma natureza prática de qualquer espécie. Para neopragmatistas como Rorty, a busca incessante pela "Verdade" já parece ser uma escolha carregada de juízos de valor, e, portanto, prenha de implicações valorativas e de interesse prático relacionadas com a sustentação de um ideário platônico e modernista. Com inspiração em Nietzsche e James, Rorty nos leva a questionar a relevância prática de se procurar por supostas "Verdades", entendidas no sentido essencialístico ou semântico-representacional. Ou seja, a nos questionarmos nietzschianamente em relação à pergunta: "Por que sempre a Verdade?" Baseado em que podemos afirmar que buscar a verdade transcendental é algo importante e relevante e a que se deva colocar em primeiro plano em relação aos nossos objetivos "mundanos"? Qual a relevância de se pressupor a existência de uma essência imutável e definitiva dos processos e das coisas? O objetivo do conhecimento, para Rorty, seguindo o estilo de Dewey, deveria ser tão-somente a busca criativa pela construção e resolução de novos problemas que nos sejam mais importantes do que os que nos foram colocados até então. Para Rorty, a filosofia tem um imenso potencial criativo, muitas vezes desperdiçado, de nos dar condições de reconstruir nossas trajetórias em consonância com nossos objetivos e uti-

lizando um conhecimento, seja ele científico ou não, que esteja de acordo com um espírito prático e humano, voltado para o "mundo da vida". De acordo com Rorty, deveríamos buscar na filosofia e nas ciências, assim como em qualquer outro âmbito do conhecimento humano, novas formas de pensar os problemas que surgem de forma cada vez mais dinâmica em nossas sociedades. A ciência e a filosofia devem buscar resolver os novos problemas que surgem, reservados os parâmetros determinados socialmente em consonância com os objetivos e problemas de cada campo específico e de cada sociedade em particular e não perder tempo com debates intermináveis sobre qual seja a "Verdade" ou essência que supostamente acalmaria os nossas inquietações intelectuais e filosóficas. Até porque, de acordo com Rorty, nossas inquietações sempre acabariam por retornar, como se fossem uma maldição mandada pelos sofistas; alvos emblemáticos da crítica anti-retoricista platônica, à medida que os problemas e suas respectivas respostas consideradas satisfatórias já não nos servissem mais. Aqui, Rorty diverge do pragmaticismo de Peirce e se aproxima mais do pragmatismo de James e Dewey. Diferentemente de Peirce, Rorty não vê sentido na idéia de se pensar a verdade como um fim para a conversação. Momento este onde, mesmo que supostamente, o conhecimento chegaria a um estágio final. Considera o objetivo do debate filosófico e científico a própria conversação e a busca pela solução criativa de novos problemas à medida que estes surjam. Não faz sentido, portanto, imaginar qualquer elemento benéfico associado à pressuposição de um suposto fim para a conversação. A conversação, para Rorty, é a própria garantia da existência de um espaço democrático no qual as novas questões e problemas de diferentes comunidades, países, formas de pensamento ou manifestações culturais de caráter normativo de qualquer espécie possam, abertamente e sem limitações ontológicas ou epistemológicas, ser discutidos e avaliados tendo presentes, e de forma explícita, seus próprios juízos éticos. Este o elemento mais importante e fundamental da ética pragmática desde os tempos de Dewey, que não pode ser tomado como algo que se justifica como um meio, mesmo que pragmático, para um fim maior que seria a "Verdade". A alternância de teorias e métodos de averiguação científica verificadas ao longo da história do pensamento científico estaria, de acordo com Rorty, muito menos relacionadas a erros ou desvios da trajetória epistemológica indicada por nossos filósofos de plantão, do que a supostas mudanças dos problemas teóricos e aplicados que insurgem em nossas sociedades à medida que elas se modificam, criando e recriando novas problemáticas. O interessante, de acordo com esta perspectiva, é que a própria criação de problemas teóricos possa ser vista como fazendo parte das próprias condições históricas e contingentes presentes em determinado momento, fugindo assim de um etnocentrismo caro aos filósofos e metodólogos tradicionais. O resultado das próprias alterações na sociedade nos impele a novas problematizações, o que claramente pode significar a obsolescência argumentativa de qualquer solução teórica que se poderia dar a problemas *antigos. Estes resultados, no entanto, não estariam relacionados diretamente à resposta dada ao problema teórico antigo em questão, mas sim, ao fato de o próprio problema antigo já não ter mais a importância que se atribuía a ele. Daí o caráter de irrelevância que muitas vezes algumas teorias acabam tendo dentro do debate político ou acadêmico no qual as soluções teóricas existentes acabam por ser compreendidas como se referindo a problemas que já não nos interessam mais. A superação de uma perspectiva não significa o fato de que se descobriu que ela não está com a "Verdade", mas sim, que a sua "verdade" ou justificativa em relação à importância de sua problemática já não nos convence mais. Rorty vê esta questão como fundamental, pois é ela que nos permite a autonomia de construir o conhecimento de acordo com os nossos objetivos e problemas considerados como relevantes em determinado momento histórico. A **cientificação** do conhecimento é uma opção que parece envolver muito mais a escolha ética por dominar, através da criação de instrumentos de previsão teórica e estatisticamente seguros, o objeto de estudo em questão, do que qualquer outra coisa. O problema, no entanto, está em que esta condição de domínio sobre as variáveis também pode implicar desequilíbrios dos mais variados tipos (ecológicos e sociais) além de representar uma forma de vida as quais uma determinada comunidade (ou até a humanidade no sentido **lato**) possa não estar disposta a aceitar. Neste sentido a ciência não pode ser vista como independente da cultura e dos objetivos da sociedade a qual ela pretende beneficiar. Isto se torna ainda mais claro quando se está trabalhando com as ciências consideradas humanas pois, neste caso, as conseqüências da atitude de domínio das ações humanas tem implicações ético-sociais ainda mais contestáveis. De acordo com a visão pragmatista oriunda do pensamento de Richard Rorty, não há nenhuma condição filosófica **a priori**, fora da argumentação, que nos permita considerar como epistemologicamente mais relevante um problema em relação a outro, seja ele científico ou não. Daí não podermos nos esquivar de assumirmos as responsabilidades de nossas escolhas e valores culturais. Não existe escolha positiva, neutra ou dada de forma desinteressada. Toda escolha que se propõe desinteressada pressupõe um juízo de valor. Esta é uma das principais marcas da tradição neopragmática tal como apresentada por Rorty a qual a diferença de outras tendências pragmáticas contemporâneas inspiradas no pensamento de Quine.*

Fonte: <http://www.scielo.br/pdf/ee/v36n3/a08v36n3.pdf>.
Acesso em: 30 maio 2007.

Capítulo 4

DONALD DAVIDSON, A UNIFICAÇÃO DA TEORIA DA AÇÃO E O SIGNIFICADO DO MONISMO ANÔMALO EM GESTÃO DE PESSOAS

4.1 INTRODUÇÃO

Para Kant, o espaço é uma representação, *a priori*, em nosso espírito que precede, necessariamente, todo fenômeno externo; é a condição subjetiva de nossa sensibilidade, sem a qual nenhuma intuição externa é possível, portanto só do ponto de vista do espírito podemos falar do espaço e de seus objetos; o mesmo se pode dizer do tempo, que não é conceito empírico dedutível de uma experiência qualquer, sendo real, não é real como um objeto, mas a representação de um sujeito mesmo, enquanto objeto. Pela razão pura, é impossível decidir-se por um tempo eterno e um espaço infinito, ou um começo no tempo e um espaço limitado. Estas questões tornaram-se relevantes na pós-modernidade, pois a ação humana intencional passa pela conexão entre nome-sentido-objeto de referência; em Husserl o conceito de noema é uma generalização da idéia de sentido de modo a torná-lo possível de uso no domínio da ação – ato /noema/ objeto; cada ato consciente é um ato orientado, pelo noema em Husserl, pelo sentido em Frege. Referência, Bedeutung, significado em contraposição a Sinn, sentido. Podemos dizer que em Filosofia das ciências humanas trabalhamos com o que Frege denominou contextos opacos no que respeita à referência onde os nomes não atuam como nome de seu objeto de referência, mas, como nomes de seus sentidos, na condição de constructos técnicos.

Hannah Arendt disse-nos que, com o desaparecimento do mundo tal como dado aos sentidos, desaparece, também, o mundo transcendental e com ele a possibilidade de transcender-se o mundo material em conceito e pensamento dando-se a inversão da vida contemplativa e da vida ativa; conhecimento e verdade podem ser atingidos através da ação.

O limitado sistema de referência do *Homo Faber* perde, significativamente, seus valores. O homem moderno foi "arremessado" para "dentro de si mesmo".

A partir de Kant não há mais juízo sintético *a priori* que valha, se não como quadros, a que nosso espírito deve, necessariamente, submeter toda experiência e toda a percepção. Assim, quando pensamos no direito natural dos povos, nos últimos anos do século XX, concluímos que houve um verdadeiro retrocesso, quanto à noção de bem público e de solidariedade, com o encolhimento das funções sociais e políticas do Estado, resultando num quadro de desamparo pessoal, ampliação da pobreza e crescente agravo à soberania, onde a informação exerce um papel despótico, através de um discurso homogeneizado e de presença generalizada, insidiosa, onde a releitura aponta para fábulas e mitos que estão entre os mais "novos encantamentos" do mundo: Espaço e Tempo contraídos na aldeia global violentam as relações sociais com perversidade sistêmica. A empiricização da universalidade das técnicas defronta-nos com uma subdivisão extrema do tempo empírico, com característica de ser invasor. Só que a globalização não é, somente, um sistema de técnicas, mas, uma fábrica de perversidades. Fala-se, hoje, de uma humanidade desterritorializada como imperativo da globalização. Na realidade, este é um outro mito, e muito contrário ao exercício da cidadania. A confusão dos espíritos impede o entendimento espacial e temporal de nosso tempo, fragmentando-os, no triunfo das novas virtudes pragmáticas. O ideal da democracia plena é substituído pela democracia de mercado que permite o império do consumo, levando ao menosprezo da noção filosófica de liberdade, substituída pela incolumidade frente a violência. A cidadania perdida não se resgata, e a violência amedronta. Portanto, é importante entender o tempo e o espaço da ação humana.

Hannah Arendt, em discurso por ocasião da entrega de prêmio[12], em Hamburgo, lembra-nos que a história conhece muitos períodos de tempos sombrios, em que o âmbito público se obscureceu, e diante da dubiedade, os homens passaram a se preocupar apenas com seus interesses vitais e suas liberdades pessoais. Hannah, em seu discurso, cita pronunciamento de Kafka: "*É difícil dizer a verdade, pois, embora exista apenas uma verdade, ela está viva e tem, portanto, uma face viva e mutável*". Igualmente, o discurso lembra que Kant compreendeu que não pode haver nenhuma verdade absoluta para o homem, pelo menos no sentido teórico, e certamente estaria preparado para sacrificar a verdade, à possibilidade de liberdade humana, pois, se possuíssemos a verdade, não poderíamos ser livres. Há uma inumanidade ligada ao conceito de uma verdade única; surge com especial clareza na obra de Kant, onde a verdade se

---

[12] Prêmio da Paz dos editores alemães, entregue a K, Jaspers.

encontra na razão prática que, de certa forma, estabelece limites à ação humana. Humanismo, hoje, é uma volta sutil e sofisticada ao direito e à ação, subjetivo – intersubjetivo.

Em tempos sombrios, os Seres Humanos insistem em retornar ao humano, através de muitas opiniões que se fundem em uma única; a relação entre a verdade e a humanidade pode ser encontrada, como bem lembrou Hannah Arendt, em uma frase de Lessing: *"Que cada um diga o que acha que é verdade, e que a própria verdade seja confiada a Deus"*, o que explica a forte necessidade que estes migrantes da pós-modernidade sentem de se aproximarem entre si e de buscarem no calor da intimidade uma luz ou iluminação que o âmbito público já não lhes pode dar; é irônico que nestes Tempos Sombrios, pouco espaço haja para irmanar as pessoas e quase nenhum tempo. Arendt nos diz claramente:

> *A questão é: quanta realidade se deve reter mesmo num mundo que se tornou inumano, se não quisermos que a humanidade se reduza a uma palavra vazia ou a um fantasma? Ou, para colocá-la de outra forma,: em que medida ainda temos alguma obrigação para com o mundo, mesmo quando fomos expulsos ou nos retiramos dele? A fuga do mundo em tempos sombrios de impotência sempre pode ser justificada, na medida em que não se ignore a realidade, mas é constantemente reconhecida como algo a ser evitado. Quando as pessoas escolhem essa alternativa, a vida privada também pode reter uma realidade de modo algum insignificante, embora impotente, É-lhes apenas essencial que compreendam que o real dessa realidade consiste não em seu tom profundamente pessoal, mas, em algo mais, que brota da privacidade como tal, é inerente ao mundo de que fugiram. **Devem se lembrar de que estão constantemente no fluxo, e que a realidade do mundo se expressa efetivamente com sua fuga**. Assim, também, a verdadeira força do escapismo brota da perseguição, e a força pessoal dos fugitivos cresce na medida em que crescem a perseguição e o perigo.*

Arendt propõe a intersubjetividade.

4.2 NO MARCO DA RELAÇÃO *INTERSUBJETIVA* EM UM MUNDO COMUM AOS SUJEITOS

A mente, o mundo e a ação apresentam o monismo anômalo conceituado por Davidson como anomalismo do mental, onde o conteúdo é regido pelos princípios da coerência racional, mas que combina uma atitude materialista em relação à mente e à ação humana intencional, com uma defesa das ciências que se ocupam do fazer humano, frente às ciências naturais. Em Davidson os problemas do significado se convertem no problema da interpretação e comunicação entre os homens e, novamente, na comunicação intersubjetiva do significado.

Em tempos sombrios, onde a reflexão é, talvez, a mais promissora área da filosofia política, Kant abre uma importante perspectiva, a política pensada não apenas nos parâmetros do direito, mas também, como juízo reflexionante, distinguindo claramente entre a semântica dos conceitos teóricos e dos conceitos práticos, fundando uma teoria analítica dos imperativos e norma éticas. Com efeito, a lei moral, a lei da vontade se encontram inteiramente independentes das condições naturais da sensibilidade que ligam toda a causa a uma causa anterior. *"Nada é anterior a essa determinação da vontade"*. **É por isso que o conceito de liberdade como idéia da razão, desfruta de um privilégio eminente sobre todas as outras idéias.** Porque ele pode ser determinado, praticamente, é o único conceito, a única idéia da razão, que dá às coisas em si o sentido ou "fato" e que nos faz penetrar efetivamente no mundo inteligível. Com Davidson podemos vislumbrar, entre mente, comunidade e mundo objetivo, uma relação estreita, assimétrica, portanto, livre.

É por esta razão que Kant distingue duas legislações e dois domínios correspondentes: a legislação por conceitos naturais, que é aquela em que o entendimento, determinando estes conceitos, legisla na faculdade de conhecer, ou no interesse especulativo da razão e a legislação pelo conceito de liberdade, que é aquela onde a razão determinando este conceito, legisla pela faculdade de desejar em seu próprio interesse prático, embora não se possa identificar a razão pratica à liberdade, pois há uma zona de livre-arbítrio, na qual podemos optar contra a lei moral. Com efeito, a lei moral é a lei da vontade: por isso o conceito de liberdade, como idéia da razão, desfruta de um privilégio eminente sobre todas as outras idéias, dando um sentido que nos permite entrar efetivamente no mundo inteligível. A lei moral é a lei de nossa existência inteligível, isto é, da espontaneidade e causalidade do sujeito como coisa em si, o que, em tempos obscuros, permite resgatar a humanidade do homem migrante da pós-modernidade, através do significado que a comunidade estabelece para si. É, como Weber deseja, o direito natural sufocado pelo poder, pela *"realpolitik"* que pode ressurgir através da intersubjetividade.

O homem pós-moderno consegue extorquir do passado e reunir "fragmentos do pensamento", não para ressuscitá-lo, mas, com a convicção de que podem ser cristalizados como algo novo, rico, talvez estranho, em íntima afinidade com a ruptura do seu tempo. Max Weber disse, em seu leito de morte, "o verdadeiro é a verdade", talvez significando que a verdade é de fato o coletivo do "verdadeiro". A lei comum.

Isto representa em termos filosóficos que a concepção de mente em termos cartesianos não é correta. Não há representações mentais intermediárias entre sujeito e objeto e o mundo. O caráter social da linguagem e do pensamento foi assinalado por Davidson com clareza. Assim como seu significado que precisa ser interpretado.

Só no marco da relação **intersubjetiva** em um mundo comum aos sujeitos, podem existir o pensamento, os conceitos, e o próprio significado. Assim, por exemplo, o direito natural dos povos é parte de um mundo público e intersubjetivo, e não mais, um elo entre nós e o mundo, a mente, e nela, o direito natural é produto da interpretação e da comunicação intersubjetiva.

Direito natural é o pilar fundante da cidadania. A ação política, para Kant e para Weber, não é mais pensada no plano de seu acordo, com os seus princípios universais do direito ou direito natural, e sim, na esfera da responsabilidade. Precisamos aprender a pensar a política, para estes seres migrantes na era globalizada; isto nos leva à Crítica do Juízo e a uma ontologia da ação e a uma ética de responsabilidade nova e, acreditamos, de ruptura com as categorias anteriores; nossa racionalidade, predominantemente, instrumental não pode constituir uma produção universal sem a análise dos valores.

Na pós-modernidade, o filósofo não deve confundir-se com um ideólogo, mas, ser o precursor que, da proa do barco, contempla a passagem entre os dois mundos, o passado e o futuro. O subjetivo e o intersubjetivo. Um hermeneuta dos significados da consciência histórica.

É necessário adotar-se um novo discurso que abarque o indivíduo e sua subjetividade em novos termos; por um lado, o fracasso definitivo de um modelo de sociedade no qual vivemos desde a Revolução Francesa, fracasso este, com enormes repercussões econômicas, sociais e políticas; de outro lado, a emergência de uma nova sociedade cujo desenho compromete o conceito de responsabilidade, os velhos discursos e as velhas práticas, e obriga o abandono da subjetividade ao mesmo tempo em que permissivamente declaram-se empenhadas em obter o livre desenvolvimento do indivíduo. Recortam, de maneira trágica, a diferença entre o discurso que proclamam e a condição subjetiva que promovem. *A Mass Media destrói a persona.* Desequilibra e multiplica desejos instáveis e passageiros. Indivíduos débeis perdem sua identidade, a falta de identidade banaliza os gestos, em ritos desresponsabilizadores, fazendo com que os indivíduos desistam de configurar sua própria identidade. Lembremos, novamente, que a responsabilidade não necessita ser uma reedição das antigas teorias, ou de Weber, mas, que, como repete Hannah Arendt, em diversas passagens de sua obra, a ação humana é por natureza ilimitada, pois a cada ação corresponde uma reação em cadeia, produzindo efeitos imprevisíveis e incalculáveis; a ação humana leva a conseqüências até o infinito. Hoje, no mundo pós-moderno, há mudanças irreversíveis. A técnica moderna propiciou a ação numa magnitude impensável, de tal modo que a ação humana mudou de fato, quer em sua dimensão, quer em suas conseqüências, conduzindo a um novo objeto, sobre o qual uma teoria ética precisa refletir. Não sabemos de fato, o que estamos fazendo na globalização, e, sobretudo, diante de tal magnitude e da extraordinária fragilidade humana, estamos, hoje, colocados diante do caráter irreversível da ação. Segundo Hannah Arendt, que não se abandona a esta fatalidade, a esperança está relacionada à condição humana ontológica em sua capacidade de começar algo novo, de maneira original. O mundo não se torna, plenamente, humano, senão, através das iniciativas de seus agentes, estes seres migrantes pós-globalizados. Todas estas transformações do real obrigam a reconsiderar o conteúdo das velhas categorias. Autonomia, agora, para estes seres migrantes, significa muito mais do que simples capacidade própria, pois dota estes personagens de poder. A categoria de sujeito resulta indispensável, embora a possibilidade mesma da ação humana signifique uma reivindicação do sujeito para sua inserção de modo crucial e abnegado em uma nova ética que, para manter a subjetividade, a ela renuncia temporariamente. É em direção ao coletivo que agrega subjetividade na intersubjetividade.

Os significados não podem ser puramente subjetivos ou mentais, como Davidson assinala citando H. Putnam, os significados não estão na cabeça. A epistemologia não tem necessidade básica de objetos da mente, devemos nos livrar da tirania e sedução da dicotomia subjetivo-objetivo; importa refletir a natureza da racionalidade, a possibilidade mesma do pensamento exige padrões compartilhados de verdade e objetividade.

4.3 A PÓS-MODERNIDADE

O conceito moderno de processo, na pós-modernidade, separa profundamente a época moderna do passado. Em nossa era, nada é significativo em si mesmo, ou por si mesmo. Nem mesmo a história, ou a natureza. Todo o tangível, todas as entidades individuais visíveis, submergiram em processos invisíveis e globais; o processo, ele mesmo, converte em significativo tudo quanto abarca, com uma espécie de monopólio do significado. A busca de uma nova dignidade, de uma nova consciência histórica, diante da crescente carência de sentido do mundo pós-moderno, está, no enfrentamento, dessa rede de categorias pela política, vale dizer, pela ação humana. Kant, que havia saudado Rousseau como o *"Newton do mundo moral"*, e que foi recebido pelo seus contemporâneos como grande teórico dos direitos do homem, já relatara que o processo todo parece guiado por uma intenção desconhecida para os homens que fazem a história e apenas compreendido pelos que os sucedem. Kant, como Vico antes dele, era consciente, do que Hegel denominou a astúcia da ação ou estratégia da natureza. Kant estava consciente de que a ação não realizava nenhuma das esperanças que a idade moderna estava obrigada a esperar dela, desoladora contingência. A forma kantiana e hegeliana de conciliação com a realidade, mediante a compreensão de seu mais profundo significado, parece uma perplexibilidade no mundo pós-moderno, onde os seres humanos estão todos conectados uns aos outros, porém tendo perdido o mundo que foi comum para eles.

Podemos distinguir, portanto, autênticos estados mentais internos sobre os quais a mente do sujeito mantém sua autoridade e estados de crenças, intenção, desejo, significados que ele encontra contaminados por conexões necessárias com o mundo social e público.

Este projeto filosófico trataria, então, de abandonar o mito do subjetivo, a idéia de que os pensamentos requerem objetos mentais, em busca do caráter social, investigativo da linguagem e dos determinantes externos do pensamento, numa leitura minuciosa de Davidson. Pensa linguagem e significado na pós-modernidade.

A questão a ser objeto de reflexão filosófica é, fundamentalmente, a cidadania dos seres migrantes, desterritorializados, migrantes não apenas geograficamente, fora das fronteiras nacionais, mas, e sobretudo, migrantes de cultura, de informações, de imagens, migrantes no tempo e no espaço pós-moderno.

O espaço público, hoje reduzido, é, também, como lembra Arendt, um âmbito espiritual que é da própria qualidade humana. Exatamente o que Kant e Jasper entendem por Humanität, a personalidade válida que nunca é adquirida em solidão e que só pode ser alcançada no âmbito público, quando nos arriscamos a revelar algo que não é subjetivo ou seja *"o ser-em pelo qual somos"*. Jasper tomou para si responder o que significa esta luminosidade onde se testa a pessoa e tudo o que ela pensa – razão e liberdade, uma "trilha" kantiana que *"um dia se alargará numa grande estrada"*, a humanidade criando um espaço, uma mentalidade ampliada, e um tempo que é do âmbito do espírito dos cidadãos que se agrupam para viver a verdade. Foi Jasper que disse que ninguém pode ser cidadão do mundo enquanto for apenas cidadão comum. Para Kant, a humanidade é um possível resultado final da história, uma comunidade, politicamente, unida e em pleno desenvolvimento, através de uma estrita força secreta ou como diria Hamlet, *"nossos pensamentos são nossos, mas seus fins nada têm de nossos"*. Kantianamente, a história passada será entendida como a educação da humanidade. Com Jasper estamos mais próximos da realização da humanidade, e esta é a sabedoria política que em tempos sombrios pode iluminar o pensamento nas ciências humanas e sua inextrincável intersubjetividade. Igualmente, em Max Weber, podemos ver que estados mentais se podem converter em constructos teóricos, os tipos-ideais, atitudes humanas que podem ser interpretadas perante o conhecimento histórico assistemático, e decorrente da escolha subjetiva de valores, em conexões entre o significado de um objeto e o valor que lhe é atribuído. Uma intersubjetividade pensante.

No passado, houve uma territorialidade absoluta, onde pessoas pertenciam àquilo que lhes pertencia, isto é, o território, a comunidade, o contexto limitado no espaço. A globalização matou a noção de solidariedade, devolveu ao homem a condição primitiva de cada um por si, tendo por base a internacionalização do dinheiro e do mercado, reduzindo a política a quase nada, e ignorando o direito natural dos povos, alienando-os de seu território, tornando-os migrantes, metamorfoseados ao longo do tempo. O dinheiro é, cada vez mais, um dado essencial para o uso do território. Nas condições atuais, o cidadão pretende ser, também, cidadão do mundo, mas a mesma globalização exclui, marginaliza e empobrece. Estamos vivendo uma verdadeira esquizofrenia do tempo e do espaço. O imaginário da sociedade convive com um relógio despótico e temporalidades divergentes. O problema central é como voltar ao curso da história, como voltar ao humanismo. Esta volta, para nós, está vinculada ao direito natural das pessoas e dos povos. Para filosofia o direito deve corresponder à sua idéia, mas isto não significa negar a vigência e a eficácia dos direitos históricos, híbridos e incompatíveis com esta idéia. Mas, além ainda do direito natural, esta volta é centralizada na liberdade humana fundamental, e na compreensão da intersubjetividade.

Paul Häberlin afirma-nos que a comunidade não está acima dos seres humanos individuais, mas, somente, dentro deles a comunidade é também, ajuda mútua para se adquirir a prontidão para agir em ajuda mútua, respondendo-se a pergunta: pode haver intercâmbio entre indivíduos separados entre si? Ou seja: pensar o ser, de tal maneira que seja possível nele uma multiplicidade de indivíduos que mantêm intercâmbio entre si. E alcancem o espaço e tempo da ação social.

Os indivíduos, para Häberlin, são modos de um único ser; somente aquilo que pode ser estudado através da unidade do ser é a verdade. Max Weber, também, se expressa pontuando a necessidade de compreensão da ação humana individualizada; a vida realiza-se no eterno conflito entre indivíduos, na univocidade do ser e equivocidade do ser. Os indivíduos no sentido ontológico são eternos, porque neles habita o ser eterno: os tipos de indivíduos (organizações) que empiricamente se verificam surgem e passam. O organismo, ao contrário do ser, é uma unidade problemática, para Davidson e também, para Weber em sua ética da responsabilidade.

Para Kant, a humanidade jamais conseguirá, senão no infinito, que haja perfeita correspondência entre o direito e sua idéia. Em **Metafísica dos costumes** escreveu: *"O jurista pode, sem dúvida, dizer o que é o direito em um momento histórico (**Quid Sit Juris**), isto é, o que as leis prescrevem ou prescreveram em tempos e lugares determinados; porém, se o que prescreveram, é, também, justo e qual o critério geral capaz de distinguir o justo do injusto, só as abandonando"*. Ou, como afirmou o filósofo Rad Bruck: *"A ciência do direito não tem como fundamentá-la"*.

Diante da globalização e da violência inaudita, ao final do século XX, a sociedade de consumo garantiu a observância das leis do mercado globalizado, metamorfoseou o direito em norma, no primado da segurança a qualquer preço, e nos tribunais a validade do direito positivo foi assemelhada a sua correspondência com a idéia do direito eficaz. Nosso projeto procura rever isso, pois diante das comunidades migrantes globalizadas, ressurge o direito natural do cidadão, dos seres que habitam o planeta, da natureza e da vida. Assim, entre estas sociedades particulares de migrantes, ressurge a idéia de justiça como fonte de utopias e preocupação com o dever ser humano. O direito, forçosamente, admite a incerteza, a insegurança e o caos na pós-modernidade; importante rever o destino planetário do gênero humano, sua ética, suas noções de espaço e tempo, sob a perspectiva da filosofia kantiana, que transcende o direito natural, e através de filósofos contemporâneos como Donald Davidson e Hans Georg Gadamer.

E sob a perspectiva pós-kantiana de moralidade onde "ninguém pode jamais decidir por mim" pois, delibero, anteriormente, seguir outros ou suas recomendações, apelo que, segundo Wittgenstein, se mostra na linguagem é análogo ao que para Kant é dado apenas como um postulado da razão prática; o ensino do significado é sempre um ensino relativo ao uso de algo, numa comunicação lingüística significativa, ou seja, reconduzir as palavras para seu emprego cotidiano, e em comunidade. A questão da linguagem e a do significado transcendem a imanência do direito natural, mas são fundantes para o mesmo. Portanto, seu ressurgimento se dá em um novo contexto filosófico. Está acima e além do próprio indivíduo, enquanto tal na Hermenêutica do sentido.

O campo é a consciência de história, Gadamer[13], hermenêutica de interpretação filosófica. Neste sentido, **Davidson** propõe **uma teoria de correspondência**, abandonando-se a idéia de que o significado e o conhecimento se fundamentem em algo que valha como fonte última de evidência, pois o sistema inteiro depende em ampla medida de uma pauta de relações recíprocas. Há uma necessidade metodológica de encontrar uma coerência suficiente, onde o único e, portanto, irreversível, método à disposição do intérprete põe-se automaticamente de acordo com crenças de quem se expressa com os critérios de lógica do intérprete, encontrando-se uma coerência suficiente.

É importante resgatar, corretamente, a lacuna que se faz presente entre o passado e o futuro, na atualidade, o que remete a questões centrais e inter-relacionadas. Kafka mencionou a experiência daquele que luta entre o choque do passado e do futuro, experiência que só pode ser obtida, deixando o problema da verdade em suspenso e aprendendo através da ação, nesta região ambígua que fica entre a crítica do passado e um

---

[13] GADAMER, Hans-Georg. **Verdade e Método**, Vozes.

futuro utópico. Num gradual desenraizamento que deixa para trás espaços vazios e não mais habitados pela ação política real.

Davidson, em Mente, Mundo e Ação, fala de um amplo grau de verdade e coerência no pensamento e na fala dos agentes, onde as crenças se identificam direta ou, indiretamente, com as causas da ação e, do ponto de vista do intérprete, a metodologia impõe uma presunção de verdade para um conjunto de crenças, supõe uma terceira pessoa entre o sujeito e o objeto. Tal como em Putnam, Burge, Dennett, Fodor, os estados mentais, as atitudes proporcionais, se identificam em parte por suas relações na sociedade, relações que podem não ser conhecidas para a pessoa mesma, pois são parte de uma teoria de sentido comum, com o enigmático desconhecimento de que não sabemos o que pensamos, pelo menos do modo como acreditamos sabê-lo; isto desloca a questão do direito natural do sujeito, para a intersubjetividade da pessoa e para a hermenêutica filosófica, problemas de interpretação de sentido que vão além da filosofia analítica do significado.

Quadro 3 – Da racionalidade à solidariedade

O sentido	Espaço representação *a priori*:	A cidadania
O homem moderno "arremessado" para dentro de si mesmo	Noema, sentido, referência. Trabalhamos com os nomes de seus sentidos em ciências humanas. Sinn	A comunidade, a organização e o ser.
Arendt	Kant	Haberlin

Fonte: elaborado pela autora do presente trabalho.

4.4 MONISMO ANÔMALO EM GESTÃO DE PESSOAS

O fato de Donald Davidson dizer que "*não existe algo como a linguagem*" (p. 70 e outras) significa dizer com isto que não há aquilo que em geral os lingüistas definem como linguagem, ou seja, uma estrutura – regras, aprioristicamente, estabelecidas – compartilhada por dois falantes. A idéia de Davidson pode parecer esquisita, mas ela é simples e convincente: cada um de nós está em interação com outro, e formula caminhos contingentes para ir do que fala o outro para o que nós falamos e vice-versa. Esses caminhos são chamados de "teorias de passagem", que criamos e, então, aplicamos a cada caso e, é claro, recriamos. Como Davidson diz, não podemos nos filiar à linguagem como nos filiamos às instituições da sociedade, como clubes, partidos etc. Em termos filosóficos (e não praticamente, no sentido do turista ou do aluno que aprende uma segunda língua), não há como chegar a um lugar e entrar para uma sociedade ou instituição chamada Linguagem, que vai nos dar um caderninho com regras de uma estrutura pronta, de modo a compartilharmos tais regras com outros que se filiaram àquela mesma sociedade ou instituição.

A noção de verdade é uma noção primitiva; para Davidson, ela não precisa ser definida, nem pode ser, mas está presente para falarmos e pensarmos, e isso é já, de certo modo, estar no caminho da conceituação. Não há o que vem primeiro, isso tudo "vem junto": conceito, noção de verdade, proposição, linguagem, pensamento etc. Paulo Ghiraldelli Jr. <http://www.filosofia.pro.br/>.

Não há nada que mais irrite na filosofia que a tendência para a justificação da disciplina, submetendo-a ao critério institucional de validade. A filosofia é um exercício radical; para Donald Davidson, uma prática e uma experiência que não se coadunam com o orgulho idiota em ser *"parte de algo que sobrepujam"*, esse *je-ne-sais-quai* que tanta paixão dá às mentes que não sabem funcionar sem uma disciplina exterior, sem as virtudes da pobreza de espírito e a auto-renúncia. Sim, a filosofia é "útil" em muitas circunstâncias do nosso quotidiano em que tudo fazemos, menos filosofia no sentido estrito, porque o treino da filosofia nos prepara para saber ler nas entrelinhas do mundo, saber medir a importância de um deslize semântico, evitar confusões conceptuais e armadilhas. Proporciona-nos um grau de consciência crítica sobre o discurso que é vital em muitas coisas que temos de fazer. Mas a filosofia não existe para mostrar que se pode encaixar num critério de produtividade. Por quê? Ao fazê-lo, tinha de colocar esse critério entre o conjunto de axiomas dos quais não temos, simplesmente, o direito de rir, nem de o levar à balança, de o ver despojado de precedência. Ora, a condição prévia do exercício filosófico é o abandono da transcendência (um conjunto de critérios anteriores ao exercício do pensamento), tudo aquilo com o que começamos são as nossas ferramentas (a lógica, a imaginação, a capacidade de estabelecer ligações e fazer correspondências), e a nossa experiência do mundo. Aceitar um critério de produtividade indexado a valores que se colocam fora do alcance da crítica, seria colocar o pensamento depois desses critérios.

4.5 TEXTO PARA LEITURA E DISCUSSÃO: PRAGMATISMO: ALÉM DA RETÓRICA EM ECONOMIA (GALA, Paula; REGO, José Márcio <http://www.anpec.org.br/encontro2003/artigos/A10.pdf>)

Acesso em: 20 maio 2007.

Foi na América do Norte, entre 1895 e 1900, que surgiu o Pragmatismo. Se bem que, a rigor, a história das suas origens é bastante difícil de descrever já que ele se constituiu de forma insensível, como um movimento lento, que foi se alastrando pouco a pouco para além do círculo das conversas privadas. William James definiu-o como sendo uma dessas modificações que a "opinião" sofreu quase sem se dar por isso. Foi James um dos primeiros divulgadores do termo, aplicando-o a um conjunto de idéias constituídas. Ou seja: James utiliza um termo que já "circulava" antes dele. Durante vários anos, ele limita-se a defender o seu pensamento em diferentes artigos de revistas, os primeiros dos quais datam de 1895. Os mais importantes, publicados até 1898, foram recolhidos num volume publicado em 1909, intitulado The Meaning of Truth. Em 1906, James leva a efeito uma série completa de lições, nas quais desenvolve mais completamente o seu pensamento. Elas são publicadas em 1907, com o título Pragmatismo. Em 1909, James desloca-se a Oxford, então a cidadela do hegelianismo, para ali expor a sua doutrina; e apresenta-a sob o aspecto onde ela mais se opõe à filosofia hegeliana. James designa esse conjunto de lições pelo título de A Pluralistic Universe. Em 1910, finalmente, surgem os seus Essays in Radical Empiricism, compilação de artigos, o primeiro dos quais viera a lume em 1904, com o título Existirá a consciência? Esse artigo (que põe a questão: existirá uma dualidade específica no universo?), fornece, sob a forma de um resumo, a matéria de seu comunicado ao Congresso de Filosofia de Roma em 1905.

Paralelamente a James, John Dewey iniciara uma campanha numa série de artigos em que se ia progressivamente encaminhando para o Pragmatismo. Foi à volta de Dewey que se formou a Escola de Chicago ou Escola Instrumentalista. Rapidamente essas idéias transpuseram o Atlântico. A partir de 1902, em Oxford, um grupo de jovens filósofos reuniu-se para empreender uma campanha, simultaneamente contra o evolucionismo materialista e contra as teorias de Hegel. Com o título Personal Idealism, eles publicaram uma compilação de artigos, o mais importante dos quais era o de Ferdinand C. Scott Schiller: Axíoms as Postulats. No ano seguinte, Schiller reuniu os seus principais artigos no livro Humanism.

O Pragmatismo tem pelo menos quatro protagonistas importantes: Dewey, Schiller, James e Peirce. Dewey é um lógico e esforça-se sempre por ser extremamente rigoroso. Mas é geralmente pesado, as suas dissertações são laboriosas, e o seu pensamento é por vezes pouco claro. O próprio James confessava havê-lo compreendido imperfeitamente. Dewey, diz-nos ele, *"fez recentemente, com a palavra pragmatismo como título, uma série de conferências: foram ofuscantes lampejos no meio de trevas profundas"*. Schiller e James são, pelo contrário, muito mais claros. James evidencia um certo gosto pelo paradoxo, e isto, inclusivamente, nas suas teorias psicológicas. Ele enuncia idéias que mais facilmente seriam admitidas, não fosse o rodeio a que as submete. De início, apresenta teses de arestas vivas. Mas, na discussão, possui o engenho de "arredondar os ângulos", sem que, para tanto, seja forçado a abandonar os seus princípios fundamentais. O título do seu livro sobre o pragmatismo demonstra bem essa tendência do seu estilo. Se bem que nele ilustre, no que ao Pragmatismo se refere, uma verdadeira revolução operada no seio do pensamento filosófico, ele intitula o seu livro do seguinte modo: Pragmatismo, um nome novo para idéias velhas. Conforme as circunstâncias, ele apresenta a sua doutrina num ou noutro destes dois aspectos, como idéias novas ou idéias velhas.

Esta diversidade não deixa de prejudicar a unidade do Pragmatismo (um escritor americano chegou a contar treze dessemelhanças da doutrina), tornando penoso um enunciado geral. Além disso, nenhum dos filósofos pragmatistas nos ofereceu esse enunciado do conjunto. Deles apenas temos alguns artigos disseminados em revistas, por vezes compilados em volumes, ou então lições, conferências "populares", mas nunca, aulas, dadas em presença de estudantes, a quem o orador transmitisse a essência do seu pensamento. Trata-se de conferências que se dirigem ao grande público, e nas quais os assuntos são apenas apresentados nos seus pontos salientes. Cada uma dessas conferências constitui, por si mesma, um todo; aquilo que numa é secundário, transforma-se no ponto principal de uma outra, e vice-versa. Toda a fisionomia da doutrina se transforma, e não é fácil discernirem-se as idéias importantes. Este aspecto um pouco fugaz do Pragmatismo deu ensejo às objeções dos adversários, que puderam acusá-lo de se contradizer. Não é todavia impossível deduzirem-se teses essenciais, encontrar uma base comum. Em **A Noção de Verdade**, James declara partilhar as idéias de Peirce. Schiller reconhece James como seu mestre. Quanto a Dewey, não deixa de formular certas reservas, mas parece distanciar-se, sobretudo de James, em certos pontos particulares. Verifica-se contudo, em todos os quatro, uma idêntica orientação. Iremos de forma extremamente resumida evidenciá-la, e apresentar as críticas que os pragmatistas dirigem ao Racionalismo.

O Pragmatismo não se apresenta como sendo um sistema assente. James é claríssimo a esse respeito. O Pragmatismo, diz ele, é não um sistema, mas uma discussão, um movimento, que poderá vir a definir-se melhor, posteriormente. É menos uma organização definitiva de idéias, do que um estímulo geral em determinada direção. Podemos caracterizá-lo simultaneamente como a) um método, uma atitude geral do espírito; e b) como uma teoria da verdade.

Como método, o Pragmatismo outra coisa não é do que a atitude, a feição geral que a inteligência deve adotar perante os problemas, e essa atitude consiste em voltarmos o nosso olhar "para os resultados, as conseqüências, os fatos. O método pragmático consiste em procurarmos interpretar cada concepção segundo as suas conseqüências práticas". Continua a ser o Pragmatismo de Peirce, que visa sobretudo desembaraçar-se das discussões verbais e dos problemas que Peirce via como inúteis, que se caracteriza pela escolha das questões e pela forma de as resolver.

Também como teoria da verdade o Pragmatismo tem interesse. O modo, neste caso, nos é indicado pelo próprio James. O que faz a força do Pragmatismo, diz-nos ele em **A Noção de verdade**, é a falência das teorias anteriores; é, em particular, a insuficiência do Racionalismo, que levou a que se procurasse uma outra concepção da verdade. Esta contestação do Racionalismo encontra-se, o mais das vezes, em James, misturada com o enunciado da sua própria concepção da verdade. Importa contudo, separá-la desse enunciado, já que necessitamos, antes de mais nada, de compreender quais os motivos que obrigaram os pragmatistas a julgarem que o antigo Racionalismo deveria ser substituído. Acontece, com efeito, que certos espíritos, ao sentirem a força das objeções que os pragmatistas apresentaram, passam imediatamente dali para as soluções que eles propuseram. Ora, é importante, pelo contrário, separarem-se os dois problemas e, para isso, começar por se examinar a forma pela qual os pragmatistas reproduziram essa concepção racionalista – digamos mais genericamente, dogmatista, da verdade. Esta concepção fundamenta-se, segundo James, num princípio muito simples, a saber que a idéia verdadeira é a idéia conforme às coisas; é uma imagem, uma cópia dos objetos. É a representação mental da coisa. A idéia é verdadeira quando essa representação mental corresponde exatamente ao objeto representado. Esta concepção, aliás, não é exclusiva do Racionalismo: ela é também a do Empirismo. Para Stuart Mill, por exemplo, o espírito limita-se a copiar a realidade exterior. As idéias são dependentes dos fatos, já que elas apenas exprimem as sensações, resumem-se às imagens sensíveis e, por conseqüência, o pensamento pode tão-somente traduzir as sensações que do meio exterior lhe advêm. Não obstante as aparências, outro tanto se passa com o Racionalismo. Também para este, existe no exterior uma realidade que o espírito deve traduzir para atingir a verdade. Só que tal realidade não é composta por coisas sensíveis, mas, por um sistema organizado de idéias que existem por si mesmas e que o espírito deve reproduzir. Para outros, as idéias são pensamentos de um Deus. "Deus é geometra, dizia-se correntemente; e julgava-se que os elementos de Euclides reproduziam à letra a geometria divina. Existe uma "razão" eterna e invariável, e a sua voz, julgava-se, repercutia-se. Para Hegel, que James e Peirce fortemente atacam, a Idéia absoluta identifica-se com a Razão que tudo envolve, que é "o todo absoluto dos todos", na qual as contradições se conciliam. Ambas as formas do dogmatismo admitem, portanto, que a verdade se obtém, quer no mundo sensível (empirismo) – quer num mundo inteligível, num pensamento ou numa razão absolutos (racionalismo). Assim, em várias concepções dogmáticas, a verdade só pode ser a transcrição de uma realidade exterior. Uma vez que se encontra fora das inteligências, essa verdade é impessoal: não exprime o homem, nada tem a ver com ele. Ela está pois, de igual modo, totalmente elaborada. Ela impera, diz James, e se nos impõe de uma forma absoluta. O espírito não é forçado a construí-la, já que copiar não é criar. O espírito não tem qualquer papel ativo. Ele deve, pelo contrário, apagar-se o mais possível e limitar-se a procurar, por assim dizer, uma duplicação da realidade. Isto porque, se o espírito possuísse uma atividade própria, se ele introduzisse o seu cunho pessoal, desnaturaria a verdade. Ele exprimir-se-ia a si mesmo, em vez de exprimir a verdade. Qualquer contribuição do espírito seria uma fonte de engano. Em suma, enquanto que o exterior é impessoal, a verdade é, segundo o dogmatismo, um sistema acabado um todo completo que escapa ao tempo e ao devir. Diz um hegeliano de Oxford mencionado por James: *"Nunca duvidei que a verdade fosse universal, única e eterna, nem que ela fosse una, integral e completa pelo seu único elemento essencial, pelo seu significado único"*. Leibniz e Kant se encontram englobados nesta definição do Racionalismo e do Dogmatismo. Os pragmatistas, realmente, não se preocupam muito com tais precisões. Eles evidenciam uma certa negligência a respeito de doutrinas que, a seu ver, não têm uma importância maior. Para Leibniz, o espírito retira de si próprio todo o seu pensamento: a mônada não se relaciona com o universo (BLACKBURN, 1997, p. 254); é dele própria, e não do exterior, que lhe advêm todas as idéias. E, no entanto, vendo melhor, a crítica pragmática aplica-se tanto a Leibniz como aos restantes racionalistas. A mônada trabalha, com efeito, num modelo que ela não criou, mas que lhe é dado, que lhe é trazido por Deus. O mundo é aquilo que Deus fez dela, e não aquilo que a mônada quer. O plano que esta executa, à medida que se eleva até ao pensamento claro, lhe é imposto; não é ela a sua autora. Quais as objeções que o pragmatismo faz a esta concepção? Antes de mais nada, alega ele, se a verdade é uma simples transcrição da realidade, para que serve? Não passa de uma redundância inútil. Qual a necessidade de as coisas terem uma tradução? Por que se não bastariam elas a si mesmas? Tais representações nada viriam acrescentar ao que já existe. Ora, segundo James, a verdade deve ser *"não uma duplicação, mas sim, uma adição"*. Imaginemos, diz ele, um indivíduo que constituísse por si só, por um instante, toda a realidade do universo, e que viesse seguidamente a saber que iria ser criado um outro ser que o conheceria perfeitamente. Que poderia ele esperar desse conhecimento? De que lhe serviria essa réplica de si próprio no espírito do recém-chegado? Mas, dir-se-á, interessa-nos conhecermos a verdade, tal qual é, tendo em vista a própria ação, e essa verdade deve ser então uma cópia tão fiel quanto possível da realidade. No entanto, teríamos ainda que partir do princípio de que, para podermos agir, é necessário que o nosso pensamento copie a realidade. Chegamos assim a transformar a verdade num bem em si que se imporia por si mesmo, e que o espírito procuraria pelo simples prazer de o contemplar. A verdade far-se-ia unicamente para ser pensada. E transforma-se num deus a quem se erguem altares. Neste aspecto, o que de fundamental existe no Pragmatismo, é a sua crítica ao Racionalismo, ou antes, ao Dogmatismo tradicional. Para compreendermos essa crítica, procuramos ver como os pragmatistas encaram o Dogmatismo. Ora, segundo eles, o Dogmatismo considera a imagem verdadeira como a cópia de uma realidade exterior, quer esta realidade seja constituída pelos objetos materiais, quer por idéias, conceitos ou pensamentos do Espírito absoluto. A partir daqui, a verdade é objetiva, transcendente, impessoal. Já se registrou uma primeira objeção dirigida pelo Pragmatismo a esta concepção: se a verdade, deste modo, se limita a duplicar a realidade, para que serve? Parece ser inútil.

Mas, eis que nos surge outro obstáculo. Se a realidade de que a idéia é a cópia, for exterior e transcendente, como poderemos conhecê-la? Se ela se encontra fora de nós, imanente ou transcendente às pessoas, totalidade ou parte das mesmas, como poder atingi-la? Lembremos a hipótese platônica. As idéias encontram-se, por definição, acima do mundo da experiência. Como poderemos, por um lado, elevar-nos até esse mundo ideal que é a única realidade? Entre ele e nós há um abismo; como transpô-lo? Como poderão, por outro lado, essas realidades ideais descer ao nosso mundo? Diz Schiller: "*é impossível explicar, nem como o homem se pode elevar à contemplação da verdade eterna, nem por que motivo a Idéia desce e se desnatura nos pensamentos humanos*". É em vão que Platão atribui poderes particulares ao espírito; tal fato não suprime o obstáculo.

De uma forma mais geral, sendo o pensamento uma cópia das coisas, não se compreende como ele as pode atingir, já que existe um abismo entre o espírito e o objeto. Por sobre este "*abismo epistemológico*", diz James, o pensamento deveria executar um autêntico "*salto mortal*". Apenas poderemos atingir o objeto, pensando-o. Se for pensado, é-nos interior. E então impossível controlar a verdade da idéia, ou seja, na presente hipótese, a sua conformidade com o objeto, já que o pensamento não pode sair de si mesmo. Registra Dewey:

> *qualquer que seja a forma que dermos à teoria da verdade-cópia, põe-se inevitavelmente a questão de se saber como poderemos comparar as nossas idéias com a realidade, e assim conhecermos a sua verdade. Segundo esta teoria, aquilo que possuímos é sempre uma cópia; a realidade encontra-se mais longe. Por outras palavras, uma teoria deste gênero conduz logicamente à falência do conhecimento.*

É esta a concepção que James e Dewey têm do Racionalismo. O Racionalismo tradicional separa o pensamento da existência. O pensamento encontra-se no espírito, mas a existência, em relação ao espírito, encontra-se fora dele. Desde logo, as duas formas de realidade jamais se podem associar. Se, por hipótese, situarmos o pensamento fora da existência, o abismo que separa o primeiro da segunda, nunca mais pode ser transposto. A única forma de se resolver a questão seria, portanto, não admitirmos este vazio entre a existência e o pensamento. Se o pensamento for um elemento da realidade, se fizer parte da existência e da vida, deixa de haver "abismo epistemológico", deixa de haver "salto mortal". Torna-se simplesmente necessário ver como estas duas realidades podem cooperar entre si. Ligar o pensamento à existência, ligar o pensamento à vida, eis a idéia fundamental do Pragmatismo.

Aqui temos outra dificuldade da concepção dogmática. Se a verdade é impessoal, é alheia ao homem, é extra-humana. Como poderá ela então atuar sobre o espírito humano, atraí-lo, seduzi-lo? Ela a nada corresponde, na nossa natureza. É freqüente dizer-se que a verdade nos obriga, que existe um dever de obediência às idéias verdadeiras, que é um "imperativo categórico" procurarmos a verdade e desviarmo-nos do erro. Mas, como compreendê-lo, se a verdade não for algo de humano? Que força poderia porventura obrigar-nos a dirigirmo-nos, espontaneamente, para aquilo que nos é estranho, ou a obedecer-lhe? É este o reparo que se faz, freqüentemente, à "lei moral", tal como Kant a apresenta. Na realidade, porém, dizem os pragmatistas que a questão nunca se põe nestes termos. As exigências da verdade, como todas as outras, são sempre "exigências subordinadas a determinadas condições". Na vida, quando se nos apresenta uma questão relativa à verdade, perguntamos: *"quando deverei aderir a esta verdade, e quando, àquela outra? A minha adesão terá de ser expressa, ou manter-se tácita? Suponho que ela deva ser, ora expressa, ora tácita; em qual destes dois casos me encontro, neste exato momento?"* É certo que temos obrigação de acolher a verdade. Mas essa obrigação é relativa às circunstâncias, já que nunca se trata da "Verdade com um V maiúsculo e no singular, da Verdade abstrata", mas sempre de "verdades concretas", que podem ser mais ou menos oportunas, conforme os casos. Suponhamos, pelo contrário, que a verdade é puramente objetiva. Se assim for, ela deixará o homem totalmente indiferente. Atribuir à verdade uma "independência" em relação aos fins humanos, um "caráter absoluto" que a separa da vida, é "desumanizar" o conhecimento.

Se se concebeu essa noção de uma verdade puramente objetiva e impessoal, foi porque se admitiu a presença no homem de uma faculdade muito especial: o intelecto puro, cujo papel seria precisamente o de se elevar à verdade graças a um movimento espontâneo e quase mecânico, o de pensar a verdade unicamente para pensá-la e contemplá-la. Dizem os pragmatistas (SCHILLER, 1987, p. 128): *"negamos que possa, a bem dizer, encontrar uma intelecção totalmente pura. Aquilo que assim designamos, de uma forma bastante imprópria, é na realidade um pensamento intencional que persegue o que se lhe afigura um fim desejável"*. Não há em nós qualquer razão impessoal; há sim, um intelecto que é uma função viva, em estreita relação com as restantes funções vivas que constituem o nosso pensamento. Longe de ser impessoal, ele participa de todo o particularismo da consciência. Quando procuramos a verdade, é sempre com um fim em vista. A verdade só pode ser determinada por via da seleção e da opção. E aquilo que determina essa opção é um interesse humano. O conhecimento, diz Schiller em Estudos acerca do Humanismo, é um assunto pessoal e depende da atividade intencional daquele que conhece e que dele se serve para concretizar os seus fins.

Mas, dir-se-á, o intelecto puro é, ele mesmo, uma fonte de fruição. Do mesmo modo que Kant admite uma espécie de sensibilidade racional, a alegria que sentimos em nos submetermos à lei, também existiria um prazer especial em procurarmos, em descobrirmos, em contemplarmos a verdade. Esta concepção contemplativa da verdade é característica de todo o Dogmatismo. Que o intelecto para nada sirva, respondem os pragmatistas, a não ser para propiciar esse prazer, é uma concepção absurda, a menos que nele se veja um simples mecanismo destinado a servir de divertimento a quem o possuir. É certo que a nossa atividade intelectual não se pode manter permanentemente tensa. É necessário que ela se distenda, que o intelecto se distraia por momentos, para se recompor da fadiga causada pela assídua procura da verdade, e daí o prazer do sonho, da imaginação, da meditação desinteressada. Mas essa diversão deve ocupar tão-somente um lugar limitado na nossa vida. Ela é, aliás, suscetível de excessos, do mesmo modo que qualquer outra diversão. Ela nunca poderá ser a finalidade principal e constante do intelecto "que esse sim, se destina a um trabalho sério". É nas suas funções práticas (no mais lato sentido do termo), nas suas relações com a realidade, que o seu papel melhor se evidencia. Todos os pragmatistas concordam neste ponto: a verdade é humana, o intelecto não pode isolar-se da vida, nem a lógica da psicologia. James, tal como Schiller e mesmo Dewey (se bem que este admita a necessidade de um certo controle do elemento pessoal), recusam-se igualmente a separar estas duas ciências. As noções lógicas fundamentais, as da necessidade, da evidência etc., não partem, alegam eles, de processos psicológicos? Assim, a verdade deve prender-se com os "interesses" do homem, já que ela é feita para a vida desse mesmo homem.

Para Charles S. Peirce a verdade tem duas faces: correspondência e coerência. *"Por um lado, a verdade é uma questão de correspondência entre a proposição e os fatos do mundo. É uma questão de espelhar, mas a mensagem é fornecida pelas crenças indubitáveis que o pesquisador aplica ao mundo e não por uma representação privilegiada desconexa do objeto situado. Peirce rejeita a verdade metafísica como fonte de confusão"* (HOOVER, 1994, p. 296). Por outro lado, verdade é uma questão de coerência. *"Verdade, nesse sentido, também não é uma exigência por uma representação privilegiada. Verdade é aquilo que concorda com as proposições finais de uma comunidade de pesquisadores na continuidade do tempo*" (HOOVER, 1994, p. 296). É importante, entretanto, notar aqui uma divergência entre Peirce, Dewey e James no tocante à teoria da verdade. Para Peirce, estes últimos estavam indo longe demais com a filosofia pragmatista, correndo riscos de transformá-la num mero praticalismo, "*whatever works is true*". Peirce, ao perceber esse movimento, cunhou um novo termo que poderia então ser capaz de melhor definir sua proposta: "*..., o escritor, encontrando seu ´ pragmatismo ´ assim promovido sente que é tempo de dizer adeus e deixá-lo ao seu próprio destino; enquanto que para expressar a exata definição original, ele pede para anunciar o nascimento da palavra 'pragmaticismo', que é feia o suficiente para estar segura de seqüestradores*" (PEIRCE, 1958, p. 186).

No pragmaticismo de Peirce a verdade é, em última análise, uma crença não abalada por dúvida. Na base de seu pensamento está a relação crença e dúvida. A partir do momento em que alguma crença for afetada por dúvida, o indivíduo, ou a mente investigativa, sairá em busca de uma nova crença para suprimir a dúvida correspondente. Nesse movimento, a contradição criada pela dúvida deverá ser extinta, e, só então, valendo-se do jargão econômico, o pesquisador "estará em equilíbrio". O problema é, portanto, descobrir como as crenças são fixadas ou mantidas. Segundo Peirce, existem quatro métodos de fixação de crenças: tenacidade, autoridade, *a priori* e o método da ciência. No primeiro, as crenças são fixadas e evita-se por decisão própria a exposição a outras crenças que poderiam trazer dúvidas. No segundo, proíbe-se a adoção de outras crenças que não a oficial. No terceiro a crença é fixada segundo a opinião vigente em grupos ou comunidades estando recorrentemente sujeita a modismos. Para Peirce, todos esses métodos são intrinsecamente instáveis na medida em que a restrição externa que protege as crenças de dúvidas (decisão própria, lei ou opinião geral) pode ser abalada no convívio social, no confronto com as crenças de outros povos ou pessoas. Só seriam estáveis para um ermitão. (Ver PEIRCE, 1958, p. 101-112). Para Peirce, o método da ciência supera todos os outros já que ele se auto-restringe ou regula. Parte já da hipótese implícita nos outros métodos de que "*existem coisas reais, cujas características são inteiramente independentes de nossas opiniões sobre elas*". Como observa Hoover,

> *essas coisas reais estão sujeitas a leis que podem ser descobertas através de raciocínio e experiência, levando finalmente a uma conclusão verdadeira. É importante notar que Peirce não abandona aqui sua negação de uma posição privilegiada por trás das crenças. Manter que existe uma verdade não significa clamar que alguém a possui. O método da ciência, na visão de Peirce, é um método que na totalidade do tempo poderia atingir a verdade, mas não fornece nenhuma garantia para o presente.* (HOOVER, 1994, p. 298)

Uma das principais mensagens trazida pela discussão em filosofia da ciência na segunda metade do século XX, associada ao colapso do positivismo, é a de que não se pode refutar conclusivamente teorias com base no "empírico". Como afirma a tese Duhem-Quine, no limite, não é possível separar teoria de observação (ver ARIDA, 1996, p. 35; LISBOA, 1998, p. 120). Os dados estão impregnados de teoria. Achar que uma observação pode refutar uma teoria é falsificacionismo ingênuo, para usar a terminologia de Lakatos. O próprio recorte dos dados para teste já pressupõe alguma teoria ou modelo *a priori*. Os infindáveis debates entre estudos econométricos são aqui um bom exemplo. (Para uma discussão do papel da econometria na busca da verdade, ver Keuzenkamp 2000, cap.10). Sem a garantia da comprovação empírica inequívoca, as verdades da ciência econômica ficariam ameaçadas, abrindo-se o flanco para posições irracionalistas.

As virtudes do pragmatismo proposto por Peirce estão em evitar uma metodologia estreita demais que se baseia numa visão simplista de verificação ou refutação e em fornecer um guia ou método para a investigação científica na busca da verdade que a distingue da literatura, poesia e artes. A ciência avança na medida em que organiza e sistematiza o debate em torno das crenças, buscando o maior grau possível de coerência teórica e empírica na comunidade científica. Seguindo Hoover,

> verdade também é uma reguladora ideal para a pesquisa. Verdade, nesse sentido, também não é uma exigência por uma representação privilegiada. Verdade é aquilo que concorda com as proposições finais de uma comunidade de pesquisadores na continuidade do tempo. Verdade é aquilo que a pesquisa objetiva. A verdade derradeira é, portanto, a coerência das crenças, incluindo as experimentais e perceptivas; e sempre crenças são mediadas por outras crenças, não há como ficar por trás delas. A verdade, tanto na sua versão de coerência quanto na de correspondência, é, para Peirce, parasita da crença. (HOOVER, 1994, p. 296)

O pragmaticismo e o método da ciência de Peirce teriam a vantagem de recolocar a questão da busca da verdade na ciência econômica, reintroduzindo a questão filosófica do realismo sem cair nos tradicionais problemas associados à proposta positivista da verdade verificada. Como ressalta Hoover, a proposta de Peirce "*levanta rapidamente a possibilidade de conhecimento fundamentado e nos põe de guarda contra a complacência e o orgulho arrogante de pensarmos que sabemos a verdade final*" (HOOVER, 1994, p. 300). Assumir por decisão metodológica que existe uma verdade última que não sabemos quando será atingida nos impele a rever constantemente nossas crenças, confrontando-as a todo momento com a experiência "empírica" e com as "teorias" de outros pesquisadores, sugerindo portanto, uma postura de pluralismo (na linha de CALDWELL, 1984 e BIANCHI, 1992). Um pluralismo crítico que não aceita qualquer crença, mas sim, crenças coerentes na comunidade científica, fixadas através do próprio processo de pesquisa. Reconhece-se o problema da incomensurabilidade mas busca-se sua superação. A noção de verdade científica se diferencia das demais verdades pois passa a ocupar um papel de guia de conduta.

Como registra Bresser Pereira, ao se referir ao pragmatismo:

a busca científica do conhecimento verdadeiro é incompatível tanto com um relativismo radical quanto com um positivismo ingênuo. Os pragmáticos americanos, freqüentemente acusados de relativismo, recusam esse nome, ainda que, paradoxalmente, recusem também que o objetivo da ciência seja a verdade entendida como "aquilo que corresponde à natureza intrínseca da realidade". Compreendo que se insurjam contra o platonismo, mas, se eliminassem a palavra 'intrínseco' da frase anterior, e se enfatizassem a necessidade de modéstia em relação às próprias idéias, estariam sendo realistas ao invés de positivistas, e não precisariam substituir radicalmente a epistemologia pela hermenêutica como o faz Rorty, mas adotá-la sem necessidade de radicalizar seu pensamento (BRESSER PEREIRA, 2003, p. 3).

Marcos Lisboa, ao discutir a questão da verdade em seu texto "Linguagem, procedimentos e pragmatismo na tradição neoclássica", se vale também das sugestões de Peirce (ver LISBOA, 2001, p. 811). Ou ainda, ao discutir Popper com o mesmo problema em mente:

a construção de argumentos falseáveis e a tentativa de corroboração empírica dos discursos são aspectos, segundo Popper, que diferenciam a ciência das demais explicações. Mesmo que esses aspectos específicos não permitam a resolução positiva do discurso científico em direção à verdade, ao menos estabelecem critérios de corroboração, e conferem ao discurso científico um aspecto pragmático. Rejeita-se a possibilidade de compreensão racional do real e, portanto, a viabilidade do debate sobre o realismo do discurso científico. Rejeita-se, inclusive, a possibilidade de construção de critérios de verificação dos argumentos que independam dos próprios discursos e da linguagem utilizada. Por outro lado, enfatiza-se a necessidade de o discurso propor critérios para sua rejeição, delimitando as condições do seu próprio fracasso, de forma a estabelecer um confronto com alguma evidência cuja realização não seja determinada pelo próprio discurso. Esse ceticismo pragmático não significa o resgate da possibilidade de construção positiva do discurso científico, mas apenas delimita alguns dos seus critérios específicos de retórica. (LISBOA, 2000, p. 257)

Neil de Marchi e Abraham Hirsch identificam semelhanças importantes entre as idéias de John Dewey e o pensamento de Milton Friedman. Em seu livro **Milton Friedman, Economics in Theory and Practice**, mostram no capítulo "Pragmatic Foundations" como o *approach* de Friedman coincide com o de John Dewey (HIRSCH; MARCHI, 1990,

p. 132). Sobre o "realismo" das premissas, destacam um interessante trecho de John Dewey.

E notório que uma hipótese não necessite ser verdadeira para ser útil na condução da investigação. Um exame do progresso histórico de qualquer ciência irá mostrar que o mesmo vale para os 'fatos': do que foi no passado tomado como evidência. Eles foram úteis, não por terem sido verdadeiros ou falsos, mas porque, quando foram tomados como meios provisórios de avançar na investigação, levaram à descoberta de outros fatos que se mostraram mais relevantes e importantes... A história da ciência também mostra que, quando hipóteses foram tomadas finalmente como verdadeiras e, portanto, não questionáveis, elas obstruíram a investigação e mantiveram a ciência comprometida com doutrinas que mais tarde se mostraram inválidas. (DEWEY, 1938, p. 142)

Em **A agenda do keynesianismo filosófico: origens e perspectivas**, Rogério de Andrade destaca uma postura metodológica de Keynes, a partir do trabalho de Anna Carabelli, próxima da filosofia pragmatista. *"A posição de Keynes é bem mais descrita como uma posição distinta – uma 'terceira via' – entre os dois grandes ramos tradicionais da epistemologia, a saber: o racionalismo e o empiricismo"* (ANDRADE, 2000, p. 87, ver também p. 84-85). Como destaca Carabelli, ao analisar a teoria da probabilidade de Keynes, *"o principal da posição de Keynes em relação à probabilidade consistia numa visão de racionalidade prática, na qual os aspectos cognitivos eram predominantes, mas onde a racionalidade era considerada somente dentro da experiência humana e na ação mediada pelas crenças"* (CARABELLI, 1988, p. 233). Ao discutir em Keynes a relação entre racionalidade e crenças na tomada de decisões de longo prazo, Ricardo Henriques chega também à tradição do pragmatismo. Apresentando o conceito de crenças racionais como "regras de ação" e não como tentativas de representação da realidade, identifica em Keynes uma forma de pensar muito próxima da proposta de Peirce (ver HENRIQUES, 2000, p. 372). Hugo Keuzenkamp, em seu texto Probability, Econometrics and Truth, associa a postura metodológica de Keynes em relação à verdade a Peirce: *"Keynes está interessado em crença racional, não em verdade. Isso o distingue de Popper, que está à procura da verdade. A perspectiva de Keynes é compartilhada por Peirce"*. (KEUZENKAMP, 2000, p. 270)

Cabe ressaltar, por fim, que estivemos ao longo deste texto muito mais preocupados em trazer reflexões do pragmatismo para a economia do que, em fazer uma exploração ampla sobre a utilização desta abordagem filosófica pelos economistas – tarefa reservada para trabalhos futuros. A indicação da proximidade de Friedman e Keynes ao método pragmático tem por objetivo apontar para a proficuidade dessa filosofia tanto no que diz respeito a um melhor entendimento da evolução das idéias em economia quanto no que toca a guias de conduta para a prática da ciência econômica.

Capítulo 5

O PRAGMATISMO COMO CRÍTICA AO RACIONALISMO E AO IDEALISMO: HUMANISMO E GESTÃO DE PESSOAS

5.1 INTRODUÇÃO

O poder é na teoria organizacional a determinação do comportamento. Para Weber, o poder é definido como a habilidade que uma pessoa possui para impor sua vontade sobre outra, dominação que advém da habilidade de influenciar em interesses, ou que repousa na autoridade, no poder de dar ordens e no dever de obedecer. Weber preocupou-se com as crenças que legitimam a autoridade, e cabe-nos continuar a análise das condições estruturais da origem e manutenção de poder que, como vimos, o behaviorismo desenvolveu. O behaviorismo nada tem a ver com Weber e seu nível de análise não é, nem completamente econômico ou sociológico e estrutural. Está mais preocupado em analisar padrões de comportamento na organização que, há algum tempo estão mudando muito rapidamente, inúmeros são os problemas enfrentados hoje pela articulação do paradigma behaviorista.

Para Simon a organização absorve a incerteza e controla as premissas de decisão. Portanto, o comportamento é controlado sem muitas referências a regras e comandos; a burocracia weberiana não explica o organização simoniana onde o significado subjetivo voluntarístico da ação é tão pouco valioso.

Também não são neo-weberianos Woodward, Burns, Stalker ou Etzioni. E o behaviorismo, ao não isolar os dados estruturais dos dados do processo organizacional, torna impossível pesquisar mais a fundo as características individuais dos membros da organização, seus desejos, seus motivos, seus impulsos e mesmo a sua espiritualidade.

5.2 A MENTE COMO ÚLTIMO REFÚGIO DA INTRINSECALIDADE

O pragmatismo assume que sistemas de símbolos determinam a forma pela qual percebamos a realidade, ou, que a realidade percebida é a força causal por trás do emprego de símbolos. Esta concepção sugere que a interação humana pode não ser tão racional e cognitivamente, dirigida, quanto certa teoria supõe.

Com Hume culmina o ceticismo originado por Descartes, destruindo a noção de que o indivíduo, apenas, registrava as imagens de um universo exterior real e ordenado. Kant tornou a possibilidade do conhecimento uma característica da mente, insistindo na distinção entre o que é conhecido cientificamente e o que não é passível de tal conhecimento. O primeiro, envolve o mundo empírico e a razão pura: o segundo, o mundo moral, e seu modo de inquirição é a razão prática. Hegel negou esta distinção kantiana e insistiu na natureza factual do ideal. A história, as idéias, a cultura e os costumes tornam-se assim objetos da ciência. Contudo, estes significados derivam do conteúdo da mente. Este relativismo histórico é aparente na obra de Max Weber e de Talcott Parsons, quando se referem à internalização das pautas culturais e orientações culturalmente derivadas.

George Herbert Mead rebelou-se contra esquemas que assumiam, antecipadamente, o conteúdo da mente e em seu principal trabalho dedicou-se a pensar como a mente pode ter conteúdo, rejeitando qualquer realidade determinante, rejeitando a dicotomia 'interno' e 'externo' e tornando a noção de experiência não apenas, os dados da ciência social, mas seu conteúdo teórico. Aparentemente, mas só aparentemente, Mead é mais behaviorista que os teóricos do acionismo social. Pois, em '*Mind, Self and Society*', advertiu que mesmo o behaviorismo idealmente refinado explica, apenas, o comportamento do observado e não do behaviorismo que observa.

Filósofos, tão diferentes, como James, Bergson, Dewey, Husserl e Whitehead, concordam que é o conhecimento do senso comum a origem de todo conhecimento de todo conceito científico e mesmo lógico e que todo conhecimento envolve construções mentais, sínteses, generalizações, formalizações, idealizações. Ora, o behaviorismo, altamente abstrato e adotando os princípios conceituais e teóricos das ciências naturais é incapaz de esclarecer certos problemas metodológicos das ciências sociais, sobretudo o problema do distanciamento do pesquisador. Neste ponto, vale lembrar a advertência de Max Weber de que toda explanação científica do mundo social pode, e para certos propósitos, necessita referir-se ao significado das ações. Em **Verdade e Progresso**, p. 127 e ss., Rorty assim se manifesta:

quando aplicado a temas de filosofia da mente, o holismo plenamente forte produz o antidualismo radical defendido por Davidson. *"A mudança mais promissora e interessante que ocorre atualmente na filosofia"*, diz o filósofo, *"é que esses dualismos (do esquema e do conteúdo e do objetivo e do subjetivo) estão sendo questionados de novos modos"*. *Segundo ele, esses dualismos têm sua origem comum "num conceito de mente com seus estados e objetos privados"*. *Ao comentar sobre Fodor, Davidson escreve:*

É instrutivo localizar o esforço de tornar a psicologia científica, instigando a busca por estados proposicionais internos que podem ser detectados e identificados independentemente das relações com o restante do mundo, mais ou menos como os filósofos anteriores buscaram algo "dado na experiência" que não continha a pista necessária para o que ocorria do lado de fora. Nos dois casos, o motivo é semelhante: pense-se que o passo acertado, seja na direção do conhecimento ou da psicologia, exige algo interior, interior no sentido de ser não relacional.

Suponhamos que nos convençamos (talvez após ler: Consciousness explained, de Dennett) de que as pessoas não possuem estados, proposicionais ou não, que correspondam a essa descrição- de que todas as propriedades verdadeiramente atribuíveis às pessoas são relacionais nos aspectos relevantes, e nenhuma delas é intrínseca. Davidson destaca que, apesar dessa convicção, teríamos de ser capazes de especificar vários estados do organismo sobre os quais o organismo tem autoridade e acesso epistêmico de vários tipos especiais. No entanto, não deveríamos explicar essa autoridade ou esse acesso pela referência a essa autoridade ou acesso.

5.3 HUMANISMO E GESTÃO DE PESSOAS: UMA LEITURA CRÍTICA – RELATO DE PESQUISA: O EXPATRIADO DISSONANTE: A PÓS-MODERNIDADE E AS CONDIÇÕES IMPOSTAS AO TRABALHADOR PELA GLOBALIZAÇÃO

"*Nosso tempo, sem dúvida... prefere a imagem à coisa, a cópia ao original, a representação à realidade, a aparência ao ser... O que é sagrado para ele, não passa de ilusão, pois a verdade está no profano. Ou seja, à medida que decresce a verdade, a ilusão aumenta, e o sagrado cresce a seus olhos de forma que o cúmulo da ilusão é também o cúmulo do sagrado*".

(***Debord, 1997, p. 01***).

5.3.1 Resumo

A articulação entre a pós-modernidade e a nova concepção de corporação, assim como as conseqüências dessas imbricações para o trabalhador são a temática deste artigo. Três variáveis formam a base desta pesquisa: Pós-modernidade, Corporação e Trabalhador. Sociedade e organizações espetaculares figuram no cenário marcado pela racionalidade do modernismo e pela aversão aos modelos do pós-modernismo. Atualmente, com a globalização e as novas idéias de mercado, as empresas buscam executivos de negócios flexíveis, com experiência e mobilidade de competências de um trabalhador. O processo de migração teve início desde a colonização, onde os colonizadores buscavam mão-de-obra barata para o desenvolvimento das colônias. Com o crescimento da economia e a rápida globalização, as empresas começaram a contratar expatriados com o intuito de trazer conhecimento e agregar experiência de vida para a empresa local. No mundo globalizado, as empresas se depararam com a necessidade de encontrar no mercado de trabalho pessoas que tivessem a capacidade de trabalhar em um cenário global. Nesse contexto, a convivência de grupos de trabalho multiculturais torna-se uma realidade, sendo a expatriação uma alternativa cada vez mais freqüente. O expatriado tem que se adaptar às novas condições no meio e mudar sua forma de viver. Tal fato será estudado ao longo deste trabalho, artigo em congresso científico.

5.3.2 Introdução

"...tudo flui. Tudo muda exceto a própria mudança. Tudo flui e nada permanece; tudo se afasta e nada fica parado; você não consegue se banhar duas vezes no mesmo rio, pois outras águas e ainda outras, sempre vão fluindo; é na mudança que as coisas acham repouso".

Heráclito

O fenômeno de migração mundial teve início desde antes do século XVI, com a colonização da América e a vinda de mão-de-obra barata para o desenvolvimento das colônias. Até 1914, aproximadamente, houve grande migração econômica da Europa para a América e para novas regiões colonizadas da Oceania. Já a partir de 1973 com um início bem lento da globalização, a migração passou a movimentar indivíduos capacitados a atuarem no mercado de trabalho. A vinda dessas pessoas para o país foi essencial para a construção da base demográfica, cultural, econômica e étnica brasileira até hoje, onde são peças fundamentais a globalização do mercado de trabalho brasileiro. A globalização do mercado de trabalho tem como principal conseqüência, para o Brasil, os grandes investimentos estrangeiros e nossa economia. Por sua vez, estes investimentos muitas vezes são feitos em setores pouco desenvolvidos, onde não existe mão-de-obra especializada, gerando assim, a necessidade de importação dessa mão-de-obra. Com o crescimento da economia do país a partir de 1996, observou-se a vinda de imigrantes especializados para atender o novo fluxo de mão-de-obra estrangeira. Isso ocorreu principalmente por causa da estabilização econômica do país, pelo aumento do fluxo de investimentos estrangeiros no Brasil, por causa do programa de privatizações ocorrido neste período e pela abertura do mercado para a exportação de petróleo. Nos dias atuais a maioria das empresas consideradas multinacionais traz para o Brasil ou envia para o exterior, executivos de negócios. Estes executivos são chamados de expatriados. São pessoas transferidas de seu local de negócio original (normalmente país de origem) para trabalhar em outro país. As empresas optam por esta transferência, a fim de estes executivos trazerem ou passarem para a empresa um conhecimento maior da experiência adquirida em outros países. Assim, a empresa é beneficiada com uma integração maior com o mundo e o alto nível de conhecimento de seus executivos. A transferência destes empregados nas empresas está se tornando um fator fundamental para o sucesso das empresas, pois este tipo de procedimento objetiva a integração mundial e propõe um objetivo global para a empresa.

5.3.3 Metodologia

Trata-se de um estudo exploratório para averiguar a situação sociolegal, econômica e pessoal dos executivos expatriados que vivem no Brasil. A pesquisa foi conduzida através de entrevistas por julgamento da autora do presente trabalho e complementada por leituras contextuais de livros técnicos pertinente a este tema. Foram realizadas entrevistas com expatriados e empresas a fim de ilustrar e demonstrar casos práticos. Foi feita uma revisão bibliográfica para avaliar o estado de artes da questão em foco. Serão estudadas as seguintes variáveis:

a) Variáveis Socioculturais: Os fatores relevantes serão os ligados à Religião, Educação e à Linguagem do país de origem.

b) Variáveis Culturais: Envolvem assuntos ligados aos Valores, Normas e Crenças do país de destino.

c) Variáveis de Atitudes: Em relação ao Tempo, ao Individualismo, às Mudanças e à Pós-Modernidade.

d) Variáveis de Comportamento no Trabalho – no que dizem respeito à Motivação, Ética, Produtividade e Comprometimento. Os fatores acima citados são de primordial importância no processo de preparação, entendimento e aceitação de diferentes culturas na questão dos expatriados.

5.3.4 Revisão teórica

O executivo expatriado, designado para ocupar uma função numa filial da empresa localizada fora do seu país de origem, enfrenta inúmeros desafios para cumprir sua missão. Uma pesquisa baseada em relatórios de multinacionais que enviaram executivos para projetos no exterior, chegou a resultados em que, em média, 40% dos executivos deixam o cargo por não se ajustarem à nova cultura ou por fraca performance, e que 50% dos executivos remanescentes apresentam desempenho abaixo da média, causando, somente no aspecto performance, perdas de $ 2 bilhões por ano para empresas norte-americanas (dados coletados do texto de GUIMARÃES, Marcelo Grendel. **Comunicação Intercultural**. 2003. v. 4, p. 43).

Atualmente algumas empresas têm oferecido treinamento e acompanhamento psicológico para seus gerentes expatriados antes de eles serem enviados ao exterior, durante os anos fora do país e depois que eles são repatriados. Outra situação que tem gerado problemas para as empresas é o ambiente de trabalho multicultural, onde os gerentes enfrentam situações inusitadas por não estarem preparados para entender e aceitar diferentes culturas. A característica crítica para um executivo global é a de entender as variedades culturais de cada país; muitas vezes eles subestimam a importância dos fatores culturais – falta-lhes a sensibilidade ou a empatia cultural (Helen DERESKY, 2000, p. 104). Essa falta de sensibilidade custa dinheiro e oportunidades às suas empresas. Para um melhor entendimento dos fatores que afetam o desempenho de executivos no exterior, leiamos Helen Deresky (2000, p. 106):

Vive-se hoje na sociedade do espetáculo com organizações espetaculares, tudo é espetacular; e isso pode demonstrar claramente uma fábrica de alienação, pois o homem encontra-se totalmente alienado daquilo que produz, e, mesmo criando os detalhes de seu mundo, está cada vez mais separado dele. *"O espetáculo é o capital a um tal grau de acumulação que se torna imagem"* (DEBORD, 1997, p. 27). Espetáculo pode ser definido como aquilo que chama e prende a atenção, qualquer apresentação pública de teatro, canto ou dança, num palco, numa arena ou em praça pública, além de ser algo que atrai pela beleza, maestria, grandiosidade, vibração etc. O espetáculo tão presente na pós-modernidade apresenta uma nova ordem social com uma nova estrutura de castas: os incluídos e os excluídos de todos os tipos, inclusive no mundo do trabalho. O objetivo deste artigo é verificar a articulação entre a pós-modernidade e nova concepção de corporação, e as conseqüências dessa imbricação para o trabalhador. Três variáveis formam a base desta pesquisa: Pós-modernidade, Corporação e Trabalhador.

Debord (1997) afirma que o espetáculo utiliza-se da visão de mundo a qual não se pode tocar, servindo-se dessa mesma visão como definição elevada da pessoa humana. Considera que o espetáculo não é meramente um leque de imagens, pois agrega pessoas em uma relação social mediada totalmente por imagens. Pode-se considerar que a pós-modernidade oferece mais possibilidades para o espetáculo social. Espetáculos se sobrepõem, se inter-relacionam, sem fixar ou revelar um padrão; seja ele moral, ético ou cultural, o processo acontece de forma descontinua.

Definir o que é pós-modernidade é fundamental, mas enfrenta-se uma dificuldade em defini-la, em virtude de sua aversão aos discursos prefixados, pode-se iniciar investigando a partir de uma idéia básica de que pós-modernidade e modernidade são conceitos que denotam movimentos distintos e até antagônicos. O modernismo surgiu no momento em que se pregava que a razão é o maior dos atributos do homem. Toda definição de modernismo está relacionada com a imagem de racionalismo, já o pós-modernismo apresenta-se sempre como uma espécie de reação ao modernismo. Harvey (1993) ressalta que o pós-modernismo evidencia a fragmentação, a indeterminação e a intensa aversão aos discursos radicais e totalizantes e, a partir destes pressupostos, percebe-se o modernismo como sendo seu inverso, revelando uma forte oposição aos padrões, normas e modelos.

Parker (1992) acredita que definir o pós-modernismo é uma tarefa fútil e até inútil, pois o próprio movimento nega a lógica da definição. O pós-modernismo considera o modernismo como uma forma de imperialismo do intelecto ou razão, que descarta o quanto são incontroláveis os diversos significados.

Cooper e Burrell (1988) afirmam que, enquanto o discurso modernista baseia-se em critérios como "progresso" e "razão", o pós-modernista analisa a vida social em termos de paradoxo e indeterminação, rejeitando o agente humano como centro do controle racional e do entendimento.

Os autores acrescentam que o movimento pós-moderno resgata a idéia de Max Weber que considera a organização moderna como uma insígnia do processo de racionalização e objetivação da vida social. Neste sentido, o pensamento pós-moderno concebe o processo de racionalização apresentado e debatido por Weber, em que os discursos da racionalidade logicamente consistente e da racionalidade eticamente aceitáveis são apresentados por idéias e ações que ocultam as reais funções, tornando-os obscuros.

O movimento pós-moderno busca alertar para o fato de que a racionalidade e a racionalização são processos que ignoram, ou tentam ignorar, as contradições presentes no cerne da existência humana. A época pós-moderna possibilitou a criação de diversos rótulos para denominá-la, tais como: pós-fordismo, pós-capitalismo, pós-industrialismo, e sociedade da informação. O pós-modernismo pode ser analisado como um novo paradigma para a teoria social e de organizações, porque valoriza a não utilização de modelos ou teorias a serem seguidas.

Torna-se necessário questionar o que é sociedade e como ela tem sido objeto de muitos estudos e pesquisas, mas com poucas reflexões sobre seu real significado. São muitas as pesquisas sobre a influência da sociedade na formação do indivíduo.

Parsons (1974) e Luhmann (1984) entendem a sociedade como um sistema, ou seja: ela pode ser pesquisada a partir da divisão entre seus subsistemas e meios. Sistemas sociais podem ser traduzidos como uma vinculação que possui sentido de ações relacionadas e delimitadas quando confrontadas com um ambiente.

Existe na sociedade pós-moderna, uma organização social totalmente baseada na diferenciação funcional, que é caracterizada por certo grau de complexidade e individualização, e que cresce constantemente, impondo a utilização de alguns conceitos, a auto-referência que compreende como característica básica, pois sistema e ambiente se diferenciam. O sistema geral de ação dos indivíduos de uma sociedade, segundo Parsons (1974), compreende quatro subsistemas com suas funções primárias, que são apresentados na quadro 1.

Quadro 4 – Sistema geral de ação: Subsistemas e Funções primárias

Sistema Geral de Ação		
Item	Subsistemas	Funções primárias
1	Social	Integração
2	Cultural	Manutenção do Padrão
3	Personalidade	Realização do objetivo
4	Organismo comportamental	Adaptação

Fonte: Parsons, 1974. (Adaptado)

Dentro desses subsistemas, aquele, denominado de cultural, é o que mais oferece informações sobre o homem, sobre os modelos e os padrões, que norteiam as ações humanas de um determinado grupo social. A cultura é a marca primordial dos humanos, é o fenômeno cultura ao mesmo tempo em que é produto do homem, também pode ser compreendida como produtora da humanidade. A cultura representa as práticas humanas, o pensar, sentir e agir que produz e reproduz as experiências coletivas. O homem é o único animal que depende de cultura para sua sobrevivência, pois depende de ser condicionado para tornar-se humano.

A cultura possui elementos institucionalizadores e socializadores, que são responsáveis pela manutenção da ordem e por revelar a origem das coisas do mundo. Pode-se atribuir a eles o processo de naturalização e sacralização de determinadas idéias, como forma de controle sobre o comportamento dos indivíduos e suas relações, de modo que norteia sua conduta.

Levi-Strauss (1974, p. 9) afirma que *"toda cultura pode ser considerada como um conjunto de sistemas simbólicos em cuja linha de frente colocam-se a linguagem, as regras matrimoniais, as relações econômicas, a arte, a ciência, a religião"*. O poder do indivíduo é renunciado em favor do poder do grupo, e, segundo Luckács, apud Antunes (1999, p. 36), o labor *"está no centro do processo de humanização do homem"*.

Na sociedade capitalista e ocidental percebe-se que o trabalho é um dos sustentáculos da sociedade. Antunes (1999) reforça que se pode definir que a vida possui vários sentidos que abrangem todas as esferas do indivíduo, mas pode-se afirmar que o trabalho é considerado fundamental para a valorização social. O indivíduo só é considerado humanizado e emancipado por meio do trabalho. O trabalho é o instrumento que possibilita ao homem satisfazer suas necessidades, principalmente as primárias, mas também permite e possibilita sua inclusão ou exclusão social. O trabalho humano ocupa a posição central entre o homem e a natureza.

Para Enriquez (1997), o trabalho é um dos elementos que constituem e tornam o ser humano. O trabalho do indivíduo praticado em organizações é o próximo enfoque, para que a imbricação entre o pensar, sentir e agir do homem e da organização seja investigado. Os padrões sociais estabelecem a importância fundamental do trabalho no processo cultural e também na humanização do indivíduo; a questão é verificar como esse "mundo" do trabalho cria seus valores e padrões e qual sua ação cultural sobre esse indivíduo.

5.3.5 O expatriado, a corporação & a organização espetacular

Os impactos do pós-modernismo na organização podem ser descritos a partir da ausência de referenciais ou modelos, é isso pode viabilizar a consciência de que a única certeza que se tem é a da mudança. Entende-se que a inexistência de modelos tende a gerar insegurança, pois é preciso caminhar pelo desconhecido, sem teorias conhecidas que sirvam para nortear e "visualizar" os acontecimentos futuros. Esse fenômeno causa insegurança no homem, e é esse "medo" de perder o *status quo* que o impele a sujeitar-se às exigências e ao poder implacável das organizações.

A sociedade, matriz das demais organizações, assume o papel de uma grande organização, uma organização que influenciada pelo pós-modernismo, que está direcionado para um melhor desempenho. Esse é o discurso das organizações na pós-modernidade: possuir diferencial, ser diferente, ser único, saltar para fora da complexidade dos ideais padronizados e assumir sua autenticidade. A autenticidade pode gerar o mundo do espetáculo, único e fantástico.

Pages *et al.* (1987, p. 35) desenvolveram o conceito de organização *hipermoderna*, que "*caracteriza-se pelo desenvolvimento fantástico de seus processos de mediação, sua extensão a novas zonas (instâncias), sua interconexão cada vez mais ramificada e sua constituição em sistemas cada vez mais coerentes*". As organizações hipermodernas exercem fortes pressões que tornam os trabalhadores cada vez mais impotentes, e possuidor de contradições individuais, é explorado e transformado.

Traçando um paralelo com as visões de Enriquez (1997) e Pagès *et al.* (1987), verifica-se que as organizações, estratégicas ou *hipermodernas*, são espaços de aprisionamento e servidão voluntária, mantidos sob um falso estímulo à autonomia, participação e criatividade. Morgan (1996), em um dos capítulos do livro "Imagens da Organização", aborda a metáfora da organização vista como prisões psíquicas, utilizando a "Alegoria da caverna" de Platão, para demonstrar o quanto o homem é preso às limitações impostas pelas organizações. Segundo Morgan (1996), as pessoas caem nas armadilhas dos seus próprios pensamentos, valores, idéias e crenças ou preocupações que se originam na dimensão inconsciente da mente.

Quebrando paradigmas da metodologia científica torna-se indispensável refletir sobre as organizações pós-modernas, trazendo elementos denunciados no documentário "*The Corporation*" com roteiro de Joel Bakan e dirigido por Mark Achbar e Jennifer Abbott. O documentário apresenta organizações espetaculares em seu lado mais obscuro: o poder desmedido, a semi-escravidão, o abuso e desrespeito ao meio ambiente – o engodo da responsabilidade social corporativa. Tudo em nome do lucro, sem importarem os meios que se utiliza para obtê-lo, pois nesta visão os fins justificam os meios adotados pelas grandes organizações.

Questiona-se então esse perfil organizacional a partir do estudo de crimes cometidos por transnacionais, e de várias entrevistas com pessoas direta ou indiretamente ligados ao mundo corporativo, tais como ativistas de esquerda e de direita, acadêmicos, jornalistas, executivos, e espiões industriais. Como resultado das pesquisas e entrevistas, é a apresentação de uma radiografia das corporações como "seres" autônomos (pessoas jurídicas), que funcionam ajustadas a um conjunto específico e determinado de regras e motivações, que diferem totalmente daquelas partilhadas entre os homens comuns. O "comportamento" dessas corporações de tão voltado à busca pela realização em detrimento de qualquer dano que possa causar a terceiros, diagnosticaria, segundo alguns dos entrevistados, um caso típico de psicopatia.

Um quadro de subjugação é apresentado por Morgan (1996), e sua visão revela a face repugnante das instituições. O nono capítulo de sua obra: Imagens da Organização, apresenta as **organizações vistas como instrumentos de dominação**. A metáfora apresenta as organizações como sistemas de dominação, na qual cada ator organizacional atua como cúmplice, pois se permite ser dominado. A tipologia weberiana apresenta três tipos de dominação que ocorrem dentro das organizações e possibilitam a exploração de seus funcionários: carismática, tradicional e racional-legal.

O indivíduo engajado em seu trabalho e sua carreira, acaba por não perceber essa dominação, pois Motta (1999), ao definir organização, expõe que é uma coleção organizada de pessoas, com um sistema interconectado de papéis que viabilizam as relações mútuas de lealdade e autoridade que devem ser construídas, primeiramente no mental (abstrato) para depois se tornar concreto.

As organizações buscam alcançar seus objetivos a todo custo e, para tal, tentam dominar as pessoas, outras organizações e a própria sociedade. A dominação tende a ser sempre exercida por um pequeno grupo de pessoas, que está no poder e que buscam novas técnicas para gestão, que possibilitem a continuidade da exploração. Anunciam medidas e políticas que devem traduzir o reconhecimento da contribuição das pessoas para o desenvolvimento organizacional, mas, na prática do convívio, o jogo de interesses individuais é superado a partir de idéias que colocam a organização como pano de fundo nas relações entre as pessoas nas organizações de competitividade.

Muitas organizações locais vivem situações paradoxais: a convivência do discurso Y com práticas X. Seus gestores e funcionários parecem agir como se sofressem de esquizofrenia, a substituir a realidade por visões idealizadas da empresa e de si mesmos. Se escapassem da retórica empolada e depositassem os pés no chão talvez pudessem atuar de forma mais consistente e superassem o atraso (WOOD JR., 2005, p. 37).

Percebe-se uma profunda reestruturação produtiva e organizacional no mundo do trabalho, causada pelos impactos da globalização econômica e social, que gerou maior competitividade e revelou o indivíduo como a fonte geradora da competitividade das organizações. Apesar de ser considerado o diferencial da vantagem competitiva, "*O trabalhador se vê pressionado pelos efeitos da globalização, que entre outros, ampliou a insegurança no emprego*" (POCHMANN 2005, p. 43).

Segundo Martins S. (2002), a tendência da flexibilização é decorrência do surgimento das novas tecnologias da informática, da robotização, que mostram a passagem da era industrial para a pós-industrial, revelando uma expansão do setor terciário da economia. Assim, deveria haver uma proteção ao trabalhador em geral, seja ele subordinado, ou não, tanto o empregado como também o desempregado. É nesse momento que começam a surgir contratos distintos da relação de emprego, como contratos de trabalho a tempo parcial, de temporada, de estágio etc. A flexibilização das Normas do Direito do Trabalhador visa assegurar um conjunto de regras mínimas ao trabalhador e, em contrapartida, a sobrevivência da empresa, por meio da modificação de comandos legais, procurando outorgar aos trabalhadores certos direitos mínimos e ao empregador a possibilidade de adaptação de seu negócio, mormente em épocas de crises econômicas. Para fiscalizar a flexibilização, essa maleabilidade, é que o sindicato passa a deter papel principal, ou convenção coletiva de trabalho, de modo a permitir também a continuidade do emprego, do trabalhador e a sobrevivência das empresas, assegurando um grau de lucro razoável à ultima e certas garantias mínimas ao trabalhador. É uma forma de adaptação das normas vigentes às necessidades e conveniências de trabalhadores e empresas. Como tendências da flexibilização do trabalho podemos observar o aumento da utilização dos contratos atípicos, a instituição de outras formas de contratos por tempo determinado e a tempo parcial, a contratação de empregados em domicílio e estagiários, a modificação do modulo semanal de trabalho para o anual, a subcontratação e o trabalho informal. A cultura e a estrutura organizacional devem orientar o comportamento organizacional, que envolve as relações entre os diversos atores organizacionais. Quando um novo membro é admitido em uma organização, passa por um processo de socialização, que implica aprendizagem sobre seu papel na organização, esse é um processo contínuo enquanto o indivíduo estiver na organização. CHESNEAUX (1996) afirma que o processo de socialização mobiliza o físico, o mental e o emocional, com um poder mistificador. Entender os meios utilizados pelas organizações para transmitir e expressar seus valores abarca a compreensão dos meios utilizados, tais como as histórias, símbolos, rituais e mitos. O quadro 5 apresenta definição e objetivo desses quatro elementos.

Quadro 5 – Estratégias para transmissão de valores organizacionais

Meio utilizado	Processo	Objetivo
Histórias	Narrativas organizadas com crenças e sistemas de valores	Reforçar "o porquê de fazer as coisas de determinada forma"
Símbolos	Referências por si só	Evocar emoções e impelir a ação.
Rito e Rituais	Expressão de valores do passado que devem ser repetidos no presente.	Manter a identidade organizacional.
Mitos	Ligação entre presente e passado. Heróis e indivíduos carismáticos.	Expressar os comportamentos idealizados e aceitáveis reforçando a idéia da cooperação e equilíbrio.

Fonte: BEYER; TRICE. *Apud*: TOMEI; BRAUNSTEIN, 1993. (Adaptado)

Essas estratégias mobilizam e influenciam o comportamento e a conduta do indivíduo. Todos estão interligados a partir da compreensão de que as histórias apresentam mitos, que se tornam símbolos e são aplicados como norteadores dos rituais que ocorrem na organização, e que possuem o objetivo de alinhar as pessoas ao pensar, sentir e agir valorizados pela cultura da empresa. Os ritos ou rituais utilizados pelas organizações contemporâneas, segundo Beyer e Trice (*apud*, TOMEI e BRAUNSTEIN, 1993), podem ser de seis tipos. O quadro 6 apresenta os seis tipos de ritos organizacionais, que se destinam a manter a unidade e a identidade organizacional: os ritos de passagem, a integração, a degradação ou exclusão, o reforço, a renovação e a mediação de conflitos.

Quadro 6 – Os seis tipos de ritos: processos e objetivos

Ritos	Processo	Objetivo
Passagem	Transição de pessoas para estados e papéis.	Iniciação nas organizações; Retreinamento de pessoal.
Integração	Integrar o novo membro numa equipe, setor ou departamento.	Iniciação nas organizações; Promoção.
Degradação ou exclusão	Dissolução de identidades sociais e a redução de seu poder.	Indivíduos que transgridem as normas de conduta da organização.
Reforço,	Resultados positivos e reforço de identidades sociais e seu poder.	Comunicação de "boas novas" da organização. Méritos individuais, grupais ou organizacionais.
Renovação	Renovar as estruturas sociais e aperfeiçoar sua dinâmica.	Previsão de conseqüências latentes.
Mediação de conflitos	Reequilibrar as relações sociais, através de estratégias de mediação de conflitos.	Confirmar hierarquia e mostrar ao indivíduo qual é seu lugar na organização.

Fonte: BEYER; TRICE. *Apud*: TOMEI; BRAUNSTEIN, 1993. (Adaptado)

Entende-se que no cotidiano organizacional não é possível isolar os diferentes tipos de ritos; todos fazem parte de um sistema integrado e produzido pela cultura. Verifica-se que o sistema utilizado na sociedade e no "mundo" do trabalho, mais especificamente na organização, possui algumas similaridades.

Novas pesquisas tendem à investigação de como o pensar, sentir e agir estabelecidos como modelo, tanto na sociedade quanto nos ambientes organizacionais, são bastante semelhantes, e se valem, em alguns casos, dos mesmos elementos: mitos, símbolos, rituais, histórias. Isso pode sinalizar a existência de uma base única para gerar modelos que devem ser seguidos, e conseqüentemente manter o controle social e organizacional.

Esse processo é exercido a partir de mecanismos que possuem fundamentos e modalidades específicos e que envolvem os indivíduos, de forma direta ou sutil. Todas as modalidades do controle social encontram-se na cultura, inclusive, o organizacional. O quadro 7 apresenta os fundamentos e as modalidades dos controles sociais apresentados por Motta (1999), e baseados nas pesquisas de Enriquez (1990), (1997) e Pagès (1987).

Quadro 7 – Modalidades e fundamentos de controle social

Formas de controle social	Fundamento	Modalidades
Físico	Violência	Exploração e Repressão
Controle organizacional	Burocracia	Controle do trabalho e dos rendimentos
Controle dos resultados	Competição econômica	Ideologia do sucesso. Apelo às iniciativas individuais
Democracia	Crença de que este tipo de governo é a mais pura expressão da vontade do povo	O Estado indica ao povo quais devem ser os seus desejos
Controle do amor	Fascínio e Sedução	Identificação ou expressão de confiança
Controle por saturação	Repetição indefinida de um único texto levando à condução das manifestações e das condutas	Saturados em seus espíritos, os indivíduos, os grupos e a população, tornam-se apáticos. Tornar-se apático é o primeiro passo para tornar-se pronto a não acreditar e a fazer simplesmente o que lhe é pedido.
Controle pela dissuasão	Instalação de um aparelho de intervenção	Mostrar a força para não ter que usá-la, governa este tipo de controle

Fonte: MOTTA, 1999 EAESP/FGV/NPP – (Adaptado)

Essas modalidades representam os meios utilizados pela sociedade e pelas organizações para o controle dos indivíduos, por meio da cultura ou do pensar, sentir e agir, estabelecidos pela organização.

Apesar de toda a padronização, ritos, símbolos, mitos e outros, utilizados pela sociedade e pela organização, os indivíduos vivenciam processos interiores, e a interioridade é um espaço secreto e misterioso, muitas vezes desconhecido do próprio indivíduo, com componentes tanto cognitivos quanto afetivos. A interioridade é que caracteriza mais profundamente e mais autenticamente o sujeito; o que está no coração de sua subjetividade e que orienta suas ações.

A aceitação, ou não, de padrões, tanto social quanto organizacional, depende de fatores inerentes à subjetividade do indivíduo, ou seja, de seu grau de autonomia, seu pensar crítico e reflexivo, e principalmente o quanto conhece seus processos interiores.

5.3.6 Trabalhador: a realidade por detrás do espetáculo

> "...não existe mais salvação pela sociedade".
>
> Peter Drucker

As organizações exigem colaboradores inteligentes, que tenham habilidades interpessoais, que sejam criativos e apresentem idéias inovadoras para garantir seu nível de competitividade. O desenvolvimento do ser humano é lento, principalmente em se tratando do Brasil, que possui um Índice de Desenvolvimento Humano (IDH) bastante comprometido, pois em 2006 ocupou o 69º lugar, bem atrás da vizinha Argentina (36), do Chile (38), Uruguai (43) e México (53), e próximo à Colômbia (70) e à Venezuela (72)[14].

A racionalidade apresentada nas contribuições de Taylor, a comunicação zero, os operários pagos apenas para produzir (operar), ou seja, o não envolvimento da subjetividade ou interioridade facilitou a compreensão do processo de aceleração das transformações ocorridas nas duas últimas décadas e suas implicações no presente. Os meios utilizados para dominação nesse período não eram tão sutis quanto os praticados na pós-modernidade.

As pesquisas de Sigmund Freud, que inovou ao estudar os motivos internos que levam o homem a agir de determinada forma, e criou a Psicanálise, ofereceu referenciais para que o homem se entenda e, conseqüentemente para que a sociedade e suas instituições possam "orientá-lo", ou manipulá-lo, segundo suas necessidades transparentes ou escusas.

O sujeito é movido por forças que desconhece; o verdadeiro sentido de suas experiências está onde sua consciência não pode chegar; ele é um trágico personagem sempre tentando compreender e interpretar as motivações desconhecidas que o governam (BEZERRA, 1989, p. 232).

Boa parte dos homens em conseqüência dos controles sociais e apelos da mídia desconectaram-se de si mesmos e não acreditam que possam criar algo útil. Se não sentem que podem criar algo útil, não podem ser criativos; não podem ter relacionamentos saudáveis, assertivos, e,

---

[14] **Fonte:** <http://hdr.undp.org/hdr2006/statistics/>. Acesso em: 15 jun. 2007, às 13:00 horas.

principalmente, não desenvolvem competência para agir em consonância com suas emoções e buscar a realização de seus objetivos pessoais e profissionais. Essas contradições podem torná-los mais suscetíveis ao controle organizacional, e isso pode significar espaço e permissão para a dominação e a exploração.

Deve-se lembrar, entretanto, que a controvérsia e a inconclusão sobre os efeitos decorrentes da modernização empresarial sobre o perfil da mão-de-obra (mudança na estrutura organizacional e na qualificação profissional) não constituem um fato novo. E sabido que a introdução de uma nova prática produtiva vem, muitas vezes, acompanhada por uma nova base de conhecimentos para o exercício do trabalhador (POCHMANN, 2005, p. 43).

Os efeitos da globalização ampliaram a insegurança do trabalhador, que, quando incluído no processo organizacional em cargos de gestão, alimenta as práticas que manipulam e dominam os demais trabalhadores.

(...) a maioria dos dirigentes das empregados, com pouco ou nenhum direito de propriedade. É importante distinguir entre capitalistas financeiros, que possuem capital e supervisionam executivos, e estes últimos que realmente dirigem a atividade produtiva, admitem e demitem trabalhadores, estabelecem os níveis salariais e desse modo distribuem pelo menos, parte da receita gerada pelas firmas. Capitalistas proprietários e capitalistas gerenciais formam atualmente grupos diferentes de uma mesma classe (SINGER, 2006, p. 70-71).

Convém citar que Morgan (1996) ao longo da construção de sua obra, salienta a facilidade com que o homem é pego por armadilhas que ele próprio constrói, e a cultura é uma delas. O homem, o indivíduo devidamente condicionado, engajado, perde-se em meio às normas e regras sociais e organizacionais. Sujeita-se a uma série infindável de restrições, que suprimem seus desejos e aspirações. A pós-modernidade, com sua aversão a modelos, regras, normas, poderia sinalizar a permissão para o homem liberar seus desejos mais secretos e alcançar condições para pensar, sentir e agir de acordo com suas convicções, porém, nesse contexto de transformação, ele tende a sentir-se perdido ou desnorteado.

5.3.7 Depoimento – a rotina de um expatriado no Brasil

Lisa Maria Gattuli, gerente sênior de uma grande empresa de auditoria da área de expatriado, nasceu nos Estados Unidos e aceitou uma proposta de trabalho no Brasil. Chegou no país em 2003, e o seu contrato teve duração de 3 anos. Realizei uma entrevista para entender um pouco a rotina de um expatriado no Brasil.

1 – Qual a vantagem de contratar um expatriado?

Resposta: A principal vantagem para empresa é a experiência da pessoa. O expatriado traz técnicas bem definidas do exterior e aplica as práticas globais exigida em empresas de auditoria.

2 – Qual a desvantagem de contratar um expatriado?

Resposta: Sem dúvida o custo é muito alto. A empresa ainda corre muitos riscos, desde trabalhistas até a não-adaptação do expatriado e da família.

3 – No seu caso, houve um choque de cultura?

Respostas: Sim. O Brasil é muito diferente dos Estados Unidos. Estava acostumada a morar em uma casa grande e aberta. Aqui eu moro em lugar fechado e a todo o momento estou preocupada com a segurança. Tem muita pobreza, sujeira, trânsito e poluição. A cultura do trabalhador daqui é bem diferente também, as pessoas quando saem de férias se desligam completamente do trabalho; isso para mim foi difícil de entender. Tudo isso é muito diferente da vida que eu estava acostumada a viver.

4 – Qual a dificuldade de obter um funcionário local com a mesma competência?

Resposta: Na área em que trabalhamos é difícil encontrar alguém no mercado de trabalho que tenha conhecimentos de impostos americanos. Outro fato relevante é conhecimento e técnicas globais além dos contatos com escritórios do mundo inteiro.

5 – Como foi a recepção dos colegas de trabalho e quais foram as dificuldades encontradas?

Resposta: A recepção foi muito boa, as pessoas procuram ajudar, porém com muita timidez.

Tive muitas dificuldades de adaptação, mudei minha vida radicalmente! O idioma, a cultura, o dinheiro, a mudança de estilo de trabalho, enfim foi tudo novo para mim.

6 – O que faz um funcionário aceitar uma proposta de expatriação?

Resposta: O salário é muito atrativo. Mas você tem a oportunidade de adquirir novos conhecimentos, novas culturas e profissionalmente, é uma grande oportunidade. Com base nessa entrevista, pode-se perceber que o expatriado sofre com o choque cultural; sem dúvida é uma excelente oportunidade profissional para a pessoa, porém ela deve analisar os prós e contras da expatriação.

5.3.8 Conclusão

Como pudemos verificar ao longo do trabalho, a contratação de mão-de-obra estrangeira nas empresas é um tanto complicada, tanto do ponto de vista psicológico como cultural.

A globalização está aproximando cada vez mais os povos, e a tecnologia tem encurtado as distâncias entre os países. Porém, não podemos esquecer que as tradições culturais de cada povo ainda permanecem. Tais fatores podem influenciar na decisão de se tornar um expatriado, pois o processo de expatriação não é apenas uma decisão de viagem, mas uma decisão de mudança de vida. O que garante o desempenho do executivo na empresa e sua capacidade criativa é saber que sua família está bem. Assim, a empresa sabendo desta condição, não contrata apenas o lado profissional de alguém e sim, o lado psicológico. A esposa no processo de expatriação pode se tornar uma grande aliada ou uma grande inimiga. Por esses motivos as empresas que optam pela contratação de estrangeiros, contratam empresas especializadas para cuidar tanto da parte psicológica da família, como da parte fiscal. Sob a óptica tributária, as empresas que trazem estrangeiros para trabalhar no Brasil correm um risco muito maior de serem autuadas pelas autoridades fiscais do que as que contratam brasileiros para desempenharem as mesmas funções. Principalmente devido ao fato de que a legislação brasileira não é bem definida para os estrangeiros. Devemos, também, atentar ao fato de que os estrangeiros, dificilmente, entram na justiça, solicitando os benefícios previdenciários impostos pela lei. Desta forma as empresas, ao promoverem intercâmbios e treinamentos de profissionais estrangeiros, prática tão necessária para o enriquecimento do capital intelectual da empresa e da experiência global dos profissionais, devem ficar atentos aos aspectos trabalhistas, apenas como forma de precaução de futuros problemas. Não existe o risco de equiparação entre o empregado brasileiro e o estrangeiro (CLT, art. 358). A pretendida aplicação relativa aos arts. 358 e 461 da CLT, não corre aos expatriados em razão da peculiaridade da contratação e ainda o direito personalíssimo do empregado contratado no exterior para trabalhar no Brasil. Os principais problemas são culturais e humanos; o expatriado pode se sentir, totalmente, desprotegido por ter perdido os referenciais (normas, modelos, regras) que norteavam seus objetivos. Se o movimento pós-modernista surge com a intenção de ressaltar a individualidade, tão reprimida no modernismo, percebe-se um movimento contraditório, pois a escassez de empregos gera mais insegurança para o trabalhador, que acaba por perder o pouco poder que acredita ter sobre seu destino. Enquanto o trabalhador entrega seu conhecimento, criatividade e habilidades, as organizações (corporações) expandem e fortalecem seu domínio, definindo a inclusão ou exclusão do indivíduo no mundo do trabalho. As corporações enquanto pessoas jurídicas são isentas de sentimentos e de responsabilidade, e só possuem a preocupação de aumentar seu capital. O objetivo é obter cada vez mais lucro; os meios para atingi-los deixaram de ser éticos, morais ou justo, tornaram-se apenas e meramente um meio.

A vida humana, origem da construção de todo sistema social e organizacional, torna-se cada vez mais descartável, o homem está preso na teia que ajudou a tecer, e que passou a ser um sistema vivo e atuante, alimentado pela coletividade de forma inconsciente e mecânica.

O meio de controle da sociedade, que foi fielmente copiado pelas organizações no mundo do trabalho, o consumismo exacerbado, incentivado pela mídia, a busca por padrões de beleza, por padrões de sucesso e realização, levam à necessidade de ter, possuir, realizar-se a partir da posse. O objetivo é ter, pouco se valoriza o ser.

Talvez o movimento do pós-modernismo possa construir uma nova estrutura social e organizacional, pois ultrapassa os modelos gerados pelo modernismo, que tanto valoriza o intelecto, a razão, o pensamento linear, a memória, em detrimento da criatividade e da inteligência. O intelecto reproduz, enquanto a criatividade cria. Talvez surja um novo cenário com peças, atores e autores, mais reais, transparentes, éticos e criativos, mas tudo isso depende da escolha individual por mudar a história coletiva da humanidade.

Revela-se então a dificuldade do homem em pisar no desconhecido, em construir novos caminhos, em fazer sua história ao caminhar. Os interesses dos indivíduos e das organizações se justapõem, se encaixam, mas são imbricações dissonantes, sem correspondência.

5.4 MAX WEBER – REINTERPRETADO

O sociólogo Alemão Karl Emil Maximilian Weber (1864 – 1920) é autor de conceitos e categorias analíticas que fazem parte dos recursos elementares com que trabalham os cientistas sociais do mundo inteiro, inclusive os cientistas da religião, que encontraram em sua obra, referências para análise do fenômeno religioso, em especial o protestantismo. (PIERUCCI, Antônio Flávio. **O desencantamento do mundo**, 2003).

Para entender Weber é preciso reler Burocracia e Ideologia, obra clássica de Maurício Tragtenberg, pioneiro na construção de uma perspectiva crítica em Administração no Brasil e que estabeleceu um diálogo entre Marx e Weber, o primeiro, para explicar as formas de exploração do trabalhador e a mais-valia; o segundo, para estudar as formas de dominação, dizia Tragtenberg, em sua obra Administração, Poder e Ideologia (São Paulo: Morais, 1980) que *"ceder um pouco de poder aos trabalhadores pode ser uma das melhores formas de aumentar sua sujeição, se essa lhes dá impressão de influir sobre as coisas"*. Max Weber pensou em uma educação carismática, afirmou que o carisma pode ser despertado e provado, só não pode ser construído pela educação burocrática; a pedagogia dos oprimidos, dos dominados depende do processo burocrático, de exames, de gastos e prazos de carência, que dá vida a um especialista sem identidade pessoal e gera efeitos perversos na área de gestão de pessoas, onde formação, informação é poder, caminham unidos. A denúncia de forma de opressão funda a solidariedade, a contigência, e aproxima Max Weber de Rorty.

Althusser tentou esclarecer aspectos do funcionamento da superestrutura e como ela intervém na base econômica (que determina a totalidade orgânica). O Estado só tem sentido em função de seu poder estar com classe(s), subclasse(s) ou aliança de (sub) classes. Isso explica, em parte, a luta de classes pela posse do Estado.

O Estado se compõe do aparelho repressivo (que detém o monopólio da violência) e do aparelho ideológico (que age na reprodução dos meios de produção). As relações de produção são antagônicas em uma sociedade de classes, e ideologia concerne à reprodução da força de trabalho, sua qualificação e sujeição à classe dominante. A classe dominante controla mais facilmente os aparelhos repressivos, pois a natureza do Estado é garantir à classe dominante a apropriação do excedente. E a luta pela posse do aparelho ideológico é vital na trajetória de uma classe em ascensão.

A tese de Althusser, concernente à ideologia, dispõe esta relação imaginária dos homens com suas condições reais de existência material da ideologia, que existe em aparelhos e em sua prática. Esta sua tese critica a teoria marxista, segundo a qual, o fim da alienação capitalista seria o fim da *"opacidade"* (mistificação da consciência), e as relações sociais seguintes seriam transparentes. Esta opacidade é o conjunto de representações eficazes para fazer o que a estrutura social determinar.

A ideologia muito se relaciona com a *"falsa consciência"* hegeliana, que serve para ocultar ao homem a visão de si mesmo e de suas condições de existência; mas não é tomada neste sentido e sim, tendo em vista a relatividade histórica das idéias.

A ideologia constitui ou implica uma posição filosófica, com condicionamento histórico de uma teoria que só aparece depois do fato.

Assim, ideologia torna-se um sistema completo de pensamento ou conjunto coordenado de convicções e idéias que formam uma estrutura (ou grupo), em nível superior, de conceitos relacionados, para chegar a noções, análises, aplicações e conclusões mais específicas e particulares. A análise marxista da ideologia critica o sistema de Hegel, que não relaciona Filosofia com História: não pode, portanto, criticar o meio material. As premissas de Marx são a produção e seu fundo histórico, e delas Marx parte para as relações intranacionais e internacionais, que dependem do desenvolvimento das forças produtivas e da divisão do trabalho. A estas duas últimas variáveis correspondem os diferentes tipos de apropriações dos meios de produção e dos produtos do trabalho. Dessa base material derivam a estrutura social e o Estado, e do comportamento material do homem deriva o pensamento. Quem cria as idéias e, portanto, a ideologia, são os homens, atuantes e tais como foram condicionados por um dado estágio no desenvolvimento das forças produtivas. Logo, não é a consciência que determina o ser social, mas o ser social que determina a consciência. Durante a pré-história, a consciência humana era animal; com a necessidade de manter relações com outras pessoas, o homem toma ciência de que vive numa sociedade. A partir disso e da gênese da consciência, teremos que a consciência se vincula à divisão do trabalho manual e intelectual. Esta consciência é antagônica às forças produtivas e às relações de produção. E a ideologia é sempre adequada ao modo de produção vigente.

Para entender a ideologia, é preciso que ela seja, historicamente, colocada e pensada. A postura inicial de Marx é que ideologia não é só o que a burguesia pensa. Ela (a ideologia) precisa ser reatada a seu núcleo (divisão social). A sociedade não pode existir se não se forja uma unidade. E é aqui que cabe uma crítica: a separação entre *"objeto do conhecimento"* e *"objeto real"* é frágil; ao recusar o método de Marx (ao construir suas categorias, retém teoricamente o movimento que vai do abstrato ao concreto, e daí à abstração real que dá na História), Althusser rejeita a influência da lógica hegeliana sobre Marx (negação da negação) e do materialismo histórico-dialético sobre Marx. Mas esta abstração existe no fetichismo.

As contradições do bloco histórico revelam, no nível ideológico, resquícios do modo de produção antigo e germens do futuro ou do novo bloco histórico. Mas é a superestrutura determinada pelo modo de produção atual que tende a prevalecer, devido à relevância do aparelho ideológico, cujos principais órgãos propagadores são a Escola e a Igreja. A relação pedagógica depende do momento histórico e implica a constante relação ativa entre filósofo e ambiente cultural. O filósofo pretende total liberdade de expressão que ocorrerá ou não, dependendo do momento histórico. E, em momento de transição, quando a classe dominante não consegue a posse do aparelho ideológico, ela deixa de ser dominante.

5.5 TEXTO PARA LEITURA: ESPIRITUALIDADE NO MUNDO CORPORATIVO: ANÁLISE DAS APROXIMAÇÕES ENTRE PRÁTICA RELIGIOSA E VIDA PROFISSIONAL
(René Kivitz – Tese de Doutoramento – Programa de Pós-Graduação em Ciências da Religião – SBC, Universidade Metodista de São Paulo –, 2007 – *mimeo*)

Lacerda (2005) descreve o perfil do profissional desejado; (1) serve à equipe em vez de ser servido; (2) coopera com os colegas, e (3) é espiritualizado, com especial destaque a esse requisito, pois compreende que as habilidades e competências desejadas no profissional contemporâneo são resultado de uma experiência de "mudança interior", conforme Robert Greenleaf, consultor de empresas norte-americano. Essas são algumas razões por que o tema espiritualidade passa a integrar os processos de formação e capacitação profissional e a ocupar lugar de destaque no mundo corporativo...

... O desencantamento do mundo, a secularização e o fracasso do projeto da modernidade...

A substituição do paradigma do pensamento cartesiano da física mecanicista pelas ciências da vida, como base para a metáfora descritiva da realidade, implica a crítica e "o desencanto com o desencantamento do mundo", isto é, a frustração diante do projeto da modernidade.

"Desencantamento do mundo" é uma expressão utilizada Max Weber com dois significados: "desmagificação" e "perda de sentido", como se pode observar nestas duas referências:

> *Para quebrar a magia e disseminar a racionalização da conduta de vida, só houve em todos os tempos um único meio: as profeciais racionais (...) As profecias trouxeram o desencantamento do mundo e, com isso, criaram o fundamento para a nossa ciência moderna, para a técnica e o capitalismo.*
>
> *Em suma: desencantamento = desmagificação* (PEIRUCCI, 2003).

> *Mas ali onde o conhecimento racional empírico realizou de maneira conseqüente o desencantamento do mundo e sua transformação num mecanismo casual, instala-se de uma vez por todas a tensão contra a pretensão do postulado ético: que o mundo seja um cosmo ordenado*

por Deus e, portanto, orientado, eticamente, de modo significativo, em caráter definitivo daí para frente.
Em suma: desencantamento = perda de sentido. (PEIRUCCI, 2003).

Weber compreende que o desencantamento do mundo como desmagificação da atitude ou mentalidade religiosa, produto do desenvolvimento do racionalistrio ocidental, o que implica dizer que, no mundo desencantado, "*é possível conceber a esfera doméstica e a economia, a política e o direito, a vida intelectual e a ciência, a arte e a erótica, independentemente das fundamentações axiológicas religiosas*".

Para Weber, o desencantamento do mundo se deve tanto à religião quanto à ciência. A religião é responsável pelo fato de o monoteísmo triunfante no Ocidente desbancar a idéia dos espíritos e deuses que animam os elementos da natureza, como a água, a pedra, o raio, conceito que Weber extrai de Friedrich Schiller, que fala da desdivinização ou desendeusamento da natureza. Pierucci comenta que, para Weber, "*na idéia de desencantamento há, efetivamente essa faceta de despovoamento dos panteões, de esvaziamento e deslegitimização do politeísmo pelo monoteísmo*". Nesse sentido, o desencantamento do mundo pode ser visto como um avanço, pois "*desencantamento em Weber significa um triunfo da racionalização religiosa: em termos, puramente, tipológicos, a vitória do profeta e do sacerdote sobre o feiticeiro: um ganho em religião moral, moralizada, isto é, expandida em suas estruturas cognitivas e fortalecida em sua capacidade de vincular por dentro os indivíduos*". Conforme Sung, "*a vitória da religião baseada na ética, mais racional e sistemática, sobre as religiões baseadas na magia*". De acordo com Pierucci, Weber trabalha a noção do mundo desencantado pela ciência, segundo a noção de que a esfera do conhecimento racional intelectual tem na ciência empírica moderna sua expressão máxima.

"*Weber expõe a lógica própria do moderno conhecimento científico que, numa atitude experimentalista e instrumental, potencializada pelo emprego do cálculo matemático, reduz o mundo natural a mero mecanismo casual desembaraçando-o daquele sentido metafísico objetivo de cosmo ordenado por Deus*".

Para Weber, o desencantamento do mundo, portanto, ocorre em dois processos. No primeiro, a religião monoteísta ocidental "*desalojou a magia e nos entregou o mundo natural desdivinizado, ou seja, devidamente, fechado em sua naturalidade, dando-lhe no lugar do encanto mágico que foi exorcizado, um sentido metafísico unificado*". No segundo passo, nos tempos modernos, chega a ciência empírico-matemática e, por sua vez, desaloja essa metafísica religiosa, entregando-nos um mundo ainda mais naturalizado, um universo reduzido a um mecanismo causal, totalmente, analisável e explicável, incapaz de qualquer sentido objetivo, menos ainda, se for uno e total.

Nesse sentido, conforme Sung (2006), "*não podemos ignorar que o conceito de desencantamento do mundo é entendido, muitas vezes, como sinônimo ou como um conceito muito próximo de secularização*". Sung, entretanto, considera que "*a secularização é um ganho e deve ser distinguido do conceito de desencantamento*". A secularização implica a emancipação do mundo e da sociedade em relação aos axiomas e dogmas da religião e suas instituições representativas. O desencantamento do mundo, por outro lado, é o esvaziamento de sentido como conseqüência da desmagificação ou desendeusamento do mundo. É correto, portanto, afirmar que a modernidade, caracterizada pela secularização, atira o ser humano num vazio de sentido.

Ainda, outro aspecto da secularização é destacado por Sung: "*a transformação da escatologia em utopia: planificar a história, na verdade torna-se tão importante quanto conquistar a natureza*", conforme Marramao. Sung vai comentar dizendo que

> *O mundo moderno assume a tarefa de construir no interior da história, no futuro, o 'reino dos céus' que na Idade Média era esperado para após a morte (escatologia). O que antes era 'trabalho' de Deus, a salvação, o mundo moderno considera a missão do ser hurnano: a construção de um mundo utópico, onde viveria "liberdade, fraternidade e Igualdade".*

Stefano de Fiores, teólogo italiano, faz a crítica da modernidade afirmando que não há o cumprimento de sua promessa:

> *Em vez de oferecer um mundo segundo a medida do homem, em que esse pudesse viver e morar procurando o bem comum, trouxe-nos, entre outras coisas, o critério da produtividade como parâmetro de valor, a massificação e a manipulação das pessoas, uma angustiante incomunicabilidade, um futuro ameaçador, a atrofia dos sentimentos e a poluição ecológica.*

Na visão de Eduardo Giannetti, (2002) a modernidade é identificada com o iluminismo europeu, que "*pressupunha a existência de uma espécie de harmonia preestabelecida entre o progresso da civilização e o aumento da felicidade*". Resume o que entende por progresso da civilização nos seguintes fatores: (1) avanço do saber científico; (2) domínio crescente da natureza pela tecnologia; (3) aumento exponencial da produtividade e da riqueza material; (4) emancipação das mentes após séculos de opressão religiosa, superstição e servilismo; (5) transformação das instituições políticas em bases racionais; (6) aprimoramento intelectual e moral dos homens por meio da ação conjunta da educação e das leis.

Conforme Rifkin (2005), a modernidade está assentada em um tripé: realidade objetiva cognoscível, progresso linear irreversível e perfectibilidade humana. Mas esses pilares caem. Giannetti descreve o fracasso com as seguintes palavras:

> *Entre as crenças que povoavam a imaginação e a visão do futuro iluminista, uma em particular revelou-se problemática: a noção de que o avanço da ciência, da técnica e da razão teria o dom não só de melhorar as condições objetivas de vida, mas atenderia aos anseios de felicidade, bem-estar subjetivo e realização existencial dos homens. Sob este aspecto, seria difícil sustentar que o tempo presente esteja à altura do amanhã prometido pelo ontem.*

Esta é também a compreensão de Martin Rutte, (2006) quando fala de um novo paradigma científico:

> *Pensamos que poderíamos resolver todos os problemas do mundo com a ciência. Mas, quanto mais sabemos, mais percebemos o quanto não sabemos. A ciência vem se divorciando da dimensão espiritual por milhares de anos. Entretanto, ciência sem espiritualidade é como uma onda sem oceano. Um grande número de cientistas compreendeu isso e está se movendo na direção de uma exploração espiritual.*

Bruno Forte, teólogo italiano, diz que a modernidade tem a prática de um parricídio, em que o pai morto atendia pelo nome de Deus. A crença no triunfo da razão promove o assassínio coletivo de Deus, deixando o ser humano diante do vácuo do sentido último e agarrado ao interesse penúltimo, entregue ao consumismo e à corrida da posse imediata de qualquer fonte que lhe sugira prazer e satisfação. Tal realidade é ainda confirmada pela compreensão de Fiores, (1993) quanto à necessidade de se "*oferecer ao mundo moderno um suplemento de alma que permita ao homem evitar ser esmagado por suas próprias produções e encontrar a si mesmo de modo autêntico*".

A repercussão no mundo corporativo desse estado em que se encontra a sociedade moderna, que abandona Deus em favor do projeto utópico humano, pode ser avaliada pelo crescente interesse nos temas relacionados à espiritualidade.

...O surgimento de uma espiritualidade não-religiosa na sociedade pós-moderna...

A secularização, ao tempo em que promove a emancipação do mundo e da sociedade em relação às instituições religiosas, abre as portas para a experiência e expressão de uma espiritualidade não-religiosa, que caracteriza o fenômeno religioso na pós-modernidade.

Robert Solomon (2003) desenvolve um conceito abrangente de espiritualidade, que extrapola os domínios da religiosidade, como segue:

Deixem-me dizer de uma vez por todas no início deste livro, espiritualidade não significa a crença no Deus judaico-cristão-islâmico e não se restringe a ela, e crença em Deus não constitui espiritualidade. Não há dúvida de que, para a maioria dos judeus, cristãos e muçulmanos, a crença em Deus é um componente essencial da espiritualidade. Ainda assim, não é necessário ser religioso muito menos pertencer a uma religião organizada para ser espiritual. Todos conhecemos pessoas que se afirmam e se acreditam devotas, mas são tão desprovidas de espiritualidade quanto um copo vazio.

Solomon pretende representar um contingente considerável de pessoas que busca uma espiritualidade em um *"sentido não-religioso, não institucional, não-teológico, não baseado em escrituras (...) um sentido que não seja farisaico, que não se baseie em crença, que não seja dogmático, que não seja anticiência, que não seja místico, que não seja acrítico, carola ou pervertido"*. Essa espiritualidade buscada fora das paredes dos templos pode ser encontrada nas relações com a arte, com a ciência, nas relações afetivas, no senso de família e na filosofia: reflexão a respeito da vida, seu sentido e os sentimentos que estas reflexões suscitam. A essas dimensões de experiências fora dos domínios da religião, Solomon chama de "espiritualidade naturalizada". Afirma: *"Numa entrevista recente, a intelectual Ann Douglas descreveu sua recuperação do alcoolismo em termos de sentimento de que "algo interveio em minha vida". Ela disse: "Optei por chamar isso Deus. Realmente, não sei de que outra maneira descrevê-lo"* (**New York Times**, 17.10.1998). Também, não sei como chamá-lo, mas não quero invocar o monoteísmo chamando-o *"Deus". Mesmo "Espírito é sugestivo demais de ser singular e supremo. Fico, assim, com espiritualidade, ou o que chamo espiritualidade naturalizada, e tento por minha conta redescobri-la na filosofia"*.

Os sentidos mais exatos de espiritualidade naturalizada são descritos por Solomon como: *"amor reflexivo à vida, 'uma noção de nós mesmos identificados com outros e com o mundo', um processo de transformação **self**"*. Essa concepção de espiritualidade aponta não apenas na autonomia em relação à religião, mas também, em relação ao próprio conceito de Deus. E, com isso, fica para trás a modernidade, e entra em cena o que geralmente se chama de pós-modernidade, conforme Gianni Vattimo, (2004): *"De forma muito simplificada, creio poder dizer que a época na qual vivemos hoje, e que com justa razão chamamos de pós-moderna, é aquela em que não mais podemos pensar a realidade como uma estrutura, fortemente, ancorada em um único fundamento, que a filosofia teria a tarefa de conhecer, e a religião, talvez, de adorar"*.

A busca do transcendente e a onda de espiritualidade foi uma reação da pós-modernidade à modernidade. Aqueles que imaginaram que o fenômeno resultaria no fortalecimento da religião institucionalizada erraram o alvo. A experiência da espiritualidade na sociedade não está mais sob a tutela das instituições religiosas, conforme se pode observar neste relato:

A paisagista Kátia Rodrigues de Almeida, de 42 anos, convertida ao budismo tibetano, é uma requisitada consultora de *feng shui*, que define como uma arte, uma prática que permite integrar o homem ao espaço de forma harmônica. Quando se olha com atenção o *feng shui*, percebe-se que é carregado de elementos mágicos, teorias sobre fluxos energéticos cujo controle pode levar à prosperidade, ao sucesso profissional. Curiosamente, as pessoas que procuram o escritório de Kátia, na Granja Viana, em São Paulo, não são apenas budistas como ela: 'Vêm católicos, evangélicos, espíritas e de outras crenças'.

A experiência da espiritualidade passa para a esfera privada. Conforme Roldão Arruda (2002), o *"brasileiro sente-se mais livre para discordar das religiões e para transitar entre elas"*, como se nota no testemunho a seguir:

Todas as manhãs, Carmem de Souza, de 44 anos, dá graças pelo novo dia e reza. Procura viver de acordo com os ideais cristãos, de amar a Deus sobre todas as coisas e ao próximo como a si mesmo. Nunca viaja sem rezar o Credo na hora da partida e na chegada. Quando seu filho Rodrigo, garoto de 10 anos, bonito, saudável e batizado, enfrenta problemas, ela recorre ao arcanjo Gabriel, consagrado protetor das crianças. Também, é devota de Santa Edwiges, Santo Expedito e São Judas Tadeu, e até leva santinhos com imagens deles em sua bolsa. "Minha crença me conforta, me ajuda a viver melhor", diz ela. Se o perfil de Carmen se limitasse aos dois parágrafos acima, o leitor poderia pensar numa católica tradicional, carola. Mas não é. Ela não freqüenta cultos religiosos, não recorre a padres para mediar conversas com Deus e rejeita a doutrina moral da Igreja Católica. Vive há 15 anos uma relação informal e sem culpa com um bem-sucedido arquiteto na Vila Madalena, em São Paulo, e considera absurda a condenação do catolicismo ao usos de preservativos: "Não sei como um padre ou um bispo pode fazer isso diante do risco da aids".

Esse comportamento reflete uma tendência. *"Pode-se dizer que, embora a religiosidade cresça como nunca no País, as religiões perdem a força. Os fiéis já não aceitam por inteiro a doutrina das instituições e também transitam entre elas com mais facilidades"*.

O distanciamento da religião institucionalizada pode ser demonstrado também pelo estudo feito pela Life Way Christian Resources, que apresenta a entrevista com 469 pessoas visando a identificar suas razões pelas quais deixaram de freqüentar a igreja aos domingos. Os resultados da pesquisa, realizada em 2006, indicam que 37% apontam algum tipo de desencantamento com a instituição ou seu clero, especialmente a respeito de questões como hipocrisia e moralismo no trato das pessoas. Além disso, 14% dizem que a igreja não estava, ajudando no desenvolvimento de sua vida espiritual, e outros 14% são incisivos em dizer que não acreditam mais na religião organizada. A pesquisa ainda demonstra que 24% das pessoas entrevistadas se consideram "espirituais, mas não religiosas", e 42%, "cristãs, mas não devotas", isto é, têm uma fé mais associada à cultura religiosa sem muito comprometimento em termos de determinar seus *modus vivendi*.

É, também, esse fenômeno de uma experiência de espiritualidade livre do domínio das instituições religiosas que permite que a relação com o sagrado e o transcendente invada o ambiente secular, como, por exemplo, o mundo corporativo. Garcia-Zamor (2003) compreende que a chegada do tema espiritualidade no mundo corporativo revela que as pessoas estão em busca de maior sentido no trabalho, uma abordagem, socialmente, responsável dos negócios e novos aspectos motivacionais para a atividade profissional.

Para demonstrar que o interesse em assuntos de fé transcende a Igreja e o ambiente familiar e invade o local de trabalho, cita pesquisa realizada pelo Instituto Gallup, ao inquirir 800 profissionais norte-americanos a respeito da influência do trabalho na vida espiritual, identificando que 33% creditam ao trabalho grande incremento a sua espiritualidade. Rutte salienta que existem vários fatores que refletem o anseio por uma experiência espiritual pessoal e coletiva na sociedade. Entre eles, destaca que a geração no ambiente de trabalho e relacionado à atividade profissional. A tarefa é complexa, pois o significado da expressão: espiritualidade, é tratado a partir de diferentes abordagens e referenciais conceituais, baseados nas mais diversas tradições espirituais e religiosas. O sentido de espiritualidade no mundo corporativo é quase tão abrangente quanto o número de autores que se propõem a defini-lo.

Lacerda resume os aspectos conceituais da espiritualidade no mundo corporativo distinguindo-os dos aspectos que definem a religiosidade. Ao falar de espiritualidade, afirma:

Significa a capacidade de pensar, sentir e agir com base na crença de que existe algo maior do que os aspectos materiais; Representa a busca de significado para o papel do ser humano na empresa, na família, na sociedade (e o conseqüente equilíbrio dessas várias dimensões); É uma postura de vida, não envolve rituais: Tem elementos comuns a todas as religiões, como amor, esperança, igualdade etc.

Capítulo 6

POSICIONAMENTO METAFILOSÓFICO PARA A GESTÃO DE PESSOAS

6.1 INTRODUÇÃO

De acordo com Rorty, o neopragmatismo busca encontrar meios de colocar questões antifilosóficas numa linguagem não-filosófica. Nesse sentido, o melhor para a filosofia seria justamente não praticar filosofia, pois não adianta tentar dizer algo verdadeiro sobre a verdade, nem agir bem em relação ao Bem, nem ser racional para pensar sobre a racionalidade. Assim, o neopragmatismo rortyano assevera que nem a verdade, nem o bem, nem a racionalidade são coisas que comportem um interesse filosófico suficiente para se teorizar a respeito. Em outras palavras, o pragmatismo de Rorty não tem a ambição de ser uma teoria, mas, uma antiteoria – ou uma teoria sobre como se fazer teoria, não teoria.

A pragmatização da filosofia analítica, conforme sustenta Rorty, levou à compreensão de que são vãs as tentativas de fazer a linguagem se fundar sobre, se adequar a ou expressar algo, previamente, determinado. De acordo com ele, a ubiqüidade da linguagem é uma questão de vê-la se movendo nas lacunas deixadas pela falência de todos os vários candidatos à posição de "pontos de partida naturais" do pensamento, os quais se caracterizavam por sua pretensão de anterioridade e independência em relação ao modo como alguma cultura se comunica ou se comunicou um dia.

O antiessencialismo de Rorty o leva a insistir na necessidade de romper a distinção entre o intrínseco e o extrínseco, de modo que qualquer objeto deve ser compreendido e descrito a partir de suas relações — especialmente com as necessidades humanas, com a consciência e com a linguagem. Nada pode ser descrito intrinsecamente, como realmente seria em sua essência ou natureza, mas apenas, relacionalmente; nada pode ser conhecido sobre um objeto a não ser na rede de relações aberta e infinitamente expansível que ele mantém com outros objetos — e o que intermedeia as relações entre os objetos e as pessoas é invariavelmente a linguagem. Assim, como os objetos não podem ser descritos em si mesmos, pois não possuem uma natureza intrínseca, também os seres humanos, segundo Rorty, só podem ser descritos e compreendidos a partir das relações que estabelecem com as outras pessoas e com os objetos. Mas há uma diferença, evidentemente muito relevante, na medida em que os seres humanos são únicos em um aspecto que torna singular o seu padrão de relações: o uso da linguagem.

Para que seu antiessencialismo se sustente, Rorty precisa acreditar na compreensão da linguagem propiciada pelo darwinismo, ou seja, a linguagem como provedora de ferramentas para lidar com objetos e não, com a representação deles e como provedora de diferentes conjuntos de ferramentas para lidar com propósitos distintos. Assim, seria a linguagem afinal, e não, a mente ou a consciência, o aspecto distintivo da espécie humana. Ora, isso afasta Rorty irremediavelmente do pragmatismo clássico, já que, para Peirce, James e Dewey, a linguagem constitui apenas uma parte de um conjunto muito mais amplo de formas de experiência, que podem ser até mesmo pré-lingüísticas ou não-lingüísticas.

O pragmatismo de Rorty enfatiza que não há nada sob nós que não tenha sido ali colocado pelas nossas próprias mãos: não existem critérios que não tenham sido criados no curso de criação de uma prática; não existem padrões de racionalidade que não constituam um apelo a um tal critério; não existe uma argumentação rigorosa que não se traduza em obediência às nossas próprias convicções.

A cultura pós-filosófica marca a finitude dos homens e a sua imanência: a ausência de liames com o transcendente, com tudo aquilo que está além da experiência cotidiana, das práticas sociais. De acordo com Rorty, o positivismo ficou a meio caminho no desenvolvimento de uma tal cultura ao buscar uma filosofia sem Deus. O erro que impediu que os positivistas atingissem o estágio final dessa empreitada foi colocar no lugar de Deus a ciência. Já o pragmatismo, ao contrário, não erigiu a ciência como um ídolo a preencher o lugar outrora ocupado por Deus na história da filosofia. Para o neopragmatismo rortyano a ciência é um gênero literário, ao passo que a literatura e as artes não são campos menos investigativos que o da ciência; a ética tampouco seria mais subjetiva ou relativa que a teoria científica, nem necessitaria ser mais científica em si.

É indubitável a crucial importância do papel desempenhado por Richard Rorty no processo de resgate do pensamento pragmatista levado a cabo nas duas últimas décadas do século XX. Sua liderança vem sendo vital no contexto do surgimento e encorajamento do movimento neopragmatista e dos novos autores que o constituem. Do mesmo modo, ele ocupa posição central no desenvolvimento de novas aplicações do método pragmatista, e não apenas no âmbito da filosofia, mas também em várias outras áreas do pensamento. Pode-se dizer que Rorty é um pragmatista justamente nesse sentido — no sentido de revitalizar o estudo do pragmatismo e "pragmatizar" suas aplicações. Mas apenas nesse sentido. No sentido de estabelecer uma continuidade do pragmatismo com base nos três elementos que o caracterizam em sua origem — o antifundacionalismo, o conseqüencialismo e o contextualismo – Rorty não pode ser considerado de fato um pragmatista. Como vimos, isso se faz perceber particularmente na exacerbação de seu antifundacionalismo em detrimento das duas outras características que definem o pragmatismo clássico. Exemplos concretos disso são a substituição da idéia de experiência pela de linguagem e a formulação de uma abordagem anti-realista que nega uma importante faceta do pragmatismo original.

Na verdade, o próprio Rorty afirma que a sua nova versão do pragmatismo não tem a pretensão de ser estritamente fiel aos pensamentos de Peirce, James e Dewey — sobretudo os de Peirce, que ele raramente menciona de forma direta. Assim, talvez não seja exagerado afirmar que a sua filosofia (ou antifilosofia, como ele mesmo parece preferir) se apresenta simplesmente como uma reformulação idiossincrática de alguns dos temas levantados no começo do século XX por James e Dewey, de modo que Rorty seria menos um pragmatista que um pós-modernista.

6.2 MODELO DE SBRAGIA DE CLIMA ORGANIZACIONAL

Sbragia (1983), num estudo empírico sobre o clima organizacional em instituição de pesquisa de natureza governamental, utiliza um modelo contendo vinte fatores/indicadores. Além de conformidade, estrutura, recompensas, cooperação, padrões, conflitos e identidade, há os seguintes fatores/indicadores:

- **Estado de Tensão:** descreve o quanto as ações das pessoas são dominadas por lógica e racionalidade antes do que por emoções;
- **Ênfase na Participação:** descreve o quanto as pessoas são consultadas e envolvidas nas decisões; o quanto suas idéias e sugestões são aceitas;
- **Proximidade da Supervisão:** descreve o quanto a administração deixa de praticar um controle cerrado sobre as pessoas; o quanto as pessoas têm liberdade para fixar seus métodos de trabalho; o quanto as pessoas têm possibilidade de exercer a iniciativa;

- **Consideração Humana:** descreve o quanto as pessoas são tratadas como seres humanos; o quanto recebem de atenção em termos humanos;
- **Autonomia Presente:** descreve o quanto as pessoas se sentem como seus próprios patrões; o quanto não precisam ter suas decisões verificadas;
- **Prestígio Obtido:** descreve a percepção das pessoas sobre sua imagem no ambiente externo pelo fato de pertencerem à organização;
- **Tolerância Existente:** descreve o grau com que os erros das pessoas são tratados de forma suportável e construtiva antes do que punitiva;
- **Clareza Percebida:** descreve o grau de conhecimento das pessoas relativamente aos assuntos que lhes dizem respeito; o quanto a organização informa as pessoas sobre as formas e condições de progresso;
- **Justiça Predominante:** descreve o grau que predomina nos critérios de decisão; as habilidades e desempenhos antes dos aspectos políticos, pessoais ou credenciais;
- **Condições de Progresso:** descreve a ênfase com que a organização provê a seus membros oportunidades de crescimento e avanço profissional; o quanto a organização atende suas aspirações e expectativas de progresso;
- **Apoio Logístico Proporcionado:** descreve o quanto a organização provê às pessoas as condições e os instrumentos de trabalho necessários para um bom desempenho; o quanto a organização facilita seus trabalhos principais;
- **Reconhecimento Proporcionado:** descreve o quanto a organização valoriza um desempenho ou uma atuação acima do padrão por parte de seus membros; o quanto os esforços individuais diferenciados são reconhecidos;
- **Forma de Controle:** descreve o quanto a organização usa custos, produtividade e outros dados de controle para efeito de auto-orientação e solução de problemas antes do policiamento e do castigo.

Apresentamos uma relação entre linguagem pesquisada em clima organizacional, estratégia oriunda de diversos paradigmas relevantes, e buscamos realizar nossa interpretação para interação dos conceitos de linguagem de clima organizacional, estratégia e a teoria do caos.

Quadro 8 – Clima (Linguagem) *versus* Estratégia *versus* Teoria do Caos

Linguagem pesquisada (Modelo Sbragia)	Conseqüências da Estratégia sobre o Clima Organizacional	Influência do Clima Organizacional sob a Ótica da Teoria dos Caos
Estado de Tensão	Estratégia é a determinação dos objetivos básicos de longo prazo de uma empresa e a doação. Chandler (1962)	A ordem mascara o caos.
Ênfase na Participação	Estratégia é um conjunto de regras de tomada de decisão em condições de desconhecimento parcial. Ansoff (1965)	Conceito de complexidade proposto por Morin. "*Estar apto para reunir o máximo de certeza para enfrentar a incerteza*".
Proximidade da Supervisão	Estratégia é o forjar de missões da empresa, estabelecimento de objetivos à luz das forças internas e externas, formulação de políticas específicas e estratégias para atingirem objetivos. Steiner & Miner (1977)	Interdependência não linear e complexa entre as forças internas e externas.
Consideração Humana	Estratégia supõe a descrição dos padrões mais importantes para a obtenção de recursos e interação entre pessoas. Hofer & Schandel (1978)	Estrutura não linear de acontecimentos que influencia e o restringe os recursos e seu uso, especialmente, os recursos humanos.
Autonomia Presente	Criar uma posição defensável através de forças competitivas. Porter (1986)	Auto-organização espontânea, trocando energia com o meio ambiente.
Prestígio Obtido	Estratégia é um modelo ou plano que integra os objetivos, as políticas e a sequência de ações num todo coerente. Quinn (1980)	Leis simples podem ter consequências complexas ou imprevisíveis, e causas complexas podem produzir efeitos simples.
Tolerância Existente	Estratégia é uma força mediadora entre a organização e o seu meio envolvente. Mintzberg (1987)	Administradores alternam, continuamente, os sistemas e as estruturas organizacionais, evitando sua desintegração.
Clareza Percebida	A única vantagem competitiva sustentável é a capacidade de aprender mais rápido e melhor que os concorrentes. Senge (1990)	Os problemas de hoje vêm das soluções de ontem e, provavelmente, a saída mais fácil nos leva de volta para dentro.
Justiça Predominante	O desempenho aumenta com o desenvolvimento das unidades de negócios ou criando centrais de competência, e compartilhamento de conhecimentos. Hamel & Prahalad (1994)	O caos predominante torna impossível a dissociação entre conteúdo da estratégia e processos associados à contínua mudança ambiental.
*Abordagem anti-realista	Os essencialistas querem dar definições; os antiessencialistas dizem: "*Não! O problema é muito complexo para que se possa definir, trata-se de um jogo infinito de diferenças etc.*". Existe uma batalha estéril entre aristotélicos e derrideanos (de Jacques Derrida). Richard Rorty (1997)	A identidade virou objeto de fetiche. Os intelectuais nos EUA passam 90% de seu tempo falando sobre identidade, isso não tem ligação com uma disciplina política, é uma espécie de preocupação estética entre identidade e direitos. A teoria do caos não apresenta linearidade.

* Não é parte do Modelo proposto por Sbragia

6.3 GUERREIRO RAMOS E A PROPOSTA DE UMA NOVA BUSCA DE SENTIDO

No contexto do mundo do trabalho na modernidade (HOYOS & DIB, 2005) – com o desenvolvimento da automação, da racionalização do trabalho e dos estilos burocráticos de administração – os efeitos da perda de sentido vêm afetando diretamente o dia-a-dia das pessoas e empresas produzindo *stress* físico e intelectual e doenças afetivas que terminam minando a saúde pessoal e organizacional. Por outro lado, o surgimento de um novo perfil de trabalho e trabalhador mais criativo e empreendedor, no final do século passado, está fazendo com que se procure de alguma maneira neutralizar os efeitos de tal perda de sentido, uma vez que a des-razão e alienação progressiva induzida na e pela sociedade de consumo, parecem não mais satisfazer aos anseios do ser humano e a sociedade que começa a despertar para a importância de uma qualidade de vida atrelada necessariamente a um estilo de vida mais harmônico e um desenvolvimento mais sustentável. Após se questionar sobre o como e para quem no mundo do trabalho, surge o por que, e para quê?

As empresas como organismos vivos multicelulares estão se tornando interna e externamente mais permeáveis como resultado dos processos de globalização e os acelerados avanços nas TIC's (Tecnologias da Informação e Comunicação), que fazem parte desse despertar individual e coletivo, e, aos poucos, estão percebendo a importância do sentido da vida nos ambientes de trabalho por parte de seus líderes, gestores e demais funcionários; e existem organizações que realmente estão buscando meios para que seus *stakeholders* possam encontrar respostas para suas perguntas mais profundas, buscando motivação para a vida, de modo que possa haver uma integração da vida e dos desejos pessoais que se desenrolam no cotidiano dos locais de trabalho. Quando se reúnem para redefinir sua missão, visão e valores, ou quando pensam no *triple bottom line*, como base do seu planejamento estratégico, ou promovem a ética e a responsabilidade social para além do objetivo mercadológico, as organizações estão tentando se adaptar a uma nova ordem com uma nova consciência, mesmo sem querer ou sem saber.

Dizia Guerreiro Ramos: *"as múltiplas inovações sociais que surgem nos Estados Unidos com propósito* **To beat the system**, *ilustram a vitalidade da sociedade norte-americana, em busca de uma nova forma institucional de seu processo de produção, num momento em que os sinais de colapso do Welfare State parecem inequívocos"*.

Quadro 9 – Uma proposta de Guerreiro Ramos

Posições essenciais em relação aos elementos abordados	A ideologia funcional	As conseqüências emersas da ideologia	A realidade verídica e a solução prévia
A postura metodológica do cientista social	Alienação, dogmatismo, sincretismo e a inautenticidade do sociólogo.	A criação de uma ideologia mítica que desvia o exame crítico do sociólogo. O descumprimento das verdadeiras funções de um sociólogo.	Necessidade do engajamento, do cientista social, em sua realidade atual.
A origem do produto histórico da ciência social latino-americana	A não-contribuição das teorias políticas vigentes entre 1870 a 1957. A inclusão de pensamentos estrangeiros nos estudos das ciências sociais.	Criação de uma sociologia que abomina as condições efetivas das estruturas regionais e nacionais.	A visão das condições estruturais regionais e nacionais. A inserção de uma política emancipadora e cultural aos estudantes. A metodologia sociológica e o acompanhamento do desenvolvimento dos países latino-americanos. A redução sociológica.
A estagnação ideológica das ciências sociais e os problemas brasileiros	O conseqüente conformismo do cientista social e a nulidade da sociedade remanescente de fases ultrapassadas da evolução político-social, no Brasil.	A escassez de resoluções aos problemas brasileiros, conseqüentes de uma política fraca. Aparecimento de novos fatores que condicionam a vida do país.	O emprego racional da Administração política. A evolução social proposta pela Administração Pública. A conscientização da situação atual do país, por parte da sociedade existente.

Fonte: Elaboração da autora por adaptação.

Quadro 10 – Características de um modelo de burocracia para nações emergentes

Funcionais (F1-8)	Comportamentais (C1-4)	Estruturais (E1-6)
F1 – Multifuncional (amplo escopo). F2 – Funções mistas (resultantes do tipo misto de autoridade). F3 – Legitimidade. F4 – Estimulante de participação. F5 – Empresarial e inovativo. F6 – Integrativo. F7 – Planificante (incluindo desenvolvimento da comunidade). F8 – Funções do Sistema de Comunicação.	C1 – Flexibilidade (correlativo comportamental de F1,5,7). C2 – Lealdade (correlativo comportamental de F2,3,4,6,8). C3 – Simultaneamente persuasivo e emissor de ordem (correlativo comportamental de F4). C4 – Empresarial e inovativo (correlativo comportamental de F5).	E1 – Burocracias múltiplas e flexibilidade organizacional para novas tarefas (correlativo estrutural de F1). E2 – Critérios de difusão *versus* critérios de especialização (correlativo estrutural de F2,3). E3 – Adaptação *versus* controle (correlativo estrutural de F4,5) E4 – Generalista *versus* especialista (correlativo estrutural de F6). E5 – Recrutamento para múltiplas tarefas, lealdade (correlativo estrutural de F1, 2). E6 – Organização territorial multi-internacional (correlativo estrutural de F3,6,7,8)

Fonte: Elaboração da autora por adaptação.

A tarefa de construção de um sistema de remuneração estratégica começa, portanto, pela quebra do antigo paradigma e pela edificação de um novo. O primeiro passo para alterar o sistema de remuneração é construir o consenso de que é importante ampliar a gama de formas utilizadas, reconhecendo que essa variedade é consistente com as exigências do novo ambiente de negócios. A tarefa de desenvolvimento e implantação de um sistema de remuneração estratégica é complexa e exigirá sensibilidade – para realizar um diagnóstico correto das características da organização – e preparação conceitual – para construir e apoiar a implantação. À luz das considerações acima, destaca-se que o atual sistema de remuneração está em processo de mudanças, que a política de remunerar por cargos deve começar a ser substituída por outros modelos e que o desempenho individual ainda é o critério mais utilizado para se definirem diferenças salariais, contrariando as tendências atuais de valorização do trabalho em equipe. Nota-se, através deste estudo, que a remuneração estratégica configura-se não somente como desejável, mas também tende a se tornar um imperativo para as organizações que desejam sobreviver e prosperar. Assim, o presente estudo mostrou ter contribuído para destacar a importância desse tema e despertar o interesse pela evolução de técnicas atuais a serem mais utilizadas como instrumento de remuneração ascendente nas organizações e pós- moderna, neopragmatista.

6.4 HISTORICISMO, HOLISMO E CONTEXTUALISMO EM GESTÃO DE PESSOAS

No Brasil contemporâneo, a indústria do *"Management"*, Wood (1999) levou à deglutição indistinta de idéias e modelos gerenciais, às vezes de modo frustrante e desastroso. Este ensaio propõe a reflexão sobre quatro pilares de análise:

1. a reflexão sobre a construção social emancipadora;
2. a totalidade do campo do gerenciamento que ultrapassa os estreitos limites da realidade convencional promulgada pelos executivos;
3. as contradições e inconsistências culturais e simbólicas; e, finalmente,
4. a práxis representada pela obra de Ramon Garcia.

Este ensaio objetiva estabelecer uma passagem compreensiva das fronteiras clássicas do estudo das organizações, reexaminando paradigmas e contextos, reafirmando a possibilidade de uma prática revigorante para novos conceitos emergentes que estabelecem uma crítica às perspectivas limitadas de uma "ordem negociada". A tarefa não é irrealista ou utópica; ao contrário, precisa ser enfrentada por pesquisadores rigorosos que conciliem, ou tentem reconciliar, o exame da situação social e sua reconstrução pelas pessoas envolvidas, pelo desenvolvimento de sistemas de participação emancipatória, nas organizações. Este ensaio tem dois propósitos essenciais que justificam a sua apresentação: a primeira intenção é, na esfera dos sentimentos e da admiração, relembrar aos que o conheceram e falar aos que o desconhecem, hoje, no mundo acadêmico e gerencial do Brasil, esse pensador autêntico da nacionalidade e da transnacionalidade, Ramon Moreira Garcia, homem de seu tempo, mas cuja vida e obra nos alcançam na contemporaneidade, propor uma releitura de sua obra e, conseqüentemente, da obra de Alberto Guerreiro Ramos, buscando construir um novo e mais autêntico modo de pensar sobre o gerenciamento pós-moderno, sobretudo em nosso país e na América Latina. Um modo mais próximo à raiz desses povos e, sobretudo, emancipador, multicêntrico, reticular. A segunda intenção é discutir a organização concreta como fenômeno de múltiplos níveis baseado em contradições que solapam sua apresentação e formato. Nossa análise será guiada por quatro pilares básicos: construção social e histórica, busca da totalidade conceitual, contradição e prática, processos pelos quais as organizações são criadas e se mantêm.

Qualquer esforço para mudar a sociedade deve passar pela dimensão da mudança organizacional alternativa, pelo exame da cultura organizacional e seu simbolismo.

> *A institucionalização de uma sociedade multicêntrica está agora em processo, em termos dispersos e incompletos. Talvez venha a malograr, ou, por outro lado, pode ganhar impulso, com a nossa compreensão cada vez maior dos deformadores traços externos gerados pela sociedade centrada no mercado. Em qualquer caso, o futuro será moldado, ou através, da mera aceitação passiva das circunstâncias pelos agentes históricos, ou através de uma criativa exploração, por esses agentes, das inigualáveis oportunidades contemporâneas. Muito provavelmente, através de ambas as formas, terão eles influência...Podemos estar agora num similar estágio incipiente de institucionalização, de que pode emergir uma alternativa para a sociedade centrada no mercado – a sociedade multicêntrica, ou reticular.* (RAMOS, **A nova ciência das organizações**)

A realidade é sempre algo mais do que os nossos conceitos são capazes de representar.

Para Weber (1973;101), "*a significação dos pontos de vista empregados de maneira irrefletida torna-se incerta, e a rota se perde no crepúsculo. À luz dos grandes problemas culturais desponta novamente. Também a ciência se apressa, então, a mudar sua posição e seu aparato conceitual e a contemplar o fluxo do acontecer desde as alturas do pensamento*". Para Weber, a realidade é um eterno fluir, irracional, caótico, de acontecimentos e processos que ocorrem simultânea e sucessivamente. Tanto "dentro" como "fora" de nós mesmos novos interesses e novos pontos de vista é que recortam partes deste fluir, emprestando-lhe significados simbólicos. *"A vida em sua realidade irracional, e em seu conjunto de significações possíveis, é inesgotável"* (1973, p. 100). Weber formula seu conceito de tipo ideal como um constructo situado entre a riqueza e a multiplicidade sempre irrepetível do mundo empírico e a abstração do universo conceitual. Neste sentido, entendemos que a investigação emancipadora é um tipo ideal. Parece-nos que a Teoria Organizacional já acumulou razoável produção científica para que não mais exista lugar para os radicalismos, seja em direção do empirismo extremado do positivismo vulgar, seja em direção aos ideologismos, ambos geradores de controvérsias, tão inúteis, quanto desnecessárias. Torna-se, portanto, tarefa dos estudos metodológicos encontrar e desenvolver uma classificação metodológica que possibilite a comparação e a avaliação dos paradigmas existentes, mas, e sobretudo, é importante que a discussão metodológica propicie as condições de ampliação das teorias organizacionais existentes, através do exame de suas premissas básicas e da lógica interna de sua explanação científica, e da crítica axiomática.

Em razão deste propósito, importa caracterizar a ciência como um empreendimento racional que se dá historicamente, importa buscar um critério de demarcação que distinga a ciência de outros empreendimentos humanos e, sobretudo, é necessário circunscrever o "problema" ideológico e possibilitar um enfoque crítico, emancipador. Estes passos se constituem nas premissas de identificação dos paradigmas que permitem à Teoria Organizacional se articular como empreendimento científico. Porém, a simples identificação dos paradigmas apenas inicia o trabalho metodológico que se propõe dar conta das fronteiras destes paradigmas e, de modo crucial, tenta ampliar os limites impostos às teorias organizacionais, propondo modos alternativos de pensar multicêntricos. Contemporaneamente, não é possível discutir a objetividade, senão através da exposição discursiva e detalhada dos métodos de objetivação.

A epistemologia das ciências contemporâneas reconhece que a observação científica é sempre uma observação polêmica que, ao confirmar ou infirmar uma tese anterior, um esquema preliminar, um plano de observação, hierarquiza as aparências, transcende o imediato, reconstrói o real. O conhecimento reveste a realidade soberanamente. Uma rede de compromissos, tanto metafísicos quanto metodológicos, diz aos cientistas que tipos de entidades o universo contém ou não contém, determinando que leis últimas e explanações fundamentais terão validade. Teorias, métodos, padrões de pesquisa encontram-se amalgamados de um modo, usualmente, inextricável.

A grande tese de Bachelard substitui a historicidade da cultura pela organização da cultura. E o mundo destruído pela dúvida universal de Descartes pelo mundo retificado. "*L'universe cartésien pourrait dire au philosophe: tu ne me retroverais pas si tu m'avais vraiment perdu*" (*Ob. cit.*, 1966, p. 51).

Bachelard, Popper, Kuhn, e em geral todos os estudiosos dos problemas epistemológicos e metodológicos contemporâneos, têm afirmado que as ciências amadurecidas fazem de seu métodos um estratagema de novas aquisições e não perdem sua estabilidade fundada num consenso sobre algumas regras de objetividade científica. "*C'est que tout crise profonde dans la méthode est immédiatement une conscience de la réorganisation de la méthode*" (BACHELARD, *ob. cit.*, 1972, p. 42). 1 Adorno (**Sobre la metacrítica de la Teoría del Conocimiento**, 1970) afirma que, para ser tolerado, o conhecimento deve exibir uma identidade, em uma remissão aos dados futuros.

Bourdieu, procurando ultrapassar os debates acadêmicos que se travam sobre a aplicação do método das ciências exatas às ciências humanas, submete a prática científica a uma reflexão aplicada, não à ciência feita, mas, à ciência em processo. Bourdieu limita-se a afirmar que a construção do objeto científico pode ser bem representada pelo modelo ideal weberiano que se apresenta como verdadeiro guia para a construção de hipóteses científicas. Qualquer modelo teórico deve, portanto, ser reconhecido pelo seu poder de ruptura e seu poder de generalização, ambos inseparáveis. Neste ponto, o valor de um modelo formal decorre como função do grau de observação dos preâmbulos epistemológicos da ruptura e da construção. Esta hierarquia dos atos epistemológicos condena o intuicionismo, o formalismo e o positivismo que dissociam as operações de pesquisa. A epistemologia contemporânea, portanto, se dá no interior das ciências. Crises e conflitos se produzem em conseqüência da marcha interna das construções dedutivas ou da interpretação de dados experimentais, tornando necessário submeter à crítica os conceitos, métodos ou princípios utilizados, até determinar-lhes seu valor epistemológico. As teorias, para Popper, são redes que lançamos para colher aquilo que chamamos "o mundo" para racionalizá-lo, explicá-lo e dominá-lo. E tratamos de obter uma malha cada vez mais fina. A lógica do conhecimento científico procura construir uma teoria das teorias. Não é possível negar que toda a epistemologia moderna é dialetizante, de Popper a Piaget.

Bourdieu propõe a desconsideração do ciclo de fases sucessivas de uma pesquisa (observação, hipóteses, experimentação, teoria, observação etc.) de fins meramente didáticos, pela ordem lógica dos atos epistemológicos, ruptura, construção, prova dos fatos, os quais não se reduzem jamais à ordem cronológica das operações concretas de pesquisa.

Esta inseparabilidade é multidisciplinar, indeterminística e, sobretudo, crítica.

En de tels cas, la critique épistémologique cesse de constituer une simple réflexion sur la science: elle devient alors instrument du progrès scientifique en tan qu'organisation interiéure des fondements, et surtout en tant qu'elaborée par ceux-la-mêmes qui utiliserent ces fondements et qui savent donc de quois ils ont besoin, au lieu de les recevoir du dehors à titre de présents généreux, mais peu utilisables en parfois encombrants. (PIAGET, *ob. cit.*, 1967, p. 31)

Guerreiro Ramos (1966) propôs que a burocracia poderia ser um agente ativo de mudanças sociais, pois, nela ocorre a contemporaneidade do não-coetâneo, camadas e grupos distintos estão em diferentes camadas históricas, perspectivas e estratégias, atendendo a um imperativo de dialetização. A totalidade do campo do gerenciamento que ultrapassa os estreitos limites da realidade convencional promulgada pelos executivos: a construção social emancipadora

"*Nenhum profissional carece mais que o administrador de disciplinar sua imaginação a fim de desempenhar o seu papel de agente ativo de mudanças sociais, do desenvolvimento, em suma*" (Alberto Guerreiro RAMOS, 1966). Feyerabend analisou, em **Problems of Empiricism** (1965), a possibilidade de uma teoria cujo conteúdo empírico nada tenha de semelhante a uma teoria existente, possuindo um universo de discurso, completamente novo, servir de teste da teoria dominante. A filosofia da ciência do século XX e, particularmente, a tradição positivista utilizam a distinção entre teoria e observação, não apenas para analisar o sentido e a aceitabilidade de teorias singulares, mas também aplicam esta distinção para analisar as razões da escolha de uma teoria dentre as diferentes teorias em competição. Até, recentemente, assumia-se, tacitamente, que, em virtude de os significados dos termos teóricos de qualquer teoria serem parcialmente determinados pelos termos de observação comuns entre diversas teorias, seria possível compará-las sempre que contivessem o mesmo vocabulário observacional. Neste caso, a preferência por uma teoria seria dada pelo maior grau de confirmação. No caso do significado e da aceitabilidade do vocabulário observacional possibilitaria a solução dos problemas de comparabilidade, mas nada traria de radical, novo, crítico. Nos últimos anos, ocorreu a mudança de ênfase que tornou os problemas da comparabilidade o foco central da filosofia da ciência. Isto decorre do fracasso dos esforços sucessivos de clarificar a distinção entre teoria e observação e das radicalizações de alternativas no cerne desta questão. A objeção mais contundente afirma que os termos observacionais não são tão neutros como se supõe na tradição empiricista e positivista.

Paul Feyerabend, Problems of Empiricism. *In*: R. Colodny (Ed.). **Beyond the Edge of Certainty** (1965, p. 180), declara que os significados dos termos dependem do contexto teórico no qual ocorrem – *"Theories are meaningful independent of observations: observational statements are not meaningful unless they have been connected with theories... it is therefore the observation sentence that is in need of interpretation and not the theory"*.

Assim, a construção social emancipadora depende de assumirmos uma visão dialética fortemente comprometida com o conceito de processo social e emancipador, na prática. A realidade social é um contínuo vir-a-ser, arranjos sociais aparentemente permanentes são temporários, e a atenção teórica deve ser dada à transformação de um conjunto de interpretações para outros. Isto é, em essência, a investigação emancipadora. A construção não é completamente racional, não é um processo puramente meio-fins, mas o que resulta do aprendizado contextual dos relacionamentos. Pessoas, deste modo não totalmente planejado ou coerente, transcendem os limites da interpretação dos presentes arranjos sociais e, propositadamente, lhes dão um novo sentido. Desafiam, assim, visões teóricas consagradas e ortodoxias metodológicas de prevalência corrente (CAVALCANTI, 1999). Não é possível uma Teoria Organizacional que se feche no interior da divisão de trabalho dos executivos.

Lembra Tragtenberg (1989):

A partir da idéia de que o mais competente deve ser promovido, cria-se uma ética das relações hierárquicas – 'o chefe deve ser o exemplo', é um modelo a ser imitado. O chefe 'recebe' uma 'delegação de poder'. Sua autoridade não é, inicialmente, de natureza psicológica, mas puramente hierárquica, sagrada. A investidura na Igreja, ou no Exército, é solene. A empresa cultiva uma liturgia onde os signos são vestuário, mobília e o subordinado vive na dependência do saber e do poder.

A política de 'relações humanas' é excessivamente polida para ser honesta. Vocabulário psicologizante expande-se na área de serviço social como: agressividade, frustração, não-diretividade, animação, psicoterapia e regulação.

O executivo procura identificar-se com os dois campos em luta, capital e trabalho; o fracasso da tentativa leva-o à doença. Os da alta hierarquia identificam-se com o patronato, os supervisores identificam-se com os operários e funcionários administrativos. Procurando adaptar-se às situações novas, os executivos europeus utilizam conceitos criados pelos novos eventos: diálogo, participação. Isto, para a mão-de-obra, não passa de mais um recurso para arrancar maior produtividade.

Enquanto isso, a arte da delegação, a preocupação com a informação, as sutilezas de uma gestão participativa, preocupam a atenção dos bons espíritos. Os executivos treinados em relações humanas preocupam-se em intervir no plano humano e social. Isso cria uma literatura moralizante com colóquios e seminários que mostram como os executivos estão preocupados em criar um papel semimissionário na organização.

Fazer relações humanas é seduzir no sentido estrito do tema; os inquisidores modernos estão convictos de serem portadores de uma mensagem de verdade **(idem)**.

"A empresa, como instituição sociopolítica, coloca a serviço da ideologia, que ela subentende, os técnicos de relações humanas". (idem) Já Faria (2001) enfatiza:

> *No entanto, não se pode fazer do poder o centro das relações sociais, pois, desse modo, ainda que ele esteja em toda parte, acaba-se por colocá-lo em parte alguma. Como sugeriu Bourdieu (1998), 'é necessário saber descobri-lo onde ele se deixa ver menos, onde ele é mais completamente ignorado, portanto, reconhecido'. Por isso, é preciso compreender o caráter simbólico do poder, essa forma invisível de seu exercício que somente pode ser exercida 'com a cumplicidade daqueles que não querem saber que lhe estão sujeitos ou mesmo que o exercem'. É com este sentido, ou seja, é a partir da definição e da realização de interesses específicos por parte de grupos no interior das organizações acadêmicas, fundados em uma racionalidade política e em uma subjetividade psíquica, que se irá percorrer a perspectiva de Tragtenberg.*

Tragtenberg (1989) descreveu esta interação: 1. a não diretividade; 2. a pedagogia da direção; 3. a solução dos conflitos, e 4. a tomada de decisão.

> *O chefe autoritário é aconselhado a ser não-diretivo. A finalidade da política de relações humanas é acentuar essa integração, privilegiando o conformismo. Contra a ideologia do conformismo, os trabalhadores esboçam uma ideologia contestatória e reivindicadora.* (FARIA, J. H. Poder e Participação: a delinqüência acadêmica na interpretação tragtenberguiana. *In*: **RAE, Revista de Administração de Empresas**, v. 4,1 n. 3, jul./set. 2001). *Com 'relações humanas' surge a empresa educadora de homens, pois parte-se da noção de que a experiência das responsabilidades do trabalhador tem valor formativo, mas deixa a cargo da empresa e a seus conselheiros agir sobre os que processam a formação. Relações humanas é um elemento simplificador e idealista, manipulador e realista.*

O óbvio mascaramento dos conflitos e a tomada de decisão apenas técnica levaram a Teoria Organizacional a um intenso impasse, teórico, metodológico e crítico. As contradições e inconsistências culturais e simbólicas da vida organizacional. *"A lei da vida. É preciso comemorar a vida"* (Ramon M. GARCIA).

Wood, T. (1999) constatou que os atores organizacionais aplicam técnicas de gerenciamento da impressão, através do uso de métodos, retóricas, imagens e símbolos, o que, por sua vez, favorece a adoção de modas e modismos e manipulação de símbolos. Portanto, para evitar reducionismos positivistas que consagrariam ainda mais as inconsistências como rotinas, restringindo a complexidade social, precisamos apontar diferenças epistemológicas, de estilo e de construção teórica, sobretudo, em nosso meio brasileiro, marcado pela heterogeneidade de práxis e contradição da realidade histórica.

Passaremos, agora, a descrever, na vida e obra de Ramon Garcia, a pesquisa qualitativa em sua plenitude. Lembrando March (1994), a informação transformada em conhecimento não esclarece os motivos organizacionais, nem explica a inserção da organização na sociedade mais ampla, ou a discussão ampliada de seus objetivos, ou mesmo a proposta de sua modificação. A prática da investigação emancipadora crítica. É muito bom desiludir... desiludir é parar de viver na ilusão. Ramon M. Garcia. Durante as décadas de 1960 a 1980 travou-se, no Brasil, um debate entre dois pólos aglutinadores do pensamento sociológico, voltados para a administração de negócios. De um lado, uma corrente positivista, fortemente apoiada pelo behaviorismo e pelo funcionalismo, cujos principais nomes internacionais eram Etzioni, Cyert, March, Blau, Homans, Katz, Kahn, McGregor, Merton, Parsons, Silverman, Woodward, Thompson e outros, e uma corrente contrária que buscava uma crítica dialética da relação entre o homem e a organização. Talvez, nesta linha, possamos incluir Bendix, Blauner, Crozier, Goffman, Gouldner, Selznick, entre muitos.

É nesse mundo crivado de ideologias e de partidos políticos extremistas que Ramon entra para um curso de especialização em Administração da Fundação Getúlio Vargas em São Paulo – EAESP/FGV – como aluno, em 1968, buscando refletir sobre a integração entre o mundo da terra e a realidade agrária brasileira, pois sua formação básica era agronomia, como engenheiro. Seu interesse maior, políticas públicas. Jovem e entusiasmado pelo gerenciamento empresarial no campo e na cidade, passa a ler Herbert Simon, Max Weber e autores nacionais que buscavam encontrar um eixo autêntico de brasilidade, tais como Mário Wagner Vieira da Cunha e, sobretudo, Alberto Guerreiro Ramos, ilustre brasileiro, professor da FGV e intelectual, e que tivera seu mandato político na Câmara Federal cassado em 1964. Os estudos que se seguiram levaram-no a pensar na crise brasileira vivida nos "anos de chumbo" e nas perspectivas do homem de idéias em seu meio. Durante seu curso, e à medida que sua consciência se abria para a controversa realidade de seu tempo, a questão do controle tornou-se um imperativo a ser abordado. Foi nessa época que a autora do presente ensaio o conheceu. Empolgava-os o estudo metodológico e paradigmático das organizações.

O conhecimento de sociologia, políticas e teorias organizacionais, aliado à formação ecléctica, demandava uma análise multidisciplinar da questão do controle nas organizações. Mario Wagner Vieira da Cunha pode ser considerado o primeiro estudioso do fenômeno burocrático no

Brasil. Seu trabalho clássico: "*A burocratização das empresas industriais*" analisou sob um prisma weberiano o sistema de prêmios e punições do Laboratório de Produtos Terápicos, nome fictício de empresa pesquisada em São Paulo, em meados do século XX: a liderança e a lealdade foram descritas conforme conceitos de Chester Barnard, constatando o autor que as punições eram extensamente disciplinadas, de modo burocrático, já a política de incentivos discrepava para o favoritismo pessoal. Garcia, R. M. "*A via de um guerreiro... com sabedoria e senso de humor: uma Sinopse da obra de Guerreiro Ramos*". Esse texto, redigido em 1982, traz a epígrafe do Fausto, de Goethe: "*no princípio era ação*", descrevendo o diálogo com o mestre em quatro momentos interligados: a) o contato com o filósofo da ação; b) a convivência com o ideólogo da cultura; c) os dias de compreensão ética e estética, sobretudo estética, dos assuntos humanos; d) o aprendizado com o grande articulador de idéias que foi Guerreiro Ramos. Os meados da década de 1970 na EAESP-FGV caracterizaram-se por uma brilhante efervescência intelectual e uma espécie de nacionalismo extremado, em uma arena de debates férteis, numa época que, para usar a expressão de Hannah Arendt, era "*de Homens em Tempos Sombrios*". Ciência e ideologia no campo da administração de negócios travavam um combate estreito, o que pode ser confirmado em Cavalcanti M., 1978. Para análises metodológicas da teoria em trabalhos mais coevos consultar Serva de Oliveira, 1991. Thomas Wood Jr., 1997. Os dias eram passados em extensas leituras ditadas pela temática apaixonante: Max Weber, S. Freud e Karl Marx, os epígonos. Ramon Garcia (1970) dedicou-se a um aprimoramento da questão do controle nas organizações. Tratava-se de desvendar processos de controle. Após esse seu primeiro trabalho acadêmico, seguiu-se uma trajetória marcada pela pluralidade dos temas enfocados e pelos diálogos com Alberto Guerreiro Ramos, na Califórnia, mestre e discípulo. As obras de ambos, de uma lucidez avassaladora, necessitam releitura na contemporaneidade. A obra de Ramon Garcia, de caráter inovador e avançado para seu tempo, pode ser dividida em três grandes tópicos:

 a) Textos teóricos e empíricos, em que faz contribuições ao avanço da teoria das organizações, onde sua temática antecipou, por décadas, o paradigma da complexidade que tem como seu maior sistematizador o cientista francês Edgar Morin;

 b) Textos que discutem novas formas de organização, com agudas reflexões teórico-metodológicas, frutos da pesquisa desenvolvida junto a cooperativas e pequenos produtores rurais que encontraram nas redes sociais de trabalho uma forma organizacional alternativa, multicêntrica, para a produção de alimentos;

c) Conjunto de escritos diretamente ligados às políticas públicas nos quais, com perspicácia e profundidade, aborda a degradação do meio ambiente, as tecnologias novas e devastadoras, a necessidade de harmonização do progresso com o equilíbrio ecológico. Sua ênfase estava em uma proposta alternativa para a formulação de políticas públicas.

Sua grande contribuição ao mundo acadêmico e gerencial está na conceituação da gestão emancipadora, conceito que, no terceiro milênio, é de grande utilidade para as organizações do terceiro setor, e também para as empresas que operam o governo ou mesmo, a iniciativa privada. Sua carreira como professor iniciou-se em 1971, na EAESP/FGV, tendo colaborado como professor do Programa Pós-Graduado em Administração da PUCSP. Participou, ainda, de núcleos de pesquisa da Unicamp, foi consultor da Fundap, colaborou com a Prefeitura Municipal de Osasco-SP, buscando novas bases conceituais para a gestão pública. Todo seu trabalho ainda não foi publicado de forma consistente. Neste tópico do ensaio tentaremos examiná-lo de nova perspectiva. O tema escolhido para análise, nesse período inicial, centrou-se na burocracia e nos procedimentos burocráticos das organizações. Ramon, nesse primeiro estudo, já revela as características que o tornariam um intelectual respeitável. Sua visão é multidisciplinar, reflexo de sua formação eclética. A análise do tema proposto vem acompanhada de rigor metodológico e proposições avançadas sobre os "Mecanismos" do controle que examina de um modo rebelde, lúcido, extremamente objetivo, buscando formas de transgressão e de síntese na década de setenta. Nesse alvorecer temático difuso, Ramon compara, inicialmente, as teorias behavioristas, paradigma do qual logo se afasta por considerá-lo alienante à psicanálise, buscando entender o controle por meio de uma perspectiva psicanalítica, o que pode ser visto como uma verdadeira "revolução" em sua época. Interessava-lhe a questão da ordem social mais ampla e seus reflexos sobre o indivíduo. No modelo behaviorista, como sabemos, a transgressão é vista como residual e maléfica para o sistema social.

Apresentamos, na bibliografia, algumas publicações e pesquisas de Ramon Moreira Garcia (11.02.1939 – 11.01.1995).

O conceito de gestão emancipadora pode ser definido por uma administração autodeterminada por via do diagnóstico emacipador, processo canalizador que auxilia a organização a desvendar sua complexidade, rejeitado práticas de dominação, revendo valores da ação humana, valorizando a autodiagnose, a auto-avaliação e a autogestão no interior da liberdade humana essencial. Freud, Norbert Wiener e Harry Wells, reco nhece que a própria noção de normalidade, ou de transgressão, é de difícil delimitação e entrevê a enorme importância da construção de uma linguagem nova e facilitadora do aprendizado, eminentemente resultante das comunicações entre os grupos sociais. Um autocontrole autogestionário nas organizações é o seu foco. Esse seu primeiro trabalho demarca, de modo inequívoco, as inconsistências dos sistemas teóricos que analisam o controle. Antecipando-se em três décadas à teoria do caos nas organizações, afirma que o acaso está na fonte de toda a novidade, de toda a criação da biosfera, sendo a aprendizagem um processo de formação de novas conexões. Critica Simon e aquilo que comentou, como o "cultivo" de lealdades e valores "positivos" para a organização. Antevê o avanço cibernético com "satânicas fábricas sombrias" destituídas de gente, de tal forma que, realizada essa transformação tecnológica, o ser humano médio não teria nada para vender e nem encontraria comprador para a sua força de trabalho, generalizando-se o desemprego.

Ramon procura uma resposta para a sociedade, afirmando a necessidade de superar a era da compra e venda, por uma nova etapa comunitária e de valoração do humano nas organizações. Para tanto, é necessário entender a complexidade, não negando a importância fundamental da estrutura econômica, mas procurando remontá-la a partir das atividades que a engendram com base nas comunidades de trabalho cooperativado. Toda sua obra posterior seguiria esse debate marcado pela contradição entre o momento da estrutura, da necessidade e da manutenção de padrões e o momento da liberdade, da criatividade, da variação e da transgressão. Os diferentes ajustamentos estratégicos e uma trajetória auto-regulada em uma organização flexível buscavam ampliar a compreensão da organização. Ramon opõe-se, em seus textos, ao administrador que aplica a problemas novos os velhos regulamentos, pensando que propicia ordem às organizações.

*"**Ordem é a lei da complexidade-retroação. Ordem é o progresso. Ordem é um processo dialético de gêneses que se orienta para a formação de uma nova estrutura, por sua vez, ainda não finalizada, porque contém novas contradições por resolver. Ordem, enfim, é o devir. A verdadeira ordem imprime ao mundo novas formas de existência**". Com isso, Ramon se dá conta do verdadeiro erro epistemológico que consiste em uma estrutura sem gênese, ou naquilo que Piaget chamou geneticismo sem estrutura. No princípio da década de setenta Ramon precisava sair do Brasil, pois a perseguição política às pessoas que se opunham ao governo militar estava se acirrando. Ramon temia ser preso. Muitos dos seus amigos e conhecidos já estavam presos ou sendo presos. Nessa época ele lia muito, discutindo com as pessoas e não se intimidando com os cargos que ocupavam ou com sua posição política. Diante das circunstâncias, aproveitou a oportunidade que lhe foi oferecida pela FGV para ir à Califórnia e estudar Políticas Públicas na USC, com bolsa de estudos da Usaid. Ali, ao iniciar seu mestrado, conviveu com muitos estudantes de países do terceiro mundo, principalmente hindus. Entrou em contato com o*

professor Guerreiro Ramos que, daí por diante, passou a considerar como seu mestre e seu "pai". Rapidamente percebeu que lhe faltava mais cultura geral e, com o incentivo recebido de Guerreiro, passou a ler muito, sobretudo os clássicos. Quando voltou dos Estados Unidos, em 1979, trazia mais de três mil livros que tiveram de ser embarcados em navio. Esse período americano na USC foi muito feliz: com sua esposa e sua filha, Luciana, viajaram para conhecer os Estados Unidos. As visitas à casa de Guerreiro Ramos eram freqüentes, lá encontrava o mestre, vestido com roupas exóticas que, dizia, faziam-no voltar às raízes, numa profusão de tons de amarelo, alaranjado e vermelho, usando um chapéu afro que combinava bem com seus cabelos grisalhos e a pele escura. Assim, fumando um cachimbo em uma sala iluminada somente por abajur.

Trecho extraído de manuscrito de Ramon M. Garcia (1970), rascunho de sua dissertação de mestrado.

Ramon falava isto, compulsivamente, no seu dia-a-dia um abajur, Guerreiro recebia Ramon parecendo um príncipe africano, e as discussões prolongavam-se pelas tardes adentro. Dois perdigueiros, um de pêlo claro e outro de pêlo escuro, comportados, mansos e companheiros, observavam de longe aqueles homens pensando as questões do gerenciamento e da história do seu tempo. Em meio ao exuberante jardim, com muitas árvores e vasos pendurados, Los Angeles parecia distante, e a discussão imemorial, atemporal, quase eterna, era um desafio para o jovem aluno que, às vezes, discordava e argumentava com o mestre. Seus trabalhos, ele os escrevia à mão, em inglês e, se tinha dúvida em alguma palavra, colocava um "s" (*spelling*, ortografia) que sua esposa, após consulta ao dicionário, corrigia e batia à máquina, cuidadosamente. A vida na USC foi sempre muito profícua. Intelectualmente, o estudo de Políticas Públicas o estimulava: passava as noites lendo e escrevendo, sonhando, talvez, voltar ao Brasil e aplicar aqui os conhecimentos adquiridos. Buscava respostas. Após a conclusão do mestrado, inscreveu-se no doutorado da UCLA. Contudo, apesar de sua extrema dedicação, entristeceu-se por estar num curso voltado para empresas capitalistas, no qual não podia pensar os problemas brasileiros. Além disso, sentia-se desconfortável na redação de sua tese. Queixava-se freqüentemente a Guerreiro Ramos, com o qual continuava a manter contato. Os trabalhos que redigiu na UCLA, apesar de muito bons, sempre foram vistos como polêmicos por seus professores. Isso o deixava tenso, e o nervosismo acumulado, aliado ao desencanto com o doutorado, fez com que se decidisse a voltar para o Brasil. Em seu último endereço na Califórnia, Ramon cultivava um vaso de xaxim, com uma planta que os brasileiros chamam de dólar, ou dinheiro em penca. Na última visita que fez à casa de Guerreiro Ramos, antes de voltar à pátria, levou essa planta, escolheu o tronco de uma bela árvore que Guerreiro tinha em seu quintal, e ali a deixou, como uma lembrança muito bonita e verde. Era um presente simbólico para aquele que o orientou em tantos momentos, sentado em um cadeirão que tinha espaldar muito alto, quase um símbolo do desafio que propunha a seu discípulo brasileiro, inquieto, filho de uma dura realidade. Nos Estados Unidos, lendo Albert Camus, dera-se conta de que o trabalho sem alma destrói a existência e, assim, passou a defender o movimento cooperativo como uma forma superior de manifestação cultural no Brasil. Igualmente, as leituras de M. Dalton sugeriram o dilema gerencial de não apenas prover o controle, mas também estimular o crescimento e a evolução social. Passou a entender a ordem social como um processo dialético de formação de novas estruturas. Ou seja, a verdadeira ordem impregna o mundo com novas formas de existência. A ordem é o futuro emergente, com sua heterogeneidade tão relevante num mundo brasileiro, formado através de incrível cruzamento cultural. Essa visão dialética é probabilística, simbiótica, algo que advinha de suas leituras de Magoroh Maruyama e outros filósofos sincretistas. Desejava uma América Latina liberta.

Suas leituras antropológicas, filosóficas, políticas, levaram-no a escrever um *réquiem* ao neoplatonismo, com a sua concepção de um mundo perfeito e imutável. A verdadeira estratégia do homem, concluía Ramon, é a estratégia da flexibilidade. Perante a história, o ser humano vive num concreto estado de tensão entre as forças de um equilíbrio dinâmico, não-linear em relação ao futuro, e aquelas forças que, em direção oposta, obstruem seu desenvolvimento e impedem a vida em comunidade. Desse modo, Ramon passa a acreditar na possibilidade de maximização dos poderes humanos através do contínuo exercício da faculdade de mudar, transformando o seu tempo, mobilizando melhor os recursos e, sobretudo, conhecendo melhor suas próprias qualidades substantivas como seres humanos pertencentes a uma comunidade autogerida, capaz de evolução. As leituras da obra de Guerreiro Ramos são intensas nesse período. Ramos, G. Administração e Estratégia de Desenvolvimento (1966, p. 245), *"não basta dizer a verdade – observou Brecht – é necessário indagar nas mãos de quem ela se torna eficaz"*... sem dúvida, o pressuposto do modelo em apreço é o de que a burocracia pode ser agente ativo de mudanças sociais. Mas, sob que condições?... no Brasil, o retrato literário do burocrata foi realizado por Lima Barreto, em Recordações do Escrivão Isaias Caminha... uma organização burocrática). Na volta ao Brasil, Ramon Garcia retomaria suas aulas na EAESP-FGV, preocupado com a emergência de uma nova ciência das organizações, com um perfil emancipador para as empresas brasileiras. Nesse período, consolida-se, em sua vivência acadêmica, o paradigma da coerência entre o agir e o pensar. Seus estudos, agora amadurecidos, permitem-lhe a visão da terra, a consciência da imensidão do país e da multiplicidade de conceitos teoricamente inexplorados: o cooperativismo, a emancipação, as redes de apoio às atividades de trabalho.

Sua volta ao país significou, também, a retomada de seus contatos políticos, sabendo perfeitamente que jamais trabalharia em uma multinacional ou no mercado convencional. O sofrimento passado na UCLA, irritado com seus professores e com a visão capitalista do mundo, aliada à manipulação de controles sociais, acabou por prejudicar a sua saúde e, depois de um enfarto sofrido em 1982, não mais conseguiu escrever sua tese de doutorado. Um pesadelo que não mais podia enfrentar. A tristeza causada pela morte de Guerreiro Ramos, em 1982, agravou ainda mais esse quadro de inconformismo, pois, agora, estava órfão. Foi nesse momento que considerou a importância crucial de ter sido discípulo de um dos autores mais eminentes na área da sociologia organizacional brasileira.

A falta do mestre impõe-lhe, agora, que o substitua. Ele, que havia sido um de seus melhores discípulos. Inicia-se o período mais profícuo de sua produção científica. Finalmente, havia encontrado a "alma" de suas pesquisas. Como escrevera certa vez a seu mestre, havia entendido que toda a sua produção anterior era *soulless*, pois, agora, o Brasil aparecia em seu Michael Crozier, uma organização que não chega a corrigir-se em função de seus erros... o "pathos metafísico" está presente na teoria weberiana de burocracia... informa Juarez Brandão Lopes, em sua pesquisa que realizou tanto em Sobrado como em Mundo Novo (duas cidades do interior de Minas), inicialmente, as indústrias tentaram controlar a direção dos sindicatos locais (1950)... em toda parte, na burocracia, ocorre a

> *contemporaneidade do não coetâneo, camadas e grupos distintos, dela integrantes, estão em diferentes, idades históricas, em diferentes perspectivas, adotam diferentes estratégias... o papel da burocracia na modernização e no desenvolvimento está sujeito a condicionamentos políticos. A eficácia social de toda burocracia é função da estrutura de poder...*

A burocracia, intrinsecamente, não é nem positiva, nem negativa, suas características refletem o meio social geral... é inconcebível o desaparecimento da burocracia no futuro... as burocracias poderiam ser definidas como estratégias institucionalizadas... segundo as escassas investigações de que dispomos, as formas de burocracia estrutural dominante no Brasil podem ser denominadas patrimonialistas... a análise sistemática das camadas da burocracia atende a um imperativo de dialetização... não existe burocracia dirigente... segundo um ponto de vista diacrônico, a burocracia eleita, ou propriamente política, e a burocracia permanente, do serviço civil, podem tornar-se socialmente eficazes no Brasil. Trabalhos através de uma concretude brutal. Aliados à maturidade de seus conhecimentos havia uma indignação moral e um forte envolvimento com a comunidade e as novas formas de organização. Estava teórica e politicamente avançado praticamente duas décadas em relação à universidade brasileira. Continua, certamente, um autor polêmico, embora a academia reconheça todos os seus méritos. São dessa época trabalhos de enorme importância, tais como "*A base de uma administração autodeterminada: o diagnóstico emancipador*" (1984); "*A Via de um Guerreiro...com Sabedoria e Senso de Humor: uma Sinopse da Obra de Guerreiro Ramos*" (1983); "*Simpósio Guerreiro Ramos: Resgatando uma obra. Primeiro Painel*" (1983). Preocupado com o diagnóstico emancipador e com os processos de conscientização, passa a trabalhar para o enriquecimento das capacidades estratégicas das instituições e afirma que, do mesmo modo que a medicina se faz em estreito contato com o paciente, o diagnóstico emancipador deve resultar da autoconsciência grupal, descrevendo a realidade, rejeitando as miniavaliações, relendo as estruturas globais das sociedades, identificando contextos e transformando criativamente o trabalho. Indignando-se moralmente com a teoria organizacional conservadora, propiciando novas configurações de poder, nova consciência política, novas formas de associações com diferentes tipos de atividades e diferentes meios de ação, eis a nova forma de fazer a ciência da administração. Para Ramon, o homem é um ser autodeterminado, capaz de participar da transformação de seu mundo. Mudando a estreiteza em profundidade. Esclarecendo motivos, ampliando processos sociais em uma visão pluralista e tolerante da sociedade e do compreender humano.

    Como foi assinalado por Lukács, o homem é um homem, no sentido pleno da palavra, quando ele age. A ontogênese recapitula a filogênese do homem, na qual a emancipação da consciência se dá a partir do empenho da espécie em viver como um anti-herói. Neste período Ramon M. Garcia foi influenciado pelas leituras de Lukács, Weber, Arendt, autores que valorizaram intensamente a ação humana num contexto de liberdade. Fausto, ou seja, sem entregar sua alma ao diabo para obter mais sabedoria, mas, ao contrário, agindo em conjunto pela intuição acolhedora, articulada, que exibe um senso estético do mundo. Isto, Ramon aprendera em seu diálogo com Guerreiro Ramos, que cita Fausto ao abrir seu livro intitulado Administração e estratégia do desenvolvimento: "*Só lhe dando um fim, o homem se prova*". A verdadeira trajetória do homem emerge de seus suportes existenciais, comunitários. No gerenciamento das empresas será sempre necessário distinguir entre a ação e a redução. O gerente não é apenas o produto de suas circunstâncias, mas o ativo criador de novas fórmulas organizacionais. Assim sendo, o fluxo vivo das idéias, dos símbolos e dos significados tem uma natureza holística para as organizações. Ramon compreendeu, de modo excepcional, o pensamento de Guerreiro Ramos, um pensamento vigoroso, um compromisso radical com a libertação humana, uma expectativa totalizante e universal da ação, manifestada tanto sincronicamente como diacronicamente. Sincronicamente, pela Comunidade Humana Universal, diacronicamente pelo processo civilizatório universal, e procurou aplicá-lo aos problemas administrativos modernos, combinando-o com a pedagogia do oprimido, do mestre Paulo Freire.

Em um artigo publicado originalmente em 1956 e republicado em 1960 com o título **A problemática da realidade nacional**, Guerreiro Ramos afirmou que a teoria global de uma sociedade é requisito prévio para compreensão de suas partes: não há outro meio para conhecer a realidade social senão participando dela. Nessa ordem de idéias e partindo de um *sum*, eu sou brasileiro, Guerreiro aponta o aspecto fundamental da problemática do Brasil, uma aguda tensão entre forças centrípetas e forças centrífugas, entre a sociedade velha, com seus compromissos no passado, e outra, recente, cujo estilo ainda está por ser criado. Somos e não somos, ao mesmo tempo.

Em 14.04.1964, Guerreiro Ramos solicitou à mesa da Câmara dos Deputados que averiguasse a notícia que acabara de receber: o Comando Revolucionário suspenderia seus direitos políticos, parte de uma série de atos e fatos delituosos que calariam uma nação por vinte anos, estiolando sua intelectualidade. A 16.04.1964 Guerreiro ainda luta, ao lado do ínclito advogado Heráclito Sobral Pinto, em discurso na Câmara, contra a publicação de atos do Comando Revolucionário, sem que haja o parecer da Comissão de Constituição e Justiça.

Era inevitável que, com a reconstitucionalização de 1988, Ramon sonhasse, intensamente com a realização de suas utopias na década de 1990: afinal, era o herdeiro intelectual e político do homem que não calara sua voz em defesa das liberdades públicas, nem mesmo nos momentos mais incrivelmente difíceis. A década de 1990 inicia-se agitada, polêmica indefinida e já globalizada. Ramon teme os efeitos da globalização, considerando que poderiam ser devastadores. Suas reflexões não divergiam da realidade já apontada pelo mestre Guerreiro, pois, em todos os períodos da nossa história, a multiplicidade tendia a reduzir-se a uma duplicidade que resulta numa heteronímia que impede e dificulta a reflexão da nação. Não é sem motivo, como já advertia Guerreiro, que os cidadãos que se aperceberam da heteronímia brasileira foram os que mais se destacaram como homens práticos, tentando romper com o passado e fazer emergir a nova sociedade. Só a práxis pode romper com a alienação, o amorfismo, a inautenticidade do contínuo déficit de ser do brasileiro, na perspectiva do vir-a-ser de uma axiologia negativa, do não-ser-ainda – do não-ser-nunca e jamais realizar seu destino. Fazer a nação apoderar-se de seu destino é o grande compromisso intelectual de Guerreiro Ramos e

Ramon Garcia. Na década de 1990, os projetos de Ramon continuam luminosos, acredita na era do lazer, prega a autonomia das organizações, vê o homem finalmente liberto do trabalho, procura formular planos para desenvolver em nosso país o turismo ecocultural construtivo, uma nova leitura da pátria e de seus costumes. Nessa época, em suas próprias palavras, permanece "jiboiando", como se digerisse os fatos brasileiros e internacionais, interpretando-os.

> *Para ganar la voluntad del pueblo que gobiernas has de hacer dos cosas: la una, ser bien criado con todos, y la otra, procurar la abundancia de los mantenimientos; que no hay cosa que mas fatigue el corazon de los pobres, que la hambre y la carestía.* (CERVANTES)

A proposta de investigação emancipadora é, com certeza, a maior contribuição de Ramon Garcia para implementar a práxis que advém das teorias de Guerreiro Ramos sob a nacionalidade, pois ela permite resgatar o pensamento nacional, sobretudo agora que Ramon não está mais entre nós, cabendo-nos, agora, a tarefa de praticá-la ante um processo de globalização extremamente avançado e excludente dos povos. Sabemos, tal como Guerreiro Ramos (1966) e Ramon Garcia, que *"nenhum profissional carece mais que o administrador de disciplinar sua imaginação a fim de desempenhar o seu papel de agente ativo de mudanças sociais, do desenvolvimento, em suma"* (1966). Este último livro do mestre deixava bem claro, a quem não fosse "insensível" à ironia dos acontecimentos", a inobjetividade das teses dominantes sobre a vida brasileira. Para situar a administração em seu contexto, é fundamental deixar de ser mais um na imensa e solitária multidão a escrever, disfarçadamente, sobre o controle social. É, mais do que nunca, necessário emancipar a investigação, compreendendo, dialogicamente, os fatos e a história dos fatos.

O círculo de vida de Ramon se fechava, a problemática da discussão do controle tornava-o cada vez mais polêmico como autor, como homem de idéias, como intelectual – era "a ovelha desgarrada" entre os sistematizadores dos conhecimentos de ontem, avançando demais para a última década do século XX que se iniciava sob o fantasma, bem real, da reengenharia de negócios e da transnacionalização. Ramon sabia que o futuro é algo que está faltando e que, pela sua própria ausência, revela as condições emergentes da nova sociedade. Ele pensa no mestre, mais do que nunca, dialoga com ele e com Weber, Kant e Platão, com os clássicos, pressente o futuro, entrevê novas etapas de trabalho, mas, em janeiro de 1995, deixa-nos.

Fica o seu legado, a sua coragem e determinação, seu espírito de luta para resgatar o Brasil para sua real identidade. Hoje, somos nós que dialogamos com ele em busca de resposta; são novas gerações de administradores que precisam conhecer o vigor de seus pensamentos. Os projetos de Ramon continuam atuais, as práticas e teorias do terceiro setor emancipam pessoas, resgatam dignidades e as profissionalizam. O país cresceu e se modernizou, mas ainda convive com a bipolaridade que impede o emergir da sociedade multicêntrica que tanto desejamos.

6.5 TEXTO PARA LEITURA E DISCUSSÃO: LIBERALISMO E ANTIMARXISMO: RICHARD RORTY EM DIÁLOGO COM DEWEY E CASTORIADIS[15] (Liberalism and Antimarxism: Richard Rorty in Conversation with Dewey and Castoriadis. RODRIGUES, Alberto Tosi. Laboratório de Estudos Políticos. Universidade Federal do Espírito Santo, Brasil)

RESUMO

Este artigo tem como objetivo formular uma crítica ao antimarxismo de Richard Rorty e à sua defesa do liberalismo político. Procura fazê-lo, em primeiro lugar, descrevendo a crítica filosófica de Rorty a Marx; em segundo lugar identifica duas fontes intelectuais que o auxiliaram na formulação de suas conepções sobre liberalismo e marxismo, John Dewey e Cornelius Castoriadis; e, finalmente, busca apontar as ambigüidades presentes na relação entre Rorty e o legado de Marx.

Marx, sobretudo pelas conseqüências políticas de seu pensamento, é a mais importante referência moderna quando se pensa no estabelecimento de correlações entre a filosofia social e a prática política. Como se sabe, é a teoria da história marxiana que fundamenta sua teoria da revolução proletária e serve de fonte de legitimação intelectual e moral da utopia comunista.

De outra parte, o antiteoricismo de Rorty, tal como expresso em seus textos de intervenção política, não poderia poupar o marxismo da crítica a esta precedência lógica da teoria sobre a ação política. Pois Rorty vê neste tipo de invocação da "teoria" a ação intelectual pela qual o filósofo se coloca em posição de ter acesso à essência do real. Algo como a Teoria, "com T maiúsculo", de que fala Althusser. Critica o teoricismo, portanto, em sua faceta metafísica, que pressupõe, **grosso modo***, que "verdadeiro" é sinônimo de "correspondente ao real" e que o real (e portanto, a verdade) não é acessível senão pela mediação da teoria (e portanto, da filosofia).*

Tomando estes temas como ponto de partida, este artigo apresenta, em primeiro lugar, os termos nos quais Rorty descreve o contraste entre o marxismo e sua própria concepção da mudança política. Em seguida,

---

[15] RORTY, Richard. **Objectivity, relativism, and truth**. Philosophical Papers I. Cambridge: Cambridge University Press, 1991a. p. 178.

discute alguns aspectos do pensamento de Castoriadis e Dewey, em diálogo com Rorty. Em conclusão, propõe o contraste entre o antimarxismo de Rorty e a efetividade democrática do "liberalismo realmente existente".

O ESSENCIALISMO DE MARX E O ANTILOGOCENTRISMO DE RORTY

De um ponto de vista logocêntrico, uma vez que o real é posto sob o controle da teoria, esta se torna o fundamento e a chave da prática política, na medida em que só através dela é possível detectar a natureza última do processo social presente, prever os desdobramentos do conflito político e saber, afinal, a que destino ele está fadado. Assim procede Marx, aos olhos de Rorty.

No procedimento de Rorty, tal como ele próprio o descreve, não faz sentido crer que as instituições políticas de uma dada ordem social ou que o cimento moral responsável pela adesão da Fé a esta institucionalidade – tanto a presentemente existente quanto a desejada para o futuro – devam pressupor uma teoria que as fundamente e justifique. Não é, por exemplo, a teoria democrática que fundamenta a democracia, e portanto, a teoria democrática não é o caminho para a utopia da ampliação e do aprofundamento da democracia liberal. Este caminho, para Rorty, é diretamente acessível aos atores sociopolíticos, à sua prática interativa. E, sobretudo, não se prende a relações de determinação necessárias. Ele é basicamente contingente. A democracia liberal não necessita, pois, de uma justificativa filosófica.

Those who share Dewey's pragmatism [writes Rorty] will say that although is may need philosophical articulation, it [the democracy] does not need philosophical backup. On this view, the philosopher of liberal democracy may wish to develop a theory of the human self that comports with the institutions by reference to more fundamental premises, but the reverse: He or she is putting politics first and tailoring a philosophy to suit.

*Deste ponto de vista, quando Rorty olha para o marxismo, ele vê uma teoria do si próprio humano e da história, construída de modo **ad hoc** com a intenção de fundamentar uma utopia política. Para ele, Marx confunde dois objetos de naturezas distintas – o movimento social e político e o movimento filosófico – construindo entre eles uma relação de determinação arbitrária. Dois objetos, aliás, não apenas diferentes, mas assimétricos em importância. Rorty sustenta que há uma relativa insignificância dos movimentos filosóficos em comparação com os movimentos sociais e políticos. Para ele, misturar socialismo com materialismo dialético é misturar "algo grande" e que envolve esperanças para milhões de pessoas, como o socialismo, com "algo relativamente pequeno e restrito", algo que não passa de um conjunto de respostas filosóficas a perguntas filosóficas, como o materialismo dialético.*

Para o pragmatismo de Rorty, o equívoco teoricista, logocêntrico, deriva por sua vez de outro equívoco: o racionalismo. Salienta que a mistificação da vida cotidiana não terminou com a denúncia da mistificação teológica feita pela razão iluminista. Pelo contrário, ao substituir Deus pela Razão, o Iluminismo deu margem a um novo tipo de mistificação, o racionalismo, que iniciou então o processo de construção das leis naturais, sociais ou históricas que deveriam substituir as leis divinas. Homem preso à tradição cientificista derivada do Iluminismo, Marx estaria perpassado por este viés. A título de ilustração, basta lembrar aqui a passagem de O Capital, em que ele afirma que a diferença entre a melhor abelha e o pior arquiteto é a capacidade deste último de construir um objeto em sua própria mente, antes de torná-lo realidade, isto é, é a capacidade de raciocinar a respeito do que faz e do que fará. A desvinculação, que Rorty propõe-se a operar, entre a prática política e qualquer tentativa de fundamentá-la filosoficamente, de legitimá-la teoricamente, é para ele um esforço de continuidade do desencantamento do mundo iniciado com o advento da modernidade.

Em suma, pode-se dizer que, na cabeça de Rorty, a política de Marx é derivada de sua tentativa filosófica de demonstrar a necessidade objetiva de transformação da realidade social presente, algo acessível apenas pela "descoberta" das leis da história. Só daí resultaria uma comunidade moral superior àquela possível sob o capitalismo. Enquanto que, por outro lado, a política de Rorty, do modo como ele próprio a apresenta, é pragmática, prescinde de fundamentação teórica, e é uma tentativa de estabelecer, comunicativamente, uma comunidade moral melhor sob o próprio capitalismo. Ele propõe um aprofundamento da democracia e da justiça através da reinvenção institucional e da redescrição dos atores sociais e políticos.

Desdobremos um pouco mais a contraposição enunciada no parágrafo acima, para que este ponto fique claro.

É fácil encontrar nos escritos de Marx e Engels passagens em que os autores apresentam como necessário o trabalho de encontrar o modo pelo qual a história humana funciona, para produzir sua crítica do capitalismo. Marx acreditou de fato haver encontrado este mecanismo. Engels, no discurso que proferiu no enterro de Marx, destacou duas descobertas fundamentais realizadas pelo pensador alemão: a lei da história e a lei da mais-valia.

Assim como Darwin descobriu a lei de desenvolvimento da natureza orgânica, Marx descobriu a lei de desenvolvimento da história humana: o fato, tão singelo, mas oculto até então sob o espinhal ideológico, de que o homem necessita, em primeiro lugar, comer, beber, ter um teto e vestir-se antes de poder fazer política, ciência, arte, religião etc; que, portanto, a produção dos meios de vida imediatos, materiais e, por conseguinte, a correspondente fase econômica de desenvolvimento de um povo ou de uma época é a base a partir da qual se desenvolvem as instituições políticas, as concepções jurídicas, as idéias artísticas e inclusive as idéias religiosas dos homens e com relação à qual devem portanto, ser explicadas, e não o contrário, como até então se vinha fazendo.

Mas não é só isso. Marx descobriu também a lei específica que move o atual modo de produção capitalista e a sociedade burguesa criada por ele. O descobrimento da mais-valia iluminou imediatamente esses problemas, enquanto que todas as investigações anteriores, tanto as dos economistas burgueses quanto as dos críticos socialistas, haviam vagado nas trevas[16].

A dialética, para Marx, não era um método de investigação. O materialismo histórico e dialético, tal como Marx o formulara, era para ele a descoberta do modo pelo qual o próprio real se comporta. Para ele, a história comporta-se objetivamente (isto é, independentemente das vontades subjetivas) de modo dialético. A dialética está inscrita no devir do real, assim como os fenômenos naturais descritos pelas leis da física. A história é, essencialmente, dialética.

Esta lei inexorável, resumida acima no discurso de Engels, é descrita, como sabemos, em A Ideologia Alemã: é através do trabalho que o homem muda a natureza, colocando-a a seu serviço. Com seu gênio, com a capacidade de raciocinar que falta aos outros animais, o homem é capaz de aumentar e melhorar os resultados do seu trabalho. O estabelecimento de relações de propriedade aparece, a seguir, como resultante do processo de divisão do trabalho. O desenvolvimento das forças produtivas, a princípio amplificado pelo estabelecimento das relações de propriedade, em determinado momento passa a entrar em contradição com estas mesmas relações de propriedade. Essa é a dialética a partir da qual se abrem os momentos de revolução social e de subseqüente estruturação de uma nova ordem. Nesse processo, trabalho manual e reflexão intelectual jamais se separaram, até o advento do capital.

O predomínio de uma classe social sobre as outras, conforme as relações capitalistas de produção, gerou uma distorção no modo pelo qual os homens tomam consciência da relação entre o mundo material e o mundo das idéias. As relações de propriedade que se estruturam historicamente, **pari passu** *ao desenvolvimento das forças produtivas materiais, na concepção marxiana são a causa da expropriação de uma classe por outra, fato que se torna tanto mais generalizado quanto mais se difunde a divisão social do trabalho. A divisão do trabalho implica a separação entre os instrumentos ou meios utilizados para o trabalho, de um lado, e o próprio trabalho, de outro. Isso significa que nem sempre os homens que possuem os meios para realizar o trabalho trabalham e nem sempre os que trabalham possuem esses meios. Em conseqüência, as grandes transformações pelas quais passou a história da humanidade foram as transformações nas relações de propriedade, isto é, de um modo de produção a outro: da relação de escravidão antiga à de servidão no mundo feudal e desta, finalmente, ao assalariamento moderno.*

---

[16] ENGELS, Friedrich. Discurso ante la tumba de Marx. *In*: **Marx y Engels, en Obras Escogidas**. Moscú: Progreso, 1974. v. III, p. 171-172.

As concepções de mundo são, neste contexto, representações que os homens fazem a respeito de suas vidas, a respeito do modo como as relações sociais aparecem na sua experiência cotidiana. Para Marx, tais representações implicam, num primeiro momento, uma falsa consciência, uma consciência invertida, pois se prendem à aparência e não são capazes de captar a essência das relações às quais os homens estão realmente submetidos. O suposto de Marx é que no capitalismo a percepção da expropriação fica bloqueada. Por causa do salário pago, o trabalho, que é obra de cada ser humano, é compreendido como algo que não pertence a este ser humano. O trabalho, que sempre foi o meio pelo qual o homem relacionou-se com a natureza e com os outros homens, é individualmente percebido como algo sobre o qual o trabalhador não tem controle. O trabalhador foi separado, pelo capitalismo, do controle autônomo que exercia sobre seu trabalho e também do fruto deste trabalho. O trabalho é então percebido pelo trabalhador como algo fora de si, que pertence a outros: eis a alienação. Na medida em que os trabalhadores compartilham uma concepção de mundo dentro da qual só têm acesso às aparências, sem ser capazes de compreender o processo histórico real, estão sujeitos à ideologia. O escravo da antiguidade clássica sabia que seu senhor o mantinha em cativeiro e o obrigava a trabalhar para si mediante violência física, apossando-se de seu corpo, mas o proletário, este escravo moderno, acha que é justo que ele seja separado do fruto de seu trabalho mediante o pagamento do salário. A descoberta de Marx é que, objetivamente, qualquer salário é injusto porque a relação de assalariamento é injusta em si. Subjetivamente, a suprema ironia do capitalismo é que o dominado pensa com a cabeça do dominador, e essa é a forma de dominação mais visceral. No capitalismo, os trabalhadores dormem com o inimigo, confortavelmente instalado em sua própria mente, todos os dias sem saber.

Marx acreditava haver descoberto a lei científica da história e a lei científica da exploração capitalista. Estas lhe diziam que chegaria um momento em que o desenvolvimento das forças produtivas proporcionado pelo capitalismo inevitavelmente entraria em contradição com as formas capitalistas de propriedade e que, quando esse momento chegasse, se abriria uma época de revolução social e política, cujo resultado seria uma nova sociedade, sem exploradores nem explorados, sem alienação e sem ideologia, sem classes sociais e sem Estado – porque o Estado para ele é uma manifestação das relações de classe, e deixaria de existir quando as classes não existissem mais. Nessa nova sociedade, a sociedade comunista, o homem se reencontraria consigo mesmo, seria um ser autônomo, autocentrado e autoconsciente, trabalhador manual e intelectual ao mesmo tempo. Daria à sociedade, por sua própria vontade, todo o esforço e trabalho que pudesse e receberia dela tudo o que precisasse, graças ao desenvolvimento material propiciado pelo capitalismo. Os homens e as mulheres seriam, enfim, seres humanos inteiros, completos. E, é claro, seriam felizes para sempre.

Tudo isso é bobagem essencialista, logocêntrica e metafísica, nos diz Rorty.

O advento de uma nova sociedade, ou o progresso moral da sociedade presente, não dependem da habilidade de enxergar a realidade "para além" das ilusões criadas pela superstição, pelo preconceito, pelos costumes irrefletidos, pela exploração ou pela ideologia. Os essencialistas distinguem entre o "real" e o "aparente" apenas para que o filósofo possa desvendar o primeiro através da desmistificação do segundo. Para Rorty, esta distinção não se sustenta, porque não há nada que seja intrínseco (ao homem, à natureza, à história). A única "razão determinante do comportamento humano", diz ele, é a existência de certas práticas compartilhadas.

Para o seu pragmatismo, não há como desvendar essências e, então, projetar e prognosticar futuros. A teoria ou a filosofia não estão em posição de saber o que os seres humanos são, uma vez que não pode saber quais práticas os seres humanos podem vir a compartilhar entre si em qualquer momento no futuro. O estabelecimento de uma comunidade moral melhor, portanto, é algo possível apenas dentro das possibilidades que a história atualiza a cada dia. Não há como apropriar-se da chave dialética em função da qual a história supostamente funciona[17].

Em suma, especificamente a respeito das "descobertas" de Marx, Rorty expressa três críticas básicas:

1. Uma crítica da concepção marxista de justiça. Segundo ela, Marx está fazendo metafísica ao ver a injustiça como intrínseca ao sistema capitalista, porque a injustiça é contingente e não parte da essência de qualquer sistema.

2. Uma crítica das concepções marxistas de alienação e ideologia. Segundo ela, Marx não "revela", com sua teoria da história, nada que não seja imediatamente acessível aos atores sociais e políticos, porque "aparências" e "essências" não existem.

3. Uma crítica da concepção marxista de política. Segundo ela, a teoria marxista da revolução deve ser avaliada do ponto de vista de sua eficácia e deste ponto de vista ela é inútil, porque definitivamente ineficaz, como evidenciou a queda do Muro de Berlim.

Rorty expressa essas críticas especialmente em seus comentários a Rawls[18] e Derrida[19].

Quanto ao primeiro ponto, ao comentar a teoria da justiça de Rawls, Rorty sugere que não devemos tomar uma base metafísica e moral para justificar nossa concepção política de justiça. A tentativa iluminista de liberar o si próprio humano de Deus ou da tradição através da invoca-

---

[17] Cf. RORTY, R. **Feminism and pragmatism**. Radical Philosophy, 1991b, n. 59.
[18] *Ibidem.*
[19] RORTY, R. A spectre is haunting the intellectuals: Derrida on Marx. *In*: **Philosophy and Social Hope**. London: Penguin Books, 1999a.

ção da razão ou da natureza é para ele autodeceptiva. É uma tentativa desnecessária de fazer com que a filosofia faça o que a teologia não conseguiu. Encontra em Rawls, portanto, o postulado de que aquilo que nos parece justo ou injusto só deve ter como parâmetro de mensuração a realidade contingente e imediatamente acessível aos homens submetidos a cada situação.

On the question of priority, as on the question of relativity of justice to historical situations, [...] since Rawls does not believe that for purposes of political theory, we need think of ourselves as having as essence that precedes and antedates history, he would no agree [...] that for these purposes, we need have an account of 'the nature of the moral subject', which is 'in some sense necessary, non-contingent and prior to any particular experience'. Some of our ancestors may have required such an account, just as others of our ancestors required such an account of their relations to their putative Creator. But we – we heirs of the Enlightenment for whom justice has become the fist virtue – need neither. As citizens and as social theorists, we can be as indifferent to philosophical disagreements about the nature of the self as Jefferson was to theological differences about the nature of God[20].

Portanto, se nem a teologia nem a filosofia têm condições de dar fundamento à política, não passa de metafísica a pretensão de Marx de que sua descoberta da essência do sistema capitalista e o conseqüente desvelamento de sua suposta injustiça intrínseca devam servir de base à ruptura violenta com a ordem. Ainda mais se lembrarmos que esta injustiça intrínseca de que Marx fala não seria acessível ao proletariado senão por meio da teoria marxista. Deste ponto de vista, o que está dito é que se o proletariado beber do marxismo, incorporará um parâmetro superior de justiça. O que Rorty admira em Rawls, ao contrário, é a postura segundo a qual na medida em que a justiça se torne a principal virtude da sociedade, a necessidade da legitimação filosófica da prática política deixa de ser necessária. Esta é a sociedade democrática que cabe na utopia de Rorty.

[...] The philosophical tradition had accustomed us to the idea that anybody who is willing to listen to reason – to hear out all the arguments – can be brought around to the truth. This view, which [...] contrasted with the claim that our point of departure may be simply a historical event, is intertwined with the idea that the human self as a center (a divine spark, or a truth tracking faculty called "reason") and that argumentation will, given time and patience, penetrate to this center. For Rawls's purposes, we do not need this picture. We are free to see the self as centerless, as a historical contingency all the way through[21].

Se o sujeito é descentrado, contingente, enfim, pós-moderno, não há mais utilidade para a denúncia, eminentemente moderna, que Marx faz

---

[20] Ibid., p. 181.
[21] Ibid., p. 188.

a respeito da injustiça intrínseca do sistema capitalista. Pois dela deriva o fato de que o fim da injustiça só será possível com a completa derrota da ordem capitalista por meio de um processo revolucionário, bem como sua substituição por uma nova engenharia institucional e um novo arcabouço moral. Um novo homem para uma nova sociedade, institucional e moralmente melhor, eis o que se pode inferir da utopia marxiana. Ela só é possível se for possível demonstrar que há uma sociedade intrinsecamente justa (a comunista), inscrita como virtualidade no âmago da sociedade intrinsecamente injusta (a capitalista).

Justice, in other words, is what the metaphysics of presence keeps trying and failing to identify with some set of institutions or principles. Such identification is impossible, because every institution or principle will produce new, unexpected, injustices of its own. Every imaginable utopia will need a social protest movement. Justice is a ghost that can never be laid[22].

Quanto ao segundo ponto – a crítica à teoria marxista da alienação e da ideologia – o argumento que a fala de Rorty expressa é o de que a "revelação" propiciada pela teoria marxista deve ser relativizada pela perda da inocência nos dias que vivemos. Como sabemos, Marx afirmou que o produto do trabalho em todos os sistemas de produção anteriores foi sempre um valor de uso, mas o capitalismo o transformou em mercadoria. O capitalismo apresenta o trabalho despendido na produção de um objeto como uma "propriedade objetiva" deste objeto. Para Marx, o "fetichismo da mercadoria" está em que ela reflete aos homens as características sociais do seu próprio trabalho como se fossem características físicas dos produtos do trabalho. Para Rorty, é como se esse desvendamento do fato de que a mercadoria é uma relação social, e a desnaturalização da exploração propiciada por esta operação, só têm peso se referidos ao capitalismo e à classe operária existentes na primeira metade do século XIX. Rorty parece dizer que a demonstração de que existe uma diferença entre valor de uso e valor de troca da mercadoria e de que no capitalismo o segundo prevalece sobre o primeiro não tem mais sentido hoje, não revela mais coisa alguma. No texto em que comenta o livro de Derrida sobre Marx, questiona se ainda devemos realmente encarar a teoria marxista da alienação e da ideologia como um desvendamento. Utilizando-se de ironia, faz referência indireta às afirmações de Marx no item 4 do capítulo I de O Capital, e afirma em suma que a "desconstrução" da ocultação da realidade capitalista só faz sentido hoje aos filósofos essencialistas e logocentristas.

There are, I suppose, some hick logocentrists who still think that some things or properties (the 'natural' and 'real' ones as opposed to the 'cultural' and 'artificial' ones) are what they are apart from any such relations. Such simple souls may still be impressed, or indignant, when the line between the natural and the social, the substantial and the rela-

---

[22] *Ibid.*, p. 213.

tional, or the essential and the accidental, is blurred. But only such naïfs are still susceptible to the line of patter which we antiessentialist philosophers have developed. ('Ha! Fooled you! You thought it was real, but now you see that it's only a social construct! You thought it was just a familiar object of sense-perception, but look! It has a supersensible, spectral, spiritual, backside!') [...] It's not really news that everything is what it is because of its difference from everything else. So it is hard to know who is going to be intrigued by the following deconstruction of Marx's distinction between use-value and commodity-value[23].

Finalmente, quanto ao terceiro ponto –a crítica à política marxista– o que mais uma vez se questiona é a precedência da teoria, ou filosofia, sobre as vicissitudes da prática política. Por que devemos, pergunta-se Rorty, continuar lendo e relendo Marx, para quem a "revelação" filosófica da exploração de classe era a chave para a transformação do mundo, se a prática política resultante desta chave filosófica mostrou-se, simplesmente, ineficaz? Diante disso, Rorty confronta a teoria marxista da revolução proletária a sua própria proposta de aprofundamento da democracia liberal.

Os fenômenos políticos contemporâneos que nos preocupam –a globalização, o aumento do apartheid social etc.–, argumenta Rorty, para serem intelectualmente equacionados e politicamente enfrentados, não precisam ser olhados do ponto de vista de um determinado contexto teórico, não precisam de uma teoria dentro de cujo contexto se tornem inteligíveis. Nesse sentido, contrapõe-se à idéia de Derrida segundo a qual devemos ler e reler Marx como inspiração para enfrentar os problemas contemporâneos.

The sort of thing we philosophers know, and the sort of changes we can help make in the way people think, may eventually do some social good, but only in the very long run, and in a very indirect way. There is no science of history, nor any big discovery (by Marx or anybody else) of the one right, proper, adequate context in which to place unemployment, mafias, merchants of death, globalized labour markets and the rest.

Contexts provided by theories are tools for effecting change. The theories which provide new contexts are to be evaluated by their efficiency in effecting changes, not (as the logocentrists believed) by their adequacy to an object. Any tool is replaceable as soon as a handier, less clumsy, more easily portable tool is invented. The sheer clumsiness of attempts to use 'a problematic coming from the Marxist tradition' when dealing with contemporary problems is the most persuasive reason for doubting Derrida's claim that we must read and reread Marx[24].

No que diz respeito a sua própria utopia, pelo contrário, diz Rorty que a democracia liberal pode "caminhar sozinha", sem pressuposições fi-

---

[23] *Ibid.*, p. 216-217.
[24] *Ibid.*, p. 220-221.

losóficas. Diante de propósitos da teoria social, ele não vê por que não colocar de lado os tópicos filosóficos. Para ele, são irrelevantes para a política[25]. Sua estratégia não é "desvendar o real e então mudá-lo". Para Rorty, é preciso deixar de falar sobre a necessidade de "passar" de uma percepção distorcida para a percepção não-distorcida da realidade, e começar a falar sobre a necessidade de modificar nossas práticas, levando em conta novas descrições sobre o que tem sido essa "passagem"[26].

Justamente porque não há uma "essência humana" que faça todos os homens iguais (todos filhos de Deus, ou todos portadores de "razão") é que uma sociedade democrática deve amparar-se no pluralismo, isto é, na convivência com a diferença. Os metafísicos, diz Rorty, perguntavam-se "o que somos nós?", buscando saber o que é intrinsecamente humano e o que nos diferencia dos outros animais, ou seja, faziam uma questão meramente filosófica. Se desejamos, porém, criar uma comunidade melhor (mais democrática), devemos, segundo ele, nos perguntar "quem somos nós?", buscando forjar identidades morais mais coerentes, ou seja, estamos formulando uma questão política[27].

Essa mudança aponta para uma concepção diferente do sujeito social, bem como para uma nova estratégia política. Rorty propõe uma estratégia "conversacional" de mudança social e política, para a qual faz-se necessária uma redescrição dos sujeitos sociais. Para que tal redescrição seja possível, é preciso mudar os termos nos quais se dá o embate social e político, introduzindo um vocabulário diferenciado no seio do qual seja possível ampliar as potencialidades argumentativas dos oprimidos. Se Rorty descarta uma filosofia ou teoria que dê fundamento à prática social, o que ele propõe, em contraste, é uma argumentação pragmática, isto é, que tenha utilidade e eficácia, do ponto de vista de quem a pratica. Na perspectiva do pragmatismo de Rorty não é absolutamente necessário expor "razões teóricas". É possível, simplesmente, expor narrativas, argumentos racionais e motivos emocionais de modo a convencer os outros a optarem pela nossa utopia porque ela lhes trará vantagens. Podemos conseguir inúmeros argumentos e podemos contar inúmeras histórias de modo a colaborar para que uma pessoa se redescreva e assim se veja como inserida, vantajosamente, na história de uma sociedade que se democratiza, o que pode levar tal pessoa ao acolhimento da utopia democrática[28].

É nesse sentido que Rorty critica o "multiculturalismo" norte-americano, que pretende enaltecer a cultura negra para impingir no negro

---

[25] Cf. RORTY, R. **Objectivity, relativism, and truth**. Philosophical Papers I. Cambridge: Cambridge University Press, 1991a.
[26] Cf. RORTY, R. **Feminism and pragmatism**. Radical Philosophy 1991b, n. 59.
[27] RORTY, R. **Moral universalism and economic triage**. Paper presented to Unesco Philosophy Forum. Paris, 1996.
[28] GHIRALDELLI JR., P. **Para ler Richard Rorty e sua filosofia da educação**. Filosofia, Sociedade e Educação. 1997. a. I, n. 1, p. 15.

um orgulho de sua raça que lhe permita enfrentar o preconceito. Para Rorty, o negro precisa antes sentir-se membro da comunidade nacional, sentir-se tão importante quanto o branco na construção da nação[29]. No mesmo sentido, prega que a memória da classe operária americana seja resgatada, para que os filhos e netos dos operários de outros tempos conheçam as lutas e privações pelas quais passaram seus ancestrais, e com isso sintam-se também participantes da construção da nação[30]. O indivíduo, aqui, é observado sempre a partir de seu comportamento social, de seu agir, e não por pura introspecção. Desse modo, o sujeito, na perspectiva de Rorty, pode ser visto como uma rede de crenças e desejos, como uma encruzilhada de inúmeras interações sociais, que são, elas próprias, as motivações das condutas individuais.

A redescrição do sujeito, porém, passa por dois movimentos. O primeiro, como vimos, é o de recontar as histórias nas quais os indivíduos estão inseridos, de modo que estes, percebendo-se como partícipes da construção de uma história coletiva pregressa, qualifiquem a si próprios como membros da comunidade moral presente, resultante dessa história. O segundo movimento é a mudança do próprio vocabulário pelo qual são expressas as experiências vividas, individuais e coletivas, passadas e presentes. Já que as mudanças se dão por relações conversacionais, isto é, por interação lingüística, mudar o modo pelo qual certas pessoas e situações são rotineiramente descritas –usando palavras com sentido diferenciado ou mesmo criando novas– pode ajudar a despir as diferenças sociais das cargas opressivas atuais, tais como preconceitos de raça e sexo, ou relações de opressão política e exploração econômica.

Em suma, esses dois movimentos – recontar a própria história (como indivíduo ou como coletividade) e redescrever a si próprio (também como indivíduo ou como coletividade), seja através de novas palavras ou da mudança de sentido das antigas – movimentos que aliás confundem-se um com o outro, são cruciais na busca da utopia democrática. Cruciais porque, na perspectiva de Rorty, eles podem ampliar o espaço lógico (ou seja, ampliar o contexto no qual as perguntas e respostas às questões morais ocorrem) no seio do qual se dá o conflito entre opressor e oprimido e, assim, dotar o oprimido de novas possibilidades de superação da opressão, através da ampliação dos termos nos quais cada qual percebe a si próprio e aos outros como membros de uma mesma comunidade moral.

Isso seria, para Rorty, muito mais eficaz do que a revolução proletária.

Castoriadis, Dewey e o anti-marxismo de Rorty

Como sugeri acima, às concepções marxistas de justiça, alienação e ideologia Rorty contrapõe um argumento antiessencialista e antilogocêntrico. E à concepção marxista de política, ele contrapõe, além des-

---

[29] RORTY, R. **Uma mãozinha para Oliver North**. Novos Estudos Cebrap. 1995, n. 42.
[30] RORTY, R. **Back to class politics**. Dissent. 1997, v.. 44, n. 1.

tes, o argumento da eficácia (ou, melhor, da ineficácia política do marxismo).

Duas influências são importantes para a constituição destes argumentos rortianos. Do ponto de vista específico da crítica ao teoricismo da formulação de Marx sobre a revolução proletária, é perceptível a influência de Cornelius Castoriadis. Do ponto de vista da crítica liberal-democrática aos efeitos perversos da economia de mercado – que funciona em Rorty como antídoto à crítica marxista aos efeitos excludentes do capitalismo e, portanto, está na base do argumento da ineficácia do comunismo– nota-se a presença clara daquela que é segundo o próprio Rorty sua principal influência intelectual: John Dewey.

Retomemos a argumentação de Castoriadis e Dewey ali onde elas podem nos fornecer mais subsídios à compreensão da postura de Rorty.

Como notou Melkonian[31], a crítica de Rorty tem uma dívida para com a crítica de Castoriadis a Marx. Deixando de lado a argumentação completa (ver A Instituição Imaginária da Sociedade), basta lembrar as observações do Prefácio de Castoriadis a seu livro A Experiência do Movimento Operário.

Neste texto, Castoriadis toma como ponto de partida a clássica separação entre a "consciência sindical" e a "consciência revolucionária". Ela pressupõe, lembra ele, separações arbitrárias entre a economia e a política, entre o "imediato" e o "histórico" e, portanto, entre atores políticos empíricos (os proletários de carne e osso) e um proletariado onírico, depositário de uma "missão" revolucionária sem precedentes na história humana. Trata-se, afirma Castoriadis, de uma contradição em termos: para a teoria marxista, o mesmo proletariado que construirá com suas próprias mãos o novo mundo não é capaz de revoltar-se contra a exploração senão num momento de colapso econômico do sistema capitalista, no qual torna-se possível aos teóricos revolucionários injetarem na classe a consciência que ela deveria ter, mas ainda não tem.

Na visão de Castoriadis, apresentada neste texto de 1973, a precedência da teoria, o logocentrismo – que induz a uma interpretação metafísica das classes sociais – não é uma deturpação leninista, mas uma característica do pensamento do próprio Marx. Em Marx o papel do proletariado só é central na medida em que esta classe é compreendida pela teoria como aquela que faz exatamente o que a própria teoria marxista sabe que fará e portanto, é capaz de predizer. Não se trata de "economicismo", da primazia do econômico sobre o político, diz Castoriadis, mas sim, da primazia do teórico-especulativo sobre o político-prático, que faz com que, no contexto da teoria marxista, a dimensão econômica seja vista (ilusoriamente) como cientificamente teorizável e previsível.

---

[31] MELKONIAN, M. Richard. **Rorty's politics**: liberalism at the end of the American century. New York: Humanity Books, 1999. p. 119.

*Lembrando uma passagem marcadamente hegeliana do jovem Marx, Castoriadis identifica no texto a matriz essencialista e logocêntrica que perpassa todas as diferentes tradições de pensamento político que receberam posteriormente o nome de marxismo. Em **A Sagrada Família**, Marx afirma que a detecção da oportunidade da revolução comunista não está referida simplesmente ao que este ou aquele proletário (ou mesmo o proletariado em seu conjunto) "imagina" que seja a realidade objetiva da situação em que vive. Trata-se do que o proletariado é, em sua essência, e daquilo que está obrigado a fazer historicamente segundo este seu "ser" intrínseco.*

Com o perdão pela longa citação, creio que seja ilustrativo apresentar os termos exatos em que Castoriadis coloca sua crítica a esta postura.

Mas, então, [escreve ele] quem conhece e possui teoricamente, independentemente dele, 'o que é' o proletariado? Marx em 1845 – e, melhor ainda, evidentemente, em 1867. Onde está esse 'ser' do proletariado, que 'o obrigará historicamente a fazer' o que tem de fazer? Na cabeça de Marx. Qual é, a esse respeito, a diferença entre todos esses filósofos que Marx critica impiedosamente, porque confundem a história do mundo com seu próprio pensamento, e o próprio Marx? Nenhuma. 'O que esse ou aquele proletário, ou mesmo o proletariado inteiro imagina', ou, usemos a palavra, o 'imediato', ou fenômeno ou aparência, também aqui, mascara – como em toda parte– o ser ou a essência, devidamente inseparável da necessidade (apresentada como imposição 'histórica') e objeto de um conhecimento segundo razões necessárias. A essa essência – assim como à interpretação das aparências mais ou menos contingentes, como é o caso, por exemplo, das 'representações' que os proletários elaboram acerca do que querem, que são coordenadas e subordinadas em última instância a ele – a teoria e somente ela dá acesso; somente ela permite reconhecer se, fazendo isso ou aquilo, o proletariado age sob o domínio de simples 'representações' ou sob a imposição de seu ser. Em que momento, então, pode-se falar de autonomia ou de criatividade do proletariado? Em nenhum; e, menos que nunca, no momento da revolução, já que, para ele, esse é precisamente o momento da necessidade ontológica absoluta, no qual a história o 'obriga' finalmente a manifestar o seu ser – um ser que até então ele ignora, mas que outros conhecem para ele. Mas será que, ao dizer isso, pelo menos Marx é autônomo? Não, ele é servo de Hegel, de Aristóteles e de Platão: ele vê (theorei) o ser (eidos) do proletariado, inspeciona sua fatura, descobre sua potência oculta (dynamis), que se tornará necessariamente ato (energeia) revolucionário[32].

A visão que Marx tem da história, na qual tudo se conecta a tudo e tudo concorre para a realização de tudo, é, para Castoriadis, sinal claro da dependência de Marx para com os esquemas hegelianos. O que torna a posição de Marx inconsistente é que ele recolhe esta posição de Hegel

---

[32] CASTORIADIS, C. **A experiência do movimento operário**. São Paulo: Brasiliense, 1985. p. 14-15.

sem problematizá-la, a despeito do fato de que em Hegel ela é filosoficamente fundada e de que, ao mesmo tempo, esta fundação é denunciada pelo próprio Marx como ilusória, ideológica. Embora Marx inverta os termos, substituindo o Espírito pela matéria ou pela natureza, a lógica é rigorosamente a mesma. Lógica, por sua vez, própria do racionalismo iluminista. O racionalismo que perpassa a ontologia hegeliana, cuja estrutura foi, segundo Castoriadis, integralmente absorvida por Marx, faz com que este último não leve às últimas conseqüências o outro grande tema de seu pensamento: a idéia de que a história da humanidade é a história da luta entre as classes. Marx trabalha com uma definição "objetiva" de classe, que independe da atividade empírica da própria classe. Esta atividade é dedutível da definição objetiva. E portanto, as classes se revestem de um papel histórico apenas na medida em que a teoria foi capaz de encontrá-lo.

Assim, a classe é definida por referência às relações de produção, que são, em última instância, 'relações entre pessoas mediatizadas por coisas'. A estrutura da relação ontológica essência/manifestação garante que o conhecimento da essência permite conhecer suas manifestações, já que a essência produz essencialmente apenas as manifestações que lhe são próprias; e, inversamente, as manifestações não determinadas essencialmente são, por definição, acidentais. Dizer que as manifestações são determinadas pela essência significa, evidentemente, que os fenômenos obedecem a leis; portanto, já que as mesmas causas produzem os mesmos efeitos em virtude do princípio da identidade, conhecemos de direito –limitados apenas pelas imperfeições de nossa informação e de nossa capacidade analítica– 'o que é, o que será e o que outrora foi'[33].

Creio que estes enunciados caracterizam nosso primeiro ponto: que Castoriadis formula no início dos anos 70 uma crítica global do essencialismo e do logocentrismo da teoria marxista da história e da revolução proletária, que corrobora o argumento que Rorty usará contra Marx.

O segundo ponto que considero relevante para a compreensão do antimarxismo de Rorty é que ele advoga em favor da social-democracia contra o **laissez-faire***, sinalizando o tipo de utopia liberal da qual é partidário. E esta postura, de seu ponto de vista, serve como antídoto à argumentação mobilizada pelo marxismo contra as características excludentes do capitalismo. Em resumo, Rorty afirma que a democracia liberal tem melhores condições (é mais eficaz) para argumentar contra o sofrimento e a dor que o marxismo. "Por que Marx e não Keynes?", pergunta Rorty a Derrida.*

Para demonstrar esta tese, ele se utiliza da herança de Dewey, que combina o orgulho nacional americano e o argumento em favor da economia do New Deal do Presidente Roosevelt, no contexto do en-

---

[33] Ibid., p. 39-40.

frentamento da crise econômica no conflituoso momento do capitalismo monopolista estabelecido no período entre as guerras.

*O argumento fundamental de Dewey a este respeito é exatamente o mesmo de Keynes. Dewey diz que o calcanhar-de-aquiles do liberalismo é justamente o princípio do **homo oeconomicus**, quer dizer, a idéia de que cada indivíduo buscando seu interesse egoístico privado provê, como resultado final, o bem comum. Como se sabe, um dos pilares do liberalismo econômico até a Grande Crise de 1929 era o mito do mercado auto-ajustável. A idéia burguesa de liberdade correspondia a uma concepção prática segundo a qual a economia de mercado deveria permanecer absolutamente livre de qualquer intervenção do Estado – o conceito de Estado Mínimo.*

Keynes, em The end of laissez-faire, texto de 1926, fez a crítica à idéia da "mão invisível" de Adam Smith. Propôs que se distinguisse entre a agenda e a não-agenda do Estado: seria necessário verificar em que momento seria cabível a regulação do Estado sobre a economia, de modo que o capitalismo não se tornasse auto-destrutivo.

Dewey foi um partidário ardoroso desta idéia. Em Liberalism & Social Action, escrito em 1935, afirma que é necessário algum planejamento econômico que possibilite uma gestão social das potencialidades do capitalismo.

Segundo Dewey, a tarefa do liberalismo original havia sido a de liberar um grupo de indivíduos dos velhos modos de pensar, costumes e instituições, indivíduos que representavam as novas potencialidades do desenvolvimento técnico e da produtividade. Após obter sucesso em sua tarefa de "liberação" das classes produtoras das concepções de mundo pré-capitalistas, utilizando-se da crítica e da demolição da velha ordem, o liberalismo deparou com um novo problema, que Dewey descreve como o da "organização social" de uma ordem nova. Embora o primeiro liberalismo tenha obtido sucesso em destruir as velhas concepções do mundo, nos anos 30 encontrava-se em crise porque precisava estruturar novas concepções e novas instituições. O surgimento do nazi-fascismo como uma alternativa à desagregação social causada por esta crise parecia a Dewey uma autêntica tragédia. Diante desta ameaça à liberdade, era necessário que o liberalismo se utilizasse de meios novos para atingir os fins a que sempre se propôs: a sociedade fundada na liberdade. Para se chegar à construção de uma ordem social livre e democrática não seria mais possível, portanto, deixar que a simples busca dos interesses individuais privados, que a simples competição egoísta no mercado, se encarregasse de prover ao final os bens coletivos e o próprio Bem comum, sem qualquer planejamento. Esses meios não eram mais úteis às necessidades contemporâneas da ordem liberal. O "planejamento social" organizado, a "direção social" da indústria e das finanças eram, na visão de Dewey, esses novos meios.

*E isso tornou-se uma necessidade na medida em que o sistema social competitivo concebido pelo liberalismo **laissez-faire** tornou-se para o* *filósofo americano uma "guerra disfarçada". O Estado não era mais, em sua visão, a única agência dotada de poder coercitivo, que devesse ser temida pelo mercado livre. O poder concentrado pelos detentores da propriedade privada dos meios de produção, reconhece, já era bem maior que o poder estatal. No entanto, ao contrário do que prega o marxismo, para Dewey deveria prevalecer o "método da inteligência" e não o "método da violência". Só mesmo uma crença cega na dialética hegeliana poderia ter feito Marx pensar, afirma ele, que a violência revolucionária por parte de uma classe poderia resultar em uma sociedade democrática sem classes.*

Violência gera necessariamente reações violentas e, portanto, não será o meio adequado para se atingir o fim desejado, que é uma sociedade livre e democrática (eis em Dewey a lógica pragmática da utilidade). Talvez a lógica da força pudesse obter resultado em um país que jamais tenha experimentado a liberdade e a democracia, como a Rússia de 1917, mas numa sociedade com as tradições democráticas dos Estados Unidos, com o "genuíno espírito democrático" deste país, o uso da força significaria apenas o desejo pelo poder por parte de uma classe. Uma revolução violenta como a proposta por Marx não seria aceitável jamais às tradições da América (eis o argumento do orgulho nacional).

*Cabe ao liberalismo americano, em resumo, conforme o diagnóstico de Dewey, enfrentar a crise social dos anos 30 através de uma reorientação política radical: a substituição do liberalismo **laissez-faire** por uma política social-democrata tipicamente keynesiana. Trata-se de uma declaração de apoio à política de pacto social do New Deal, na expectativa de que esta iniciativa americana pudesse constituir-se em alternativa histórica tanto ao velho liberalismo competitivo quanto aos totalitarismos de esquerda (o comunismo soviético) e de direita (o nazi-fascismo).*

A idéia de que o controle social organizado das forças econômicas está fora do caminho histórico do liberalismo revela que o liberalismo ainda está preso aos resíduos de sua fase inicial de laissez-faire, com a sua clássica oposição entre indivíduo e sociedade. O que hoje apaga o ardor liberal e paralisa os seus esforços é a concepção de que a liberdade e o desenvolvimento da individualidade, como fins, excluem o uso do esforço social organizado, como meio. O liberalismo da fase inicial considerava a ação econômica isolada e competitiva dos indivíduos como o meio para o bem-estar social como fim. Devemos agora reverter a perspectiva e ver que a economia socializada é o meio para o livre desenvolvimento do indivíduo, como fim. (...) Reduzir o problema do futuro a uma luta entre o fascismo e o comunismo será um convite à catástrofe, que poderá arrastar a própria civilização. Um liberalismo democrático, vivaz e corajoso, será a força capaz de evitar a desastrosa redução do problema. Por mim, não creio que os norte-americanos, vivendo na tradição de Jefferson e de Lincoln, se enfraqueçam e se ren-

dam sem um esforço sincero e ardente por transformar a democracia em uma realidade viva[34].

*É esta visão sobre o que deve ser o liberalismo – este **mix** de social-democracia e nacionalismo – que Rorty incorpora e que toma como parâmetro quando se declara um "liberal burguês pós-moderno". Em Achieving our country, esta matriz deweyana torna-se explícita, ao longo da re-avaliação, ou melhor, da redescrição que Rorty se propõe a fazer sobre a história da esquerda americana, ou melhor ainda, sobre o que ele chama de esquerda.*

O Antimarxismo de Rorty e o "Liberalismo realmente existente"

Rorty está entre os poucos filósofos contemporâneos dispostos a dialogar com as ciências sociais, inclusive no que se refere a temas relacionados com a antropologia e a ciência política.

Nas duas sessões acima, apresentei a visão de Rorty para tentar colocar em evidência alguns argumentos políticos do autor relacionados ao marxismo, descrevendo-os de acordo com sua perspectiva filosófica. Tentei ler o argumento rortiano de acordo com seu antifundacionismo. Também tentei identificar duas fontes que considero importantes para seu argumento antimarxista.

Mas, já que o autor está disposto a um diálogo que extrapola os limites de sua filosofia, não será equivocado tecer considerações que têm como ponto de partida preocupações externas aos domínios estritamente filosóficos.

Como comentário final, destacarei dois pontos que considero frágeis no argumento rortiano relativo a Marx e ao tipo de liberalismo que Rorty advoga:

1. Castoriadis constrói uma crítica radical, filosófica e política, ao pensamento de Marx, que tem em seu cerne duas acusações relacionadas entre si: a) filosoficamente, Marx é um reprodutor da epistemologia hegeliana e b) politicamente, Marx reintroduz, na prática do movimento operário, os elementos principais do imaginário capitalista, isto é, da ideologia liberal. Rorty, ao ler Castoriadis, incorpora ao contexto do neopragmatismo a primeira parte da crítica, mas ignora a segunda. Devido a isso, embora critique o fundacionismo de Marx, valoriza – de um modo ambíguo – seu legado político.

2. Recuperando a defesa feita por Dewey do orgulho nacional e das instituições social-democráticas, Rorty faz a crítica do "socialismo realmente existente". Ele afirma que Marx não nos ajuda a pensar instituições democráticas e que a profecia da sociedade comunista se tornou o pesadelo do totalitarismo. Ele defende, como Dewey, que o liberalismo deveria incorporar o programa keynesiano para melhorar a democra-

---

[34] DEWEY, J. **Liberalismo, liberdade e cultura**. São Paulo: Nacional/USP, Brasiliense, 1970. p. 88-90.

cia. Porém se, como afirma Rorty, as teorias sociais devem ser avaliadas do ponto de vista de sua efetividade, qual a efetividade desta proposta hoje? Qual é o caráter do "liberalismo realmente existente?"

Primeiro ponto: Rorty tem uma relação ambígua com o legado político de Marx.

No comentário que fez ao livro de Derrida sobre Marx[35], Rorty discorda da idéia de que é possível recuperar "certos aspectos" do trabalho do pensador alemão como fonte de esperança de mudança social. Para ele, não é na obra de Marx que se pode achar esperança, mas na tradição de lutas do movimento operário inspirado pelo marxismo.

Much as I admire (...) the intensity of his [Derrida's] hope for justice, I still am not sure why he thinks that Marx is a particularly notable example of this hope. I am not sure that his loyalty to Marx, and his insistence that everybody else join him in not forgetting Marx, testifies to more than the memory of a significant, but accidental, youthful encounter"[36].

Porém, o próprio Rorty propõe o resgate de certos aspectos da obra de Marx, como no texto em que compara o Manifesto Comunista ao Novo Testamento. Neste texto[37], a obra de Marx aparece como "inestimável inspiração". Ele dá ênfase ao fato de que a importância do Manifesto está na inspiração que propiciou ao movimento social dos trabalhadores organizados. Seu argumento é de que, embora o Manifesto tenha se baseado numa previsão equivocada, o fato de apresentar uma utopia boa e generosa resultou em inspiração e em esperança para os combatentes da luta contra a exploração. O adesão juvenil a Marx, aqui, não aparece como nostalgia romântica – como aparece em seu comentário a Derrida- mas como motivação legítima para a ação. Para Rorty, Marx causou danos ao pensamento filosófico, mas seu trabalho pode resultar em ganhos morais se tomado como motivação para a ação prática. Para Rorty, Marx estava errado, mas os efeitos de sua conclamação política propiciaram esperança.

Seria o caso de perguntar, em primeiro lugar,: esperança em quê? E, em segundo: esperança baseada em quê?

A resposta para a primeira pergunta, a julgar pelo que está expresso no Manifesto Comunista, só pode ser: esperança em uma sociedade sem exploradores nem explorados, sem propriedade privada, sem classes sociais e sem Estado. Este é o tipo de espera que Marx oferece. O Manifesto não oferece esperança para quem confia na democracia. Pelo contrário: ele a denuncia como pura ilusão burguesa. A resposta para o segundo ponto, por sua vez, só pode ser: tal esperança, oferecida pelo Manifesto, baseia-se em uma teoria da história e da revolução social

---

[35] RORTY, R. **A spectre is haunting the intellectuals**: Derrida on Marx, *op. cit.*, 1999a.
[36] *Ibid.*, p. 214.
[37] Rorty, R. Failed prophecies, glorious hopes. *In*: **Philosophy and Social Hope**. London: Penguin Books, 1999b.

capaz de dar aos que dominam esta teoria uma certeza dogmática na infalibilidade da previsão marxista e estimula-los à ação, para tornar realidade a profecia. Este é o tipo de fundamento à esperança que Marx oferece, e que Castoriadis e Rorty criticam.

Porém, sob o argumento de que a filosofia não dá fundamento à política, Rorty imagina ser possível obter a esperança propiciada pela intervenção de Marx e descartar o fundacionismo teórico sobre o qual, em Marx, ela se sustenta. Para Rorty, não há problema: os fundamentos são teoricistas e deterministas? Descartemo-los. As esperanças são moralmente boas? Incorporemo-las.

Castoriadis, ao contrário, vê o teoricismo e o determinismo de Marx como as fontes dos argumentos de líderes estatais que transformaram as esperanças depositadas na revolução social em um pesadelo totalitário. O totalitarismo comunista, nota Castoriadis, está contido, também, nas "esperanças gloriosas" anunciadas pelo Manifesto comunista. As duas coisas não podem ser separadas. A política, admite Rorty, pode ter uma "articulação filosófica", embora não possua "fundação filosófica". É exatamente esta articulação filosófica entre o fundacionismo-determinismo de Marx e a estrutura político-institucional construída sob sua inspiração que Castoriadis nota e Rorty ignora.

O ponto de partida marxista de que existe um "ser de classe" do "verdadeiro" proletariado e que este ser é forçado a se comportar historicamente de certo modo e não de outro, teve como implicação política em Estados comunistas a prevalência totalitária do Partido Único, imaginariamente instituído como único intérprete autorizado das leis da história, como porta-voz político do conhecimento científico que o marxismo foi capaz de descobrir. Só o Partido, nos Estados totalitários comunistas, pode distinguir os operários que pensam e agem segundo 'a essência do seu ser' e os outros que só são operários empírica e fenomenalmente, e como tais podem e devem ser reduzidos ao silêncio (na melhor das hipóteses, paternalmente 'educados', na pior, qualificados de falsos operários e enviados a um 'campo de reeducação' ou fuzilados). Sendo verdadeira – isto é, segundo a concepção marxiana, correspondendo aos interesses e ao papel histórico da classe proletária – a teoria (e o Partido que a encarna) pode passar sobre a cabeça e os cadáveres dos operários empíricos para incorporar-se à essência de um proletariado metafísico[38].

Fundacionismo e totalitarismo, metafísica e dor, como aponta Castoriadis, tornaram-se na prática duas faces de uma mesma moeda. O que se pode deduzir da passagem acima é que o materialismo dialético não deveria ser visto simplesmente como um conjunto de "respostas filosóficas a perguntas filosóficas". Porque se tornou na prática a justificação filosófica para a violência política. E a violência, aqui, não é simples distorção tirânica de alguém que, maliciosamente, corrompeu o

---

[38] CASTORIADIS, C. **Socialismo ou Barbárie**. São Paulo: Brasiliense, 1983. p. 27-28.

ensinamento e as "esperanças gloriosas" transmitidas por Marx. Está contida na precedência da teoria, anunciada por Marx em textos como o Manifesto Comunista.

Se levarmos a sério esta advertência, por que deveríamos nos alegrar com a possibilidade de que os jovens leiam o Manifesto Comunista -ao lado do Novo Testamento? Por que imaginar que os jovens serão "moralmente melhores" se fizerem tais leituras? Por que e como imaginar que um texto saturado de metafísica, teoricismo, racionalismo, logocentrismo, essencialismo e determinismo possa, do ponto de vista do pragmatismo, ajudar a tornar as pessoas moralmente melhores, mais adaptadas à coexistência democrática? É possível, pragmaticamente, dizer: "Ei, jovens, leiam apenas as linhas do Manifesto Comunista em que Marx e Engels descrevem suas esperanças de um mundo melhor, e fechem seus olhos para as passagens essencialistas e logocêntricas"?

Creio que este modo ambíguo de tratar a exortação revolucionária de Marx é a reprodução, com sinal trocado, da postura comunista com relação à democracia. Para os comunistas, a República democrática (a democracia burguesa) é mera fase de passagem, mero momento de acumulação de forças para que num momento mais favorável o passo decisivo, o da revolução violenta, possa ser dado. A democracia, para o comunismo, é simplesmente um instrumento para se chegar à ditadura do proletariado. Que é, para os comunistas, a verdadeira democracia – Lênin a chamou de "ditadura democrática do proletariado". Para Rorty, a julgar pelo exposto em Failed Prophecies..., o cultivo dos ideais e valores expressos no Manifesto pode ser bom para fomentar um sentimento de solidariedade ou de esperança num mundo melhor nas gerações mais jovens. Mas para que tal esperança seja coerente com a utopia liberal-democrática de Rorty, é possível inferir que ela deva ser necessariamente limitada a um sentimento juvenil, cultivada até o momento em que, com a maturidade, as pessoas entendam que o capitalismo não pode ser substituído por uma revolução e que o melhor que podemos fazer é melhorar a democracia liberal. Os arroubos de mocidade do leitor do Manifesto servirão para que, quando for um cidadão maduro, ele se lembre de preocupar-se com os pobres. Se for para isso, Marx realmente é desnecessário, como afirma Rorty em Achieving our Country.

Segundo ponto: a utopia liberal-democrática de Rorty também é, utilizando-se os mesmos critérios que Rorty usa com relação a Marx, uma "profecia equivocada" (failed profecy). Resta saber: ainda pode ser uma "esperança gloriosa?"

Como mencionei acima, Dewey afirmou: "O liberalismo da fase inicial considerava a ação econômica isolada e competitiva dos indivíduos como o meio para o bem-estar como fim. Devemos agora reverter a perspectiva e ver que a economia socializada é o meio para o livre desenvolvimento do indivíduo, como fim"[39].

---

[39] DEWEY, J. *Op. cit.*, 1970, p. 88.

Claro que Dewey não trabalha com a mesma lógica determinista e fatalista que Marx, mas sua perspectiva para o futuro, nos anos 30 era clara: o capitalismo keynesiano realizará os desígnios do liberalismo. É esta perspectiva que Rorty retoma e reproduz, quase sem alterações, 60 anos depois. Durante esses anos, porém, a história foi muito cruel com a utopia deweyana.

Se usarmos para a teoria social-liberal os mesmos critérios que Rorty propõe para a teoria social marxista, ela continuará o ser tão útil e efetiva quanto Rorty imagina? Rorty diz:

Contexts provided by theories are tools for effecting change. The theories which provide new contexts are to be evaluated by their efficiency in effecting changes, not (as the logocentrists believed) by their adequacy to an object. Any tool is replaceable as soon as a handier, less clumsy, more easily portable tool is invented. The sheer clumsiness of attempts to use 'a problematic coming from the Marxist tradition' when dealing with contemporary problems is the most persuasive reason for doubting Derrida's claim that we must read and reread Marx[40].

Referindo-se à experiência do socialismo soviético, Leonid Brejnev chamou-a de "socialismo realmente existente". Julgo necessário fazer aqui um comentário rápido sobre o "liberalismo realmente existente" e suas relações com a democracia contemporânea.

Porque na periferia capitalista, os amantes de democracia estão hoje sentindo um enorme vazio. E é possível que isto esteja relacionado à eficácia da teoria social liberal para realizar mudanças.

Não que não haja, olhando para os últimos 20 anos, motivos para uma contabilidade positiva. No sul da Europa e na América Latina, nos anos 80, as "transições democráticas" trouxeram de volta as liberdades públicas que os regimes burocrático-militares haviam subtraído. Na Rússia e no Leste Europeu, no início dos anos 90, as "revoluções democráticas" sepultaram o totalitarismo de esquerda. Os procedimentos formalmente democráticos passaram a fazer parte, embora aos trancos e barrancos e com as exceções habituais, da rotina política desses países.

E, no entanto, parece haver hoje um mal-estar democrático. A performance que outrora se sonhou para a democracia –que ela fosse capaz de selecionar lideranças mais representativas, que extraísse destas mais responsabilidade política para com os cidadãos, que institucionalizasse espaços abertos à participação sistemática da cidadania organizada, e, sobretudo, que alcançasse a esfera econômica para submetê-la a uma lógica mais igualitária– isto tornou-se mera quimera nos dias que correm. Uma areia grossa empastelou as engrenagens democráticas: a gestão, por parte do Estado, das assim chamadas "reformas orientadas para o mercado".

---

[40] RORTY, R. **A spectre is haunting the intellectuals**: Derrida on Marx, *op. cit.*, 1999a, p. 221.

Na aurora da época moderna, como lembrou Norberto Bobbio, a democracia encontrou-se com o liberalismo para uma associação reciprocamente proveitosa: este último proveria à primeira as garantias civis indispensáveis à liberdade dos atores, e a primeira daria ao último um método, um procedimento para a tomada das decisões coletivas. Deste intercurso surgiu o Estado liberal-democrático, que assumiu desde então os formatos concomitantes de Estado Mínimo e de Estado de Direito, conforme o ângulo (econômico ou político) a partir do qual o observamos.

Como se sabe, o advento do mundo burguês operou uma separação entre os espaços público e privado, que se desdobra nas oposições binárias entre igualdade e liberdade, política e economia, Estado e mercado. O conceito de Estado de Direito refere-se à segurança jurídica necessária aos atores econômicos e políticos, que lhes faculta tanto a possibilidade de celebrar contratos privados (o consumo de bens, as relações de assalariamento etc.) quanto o acesso à igualdade formal pressuposta pela esfera pública (a livre expressão de idéias, a organização de grupamentos partidários, o acesso ao sistema de representação etc.). Já a noção de Estado Mínimo, uma das pedras de toque do liberalismo econômico, refere-se ao pleito ideológico pela autonomia do mercado frente ao Estado: uma vez que o mercado passou a pertencer ao universo das relações privadas de troca, a regulamentação desta atividade pela estrutura estatal passou a ser vista como ingerência, rechaçada como indevida, e a própria existência do Estado vista como um mal necessário.

*O capitalismo **laissez-faire**, ao qual vinculou-se o Estado liberal-democrático em seu nascimento, passou ao longo do século XIX por uma série de crises sucessivas que culminaram com o crash de 1929. A grande crise pôs a nu o mito do mercado auto-regulável, da "mão invisível" de Smith, e abriu espaço para uma mudança radical nas relações entre Estado e mercado. No segundo pós-guerra, o keynesianismo tornou-se a política econômica predominante: a produção em massa e o consumo de massa seriam sustentados pelo pleno emprego e pela elevação do salário real.*

*Associado a essas mudanças, o Estado no capitalismo central despiu-se das vestes do Estado Mínimo e assumiu, em especial após 1945, um papel fortemente regulador, estabelecendo uma série de instituições e de arranjos interclassistas voltados para o gerenciamento da economia. Mais que isso: o aumento da arrecadação de impostos e o fortalecimento dos sindicatos de trabalhadores redundaram na conquista sistemática de direitos sociais. O **Welfare State** completou, no século XX, o ciclo da cidadania iniciado nos séculos XVIII e XIX, tal como o descreveu T. H. Marshall, isto é, a obtenção seqüencial de direitos civis, políticos e sociais. A democracia política consolidou-se então como a base regulamentar sobre a qual seria estruturada uma democracia social e econômica. Bobbio tinha isso em mente ao distinguir em seus escritos a democracia "formal" da "substantiva". A "profe-*

cia" deweyana parecia ter se tornado realidade, assim como também parecia real e irreversível a primeira fase da utopia comunista, isto é, o "socialismo realmente existente", entendido como fase de transição ao comunismo. Se não fosse por esta percepção generalizada, a Guerra Fria, que Rorty define como uma batalha da luta pela democracia, não faria sentido.

Quando, porém, os anos 70 trouxeram a crise do capitalismo organizado e do Welfare State, a democracia política foi igualmente posta em xeque. A desorganização do ciclo expansivo associou estagnação econômica e inflação ascendente. Para o novo conservadorismo que emergia, o problema estava justamente nos dispositivos institucionais da democracia de massa do Estado de bem-estar. As políticas de "ajuste" das economias centrais surgiram então como resposta à crise do keynesianismo e ganharam organicidade e visibilidade pública com a ascenção de Tatcher e Reagan. Estruturava-se um novo construto ideológico: o neoliberalismo.

O "excesso" de direitos sociais foi de imediato identificado pelos conservadores como responsável pela crise fiscal do Estado e, em decorrência, o "excesso" de demandas sociais passou a ser apontado como fonte de instabilidade política. Era isso que Samuel Huntington tinha em mente ao declarar a "crise da democracia", na década de 70, mediante o que considerava um risco iminente à "governabilidade". O ajuste econômico tornou-se sinônimo de desregulamentação dos mercados, liberalização das economias nacionais periféricas e privatização de empresas públicas, tarefas a serem levadas a cabo pela tecnocracia detentora do indispensável "saber técnico" correspondente. A abrangência da esfera pública estreitou-se. As decisões mais cruciais sobre a economia foram cuidadosamente subtraídas ao escrutínio da cidadania. A democracia pensada pelos conservadores pressupunha, nas palavras de Huntington, "certa dose de apatia política".

Não foi apenas o sonho da democracia substantiva que foi sepultado. Mesmo a democracia formal, conquista histórica do Estado liberal-democrático, sofre hoje um duro revés. O neoliberalismo buscou na tradição liberal a ideologia do Estado Mínimo, radicalizando-a, ao mesmo tempo em que procurou relativizar certas premissas do Estado de Direito, esvaziando-o em nome da razão de Estado necessária à gestão de suas políticas econômicas.

Robert Dahl diz que a poliarquia (que ele encara como uma definição mínima de democracia) é o regime que desenvolve concomitantemente a institucionalização dos procedimentos e a ampliação da participação da cidadania. Qualquer processo poliárquico de tomada de decisões deve incluir tanto a composição da agenda política (isto é, a decisão sobre quais temas serão objeto de deliberação) quanto a decisão propriamente dita. A decisão, por sua vez, deve ser tomada por aqueles aos quais ela se aplica, em pé de igualdade uns com os outros. Se esta definição é razoável, que nome devemos dar aos processos decisórios vol-

tados à gestão das reformas orientadas para o mercado, ora em curso nos países da periferia do capitalismo?

Desde que, em 1982, eclodiu a crise da moratória unilateral da dívida externa do México, os organismos multilaterais (FMI e Bird) transformaram o construto ideológico neoliberal numa cartilha de políticas padrão de saneamento fiscal e financeiro e de abertura e desregulamentação econômica a ser posta em prática nos países devedores, como contrapartida da renegociação de suas dívidas.

A aplicação dessas políticas tem se mostrado viável apenas na medida em que a gestão se concentre nas mãos da tecnoburocracia do Estado, que maiorias conservadoras sejam montadas na arena parlamentar e que os movimentos sociais e partidos de oposição sejam isolados. Tanto a composição da agenda como a tomada de decisões estão sendo politicamente confinadas. A lógica da legitimidade perde terreno para a lógica da eficácia. A desregulamentação econômica, cada vez mais, implica em desinstitucionalização democrática e constrição do espaço público.

Essas são as instituições democráticas que o "liberalismo realmente existente" pode nos oferecer hoje. Claro que esta não é a democracia liberal que Rorty defende. Mas, o que pode oferecer a teoria social liberal, além de boas intenções, para melhorar esta situação? Qual a sua "eficácia em realizar mudanças"? Rorty diz, freqüentemente, que a "democracia é o modo em que gostamos de viver", sem perceber que, na sociedade contemporânea, a maior ameaça a este "modo de vida" não vem do comunismo, que foi derrotado politicamente, mas do próprio liberalismo, que em sua versão atualmente dominante é não-democrático e, mesmo, antidemocrático.

Em Moral Universalism and Economic Triage[41], Rorty adota um ponto de vista realista, tipicamente liberal, para enfrentar o problema da construção utópica de uma comunidade moral universal. De seu ponto de vista, a democracia tem um custo econômico e, portanto, há hoje uma interdependência entre a riqueza acumulada por uma nação e suas possibilidades de desenvolver a democracia. Para Rorty, a generalização da democracia liberal depende da possibilidade de convencer os ricos que a prioridade dada à economia deveria ser evitada.

The institutions of the rich democracies are now so intertwined with advanced methods of transportation and communication, and more generally with expensive technology, that it is hardly possible to imagine their survival if the rich countries had to reduce their share of the world's resources to a fraction of what they now consume. Democratic institutions in these countries depend on the existence of things like universal literacy, meritocratic social mobility, bureaucratic rationality, and the existence of many competing sources of information about pu-

---

[41] RORTY, R. **Moral universalism and economic triage**, *op. cit.*, 1996.

blic affairs. Free universities, a free press, incorruptible judges, and unbribable police officers do not come cheap".[...]

E, concluindo, diz:

I can sum up this point as follows: an answer to the question 'who are we?' which is to have any moral significance, has to be one which takes money into account. Marx may have overstated when he identified morality with the interests of an economic class, but he had a point. That point is that a politically feasible project of egalitarian redistribution of wealth, requires there to be enough money around to insure that, after the redistribution, the rich will still be able to recognize themselves – will still think their lives worth living. The only way in which the rich can think of themselves as part of the same moral community with the poor is by reference to some scenario which gives hope to the children of the poor without depriving their own children of hope. [...] In particular, answering the question 'who are we?' with "we are members of a moral community which encompasses the human species", depends on an ability to believe that we can avoid economic triage[42].

Mas as políticas liberais do mundo contemporâneo estão trilhando caminhos precisamente inversos dos da utopia de Rorty. Se a utopia comunista de universalização da igualdade entre os homens foi reduzida à ditadura do Partido Único, a utopia liberal-democrática deweyana que Rorty defende – a qual pretende combinar a busca do bem-estar material com instituições democráticas livres e socialmente controladas – tornou-se cada vez mais distante. Seus apelos, hoje, são cada vez mais inefetivos, graças à "triagem econômica" promovida pelo "liberalismo realmente existente".

---

[42] *Ibidem.*

Capítulo 7

A ADMINISTRAÇÃO PRAGMÁTICA NO CONTEXTO DE INTENÇÕES E INTERESSES DA SOCIEDADE BRASILEIRA – UM NOVO PARADIGMA PARA GESTÃO DE PESSOAS

7.1 INTRODUÇÃO

Como cenário de nossas considerações sobre o papel político e ético da gestão de pessoas escolhemos algumas afirmações, cuja retomada constituirá o primeiro momento de nossas reflexões sobre a realidade social e empresarial, na qual, vive e trabalha o empreendedor.

Do interior deste cenário e a partir de uma análise de cunho mais profundo, poderemos, num segundo momento, realçar as possibilidades de uma ação política deste segmento empresarial e as novas aberturas em termos de uma ação de consultoria e assessoramento de concepção inteiramente nova, dirigidas aos mais candentes problemas da empresa brasileira no momento atual, sobretudo, à questão ética em gestão de pessoas.

Retomemos portanto, o fio condutor da análise sobre a atuação da gestão de pessoas no empreendimento empresarial do Brasil[43].

---

[43] Urna tarefa difícil é a das empresas quanto a tamanho. A problemática vai desde à sua conceituação até a classificação, quantitativa. Existem dois critérios básicos de classificação. O primeiro, é responsável por caracterizar as empresas sem a preocupação de separá-las em micro, pequenas e médias, pois leva em conta apenas o limitado poder de barganha que possuem. Já o segundo critério, o mais usado, é quantitativo, e observa com parâmetros conjugados, o número de pessoas ocupadas, o investimento fixo e de capital circulante. e o valor da produção e/ou faturamento.

7.2 ÉTICA EM GESTÃO DE PESSOAS NA ADMINISTRAÇÃO – TRAJETÓRIA DO EMPRESÁRIO: A BUSCA DE NOVOS CAMINHOS POLÍTICOS E ÉTICOS PARA SUA ATUAÇÃO

Tem-se afirmado ao longo do tempo, e reiteradamente, algumas características qualitativas das unidades empresariais brasileiras:

1) Pouca ou nenhuma divisão social e técnica do trabalho;
2) Elemento humano pouco qualificado e ausência de um integrado sistema de informações para a tomada de decisão na empresa;
3) Pouca ou nenhuma incorporação do progresso técnico e impossibilidade de acesso ao mercado de capitais, o que resulta em endividamento à procura de crédito (a curto prazo) sob altas taxas de juros;
4) Impossibilidade de crescimento e expansão que resulta em uma 'empresa anã' sem nenhuma competitividade em termos de Produto/ Mercado[44];

A par desta linha de argumentação inserem-se as longas digressões sobre a conveniência de diferentes sistemas de apoio e incentivo a este segmento empresarial em gestão de pessoas.

Duas correntes de larga tradição no meio empresarial brasileiro apontam saídas divergentes para a 'crise estrutural e de capitalização da empresa brasileira. A primeira, que pode ser bem resumida na postura de Robalinho de Barros[45], aponta para alguns fatores destinados a aumentar a competitividade interna destas empresas.

Partidário de um apoio efetivo de caráter financeiro (basicamente voltado para o capital de giro) às pequeno e médias empresas, este autor sugere novos modelos de participação societária que permitam a estas empresas ultrapassarem o círculo restritivo dos empréstimos bancários convencionais, decorrente, quase que, invariavelmente, de quatro componentes restritivos básicos:

1) carência de garantias que possam ser oferecidas pelos pequenos investimentos:
2) não-valorização do talento e das capacidades empresariais destes segmentos. com sua conseqüente marginalização no mundo financeiro;

---

[44] Veja-se a este respeito e nesta linha de argumentação a Introdução ao RATTNER, H. (Coord.). **Pequena Empresa**, op. cit., Brasiliense, 1985. v. 1.

[45] BARROS, F. Robalinho de. **Pequena e Média Empresa e a Política Econômica**: um desafio à mudança. Atlas, 1978.

3) excesso de critérios burocráticos para a concessão de capitais;
4) o contínuo privilégio aos empreendimentos de maior porte considerados de 'maior relevância' social.

O ponto central desta primeira ala reside na capitalização do pequeno empreendimento, considerando seus efeitos retroalimentadores e multiplicadores.

A tecnologia e a inovação tecnológica não assume aqui papel de destaque porque acreditam os defensores da capitalização que a importância do fator tecnologia em países de terceiro mundo como o Brasil, é secundária[46]. Ou seja: têm primazia fatores como evolução dos mercados, variáveis competitivas, comportamento concorrencial, taxas de rentabilidade dos negócios, situações do mercado de trabalho, e do mercado de fornecedores de matéria-primas e componentes.

Existem controvérsias sobre o papel das micro, pequenas e médias empresas na economia de um país e as inúmeras limitações sobre como estas empresas trabalham e são vistas de diferentes ângulos por diferentes teóricos. A segunda grande linha de análise pode configurar-se de modo pleno, a partir da leitura de um texto do Professor Henrique Rattner 'Acumulação de Capital, internacionalização da Economia e as Pequenas e Médias Empresas'[47].

Para este autor e nesta segunda corrente, é preciso pesquisar e esboçar as linhas de articulação e integração das pequenas e médias empresas ao grande capital, por ramos e por setores. O capital é 'a expressão do modo de relação entre os homens', sendo o domínio técnico sobre os meios de produção o fator-chave em qualquer exame que se faça da realidade empresarial. Neste jogo 'capitalismo moderno', 'sociedades industrializadas', sociedades subdesenvolvidas' por um lado e as tensões da economia monopolista por outro, definem as condições de possibilidade da organização da produção. Como vemos, esta segunda corrente aponta para fatores macroestruturais, enquanto a primeira acredita na valorização da experiência e atuação do pequeno empresário.

Diante desta divergência, uma terceira corrente procurou apontar que a explicação para a sobrevivência da pequena e média empresa, e

---

[46] Tal consideração encontra respaldo na literatura, onde Miguel Angell Gallo e outros, em pesquisa, concluíram não ser o fator tecnológico o ponto básico de estrangulamento do pequeno empreendimento. Em suas conclusões, a variável tecnológica apresenta-se em 9º lugar na ordem de importância dos fatores, os primeiros são sempre de ordem política, econômica etc.

[47] O Prof. H. Rattner é o autor de uma extensa bibliografia na, área de adoção de tecnologias intermediárias em países de terceiro mundo nos quais o modelo de acumulação, baseado na expansão dos conglomerados em escala, internacionalizando a produção, o comércio e as finanças, produz a subordinação da PME ao grande capital.

mesmo de seu desenvolvimento enquanto empreendimento, está na sua capacidade de adaptação aos fatores estratégicos em contínua transformação no mundo empresarial[48], e uma nova concepção mais humanista em gestão de pessoas. Numa visão extremamente sucinta, a qual é o caminho para o objetivo desta exposição, lembramos que a trajetória histórica do empresário brasileiro tem sido a de elemento subsidiário do processo produtivo, complementando atividades empresariais mais complexas, gerando empregos a menor custo social e privado. Um resumo dos critérios para classificação das empresas é o melhor crivo ilustrador do que afirmamos, pois neles predomina a filosofia microeconômica que vê o empreendimento atomizado na sociedade[49], e não distingue as fronteiras entre o pequeno empresário e sua empresa, reduzindo em 'curioso artifício' seu papel como organização entre organizações sociais e econômicas. Das quais não se distingue senão pelos seus traços fracos e de subserviência ao grande capital.

A visão estratégica não faz uma distinção radical entre as abordagens micro e macro, aceita a ambas, mas preocupa-se, essencialmente, com a evolução do ambiente empresarial, responsável pela diversidade, absorção ou não, de novos empreendimentos e pela sobrevivência e desenvolvimento dos existentes. Vê, portanto, as empresas não sob o aspecto individual, ou grupal, ou exclusivamente por ramos ou setores, mas, em sua 'holicidade', como componentes de uma totalidade com características próprias.

Se é verdadeiro argumentar que o empresário representa-se a si mesmo e às suas ambições em sua empresa, muitas vezes sobrepondo-se aos interesses coletivos mais amplos, também, é inegável, que o empreendedor constrói sua empresa em meio à sua própria comunidade, nela tendo raízes muito fundas. Este fato aliado à sua fragilidade institucional faz com que a empresa receba todo o impacto das variáveis conjunturais e estruturais da economia e da sociedade, as quais, indubitavelmente, o empresário não desconhece, mas, exatamente, pela sua própria perspectiva tornam-se difíceis de lidar, dado que não lhe permitem, tais variáveis, um distanciamento necessário.

O empresário, via de regra, é 'atropelado" pelas realidades, pelos fatos; este jogo ambíguo do que é visível, e do que permanece invisível aos olhos do empresário, faz do mesmo, o espelho de seu tempo. Com

---

[48] As chamadas 'Niche W. Theories' popularizadas na literatura organizacional por J. Freeman e M, Hannan, inauguram uma preocupação com os 'fatores estratégicos que se agregam e se completam como num 'campo gravitacional'.

[49] Um resumo de critérios ilustrativos da filosofia da dependência pode ser encontrado em As micros e pequenas empresas: uma revisão da literatura de *marketing* e os critérios para caracterizá-las; de Ivan DUTRA; J. A. GUAGLIARDI, 1984.

efeito, o espelho faz ver (por reflexo) os modelos externos olhados de dentro da empresa, mas, igualmente, por reflexo, comunica estes modelos e seus resultados ou conseqüências, a todos os que, no ambiente externo, interagem com a empresa (fornecedores, clientes órgãos arrecadadores etc.). Se a empresa vai mal, os tempos vão 'mal', e o período é de restrições agudas para enormes segmentos populacionais. Se a empresa é a primeira a sofrer a crise, será, inexorável mente, apenas o último segmento a emergir dela, portanto, a duração das crises mede-se pelo seu desempenho e pelos talentos em gestão de pessoas que possuem.

Não é nosso intento aqui, refazer a análise destes ajustamentos ou mutações (embora este constitua, sem dúvida, um tema central em Ecologia de Empresas)[50] nem mesmo, avaliar o peso de sua significação histórica enquanto empreendimento social[51].

Nosso propósito é bem menos ambicioso, sendo nosso interesse, aqui e agora, apenas explorar alguns aspectos inerentes à posição ambígua do empresário e algumas possibilidades políticas de sua ação e sua atuação no plano de uma ética.

A ação política no mundo do empresariado envolve o conhecimento do modo de funcionamento das redes interorganizacionais e dos fatores estratégicos da ação empresarial. Articular empreendimentos em ações de *lobby* não é tarefa fácil. Requer uma autêntica revolução copernicana nos procedimentos convencionais de consultoria e apoio a empreendimentos deste porte. A essência desta transformação está na regionalização dos pequenos empreendimentos, na busca de suas raízes locais e comunitárias[52].

A luta por valores espaciais e territoriais a nível das comunidades foi descrita por Robert Lafont, **Autonomie de la Region, à l'Autogestion**, Paris, Gallimard, 1976. Este texto demonstra as asperezas encontradas na abertura de espaço político para os pequenos empreendimentos. Seu autor inclusive concorreu às eleições francesas numa demonstração

---

[50] No Brasil a Ecologia de Empresas transformou-se em tema para a pesquisa acadêmica, a partir dos estudos de Zaccarelli, S. B., Fischmann, A. A., e Silva Leme, R. A., da Universidade de São Paulo, *op. cit.*, produzindo-se, posteriormente, teses de mestrado e doutoramento nesta área, sob orientação destes professores, pesquisando-se os elementos que integram o domínio organizacional.

[51] Sobre a significação histórica do pequeno e médio empreendimento no Brasil é útil a consulta a Pereira, M. N. **A pequena e média empresa**: seu papel e sua importância no processo de desenvolvimento Brasileiro. São Paulo: CEAG, 1980.

[52] Por largo tempo analisou-se o empreendimento empresarial como se o mesmo não representasse o fruto de declarações sociais, de classes e de interesses antagônicos. A análise estrutural da formação industrial local repõe esta perspectiva, a nível de comunidades. Vide, ALDRIGHI, D. M. **Estrutura Industrial e Diferenciação da força de trabalho em São Paulo**, *mimeo*, USP, 1985.

inequívoca de que a consciência regional e a genuína descentralização política das pequenas comunidades e o poder local têm que ser ganho 'nas urnas'.

Não tenhamos a menor dúvida de que o que começa como 'poesia', o fortalecimento do poder político dos pequenos empreendedores, termina em política contra a forte centralização do poder.

Empresários, comunidades, regiões, precisam lutar contra a descolonização enfrentando grupos fortes, astuciosos e, politicamente, preparados. E um dos mais relevantes problemas práticos da administração de relações interorganizacionais ao nível estratégico, envolve o estabelecimento de bases novas para a ação coletiva interempresarial[53].

A ação coordenada a nível local representa enormes oportunidades para a empresa. Trata-se de uma nova abordagem consistente na integração de critérios macrolocacionais às análises de natureza microlocacional, possibilitando apreciável ganho para a ação cooperativa local e um aumento considerável da consciência e das alternativas de ação institucional à disposição das comunidades e de seus agentes.

Para ser possível a mudança de concepção do empreendimento empresarial de pequeno porte precisamos reconhecer que tais empresas não têm reputação no mercado e, raramente, se beneficiam de economias de escala, concentrando-se em um ou dois produtos, ou mercados, sendo, portanto, incapazes de absorver os resultados da má sorte ou de decisões erradas. Sua grande vantagem reside na inexistência de ligações com o passado, na flexibilidade de inovação sem afetar os índices de faturamento, movendo-se, rapidamente, e graças às habilidades de seus proprietários, através de canais de decisão informais, baseados nas realidades diárias de fornecedores e clientes, e não, em relatórios abstratos sobre o seu comportamento.

Em realidade, a criação de organismos coletivos locais e interlocais, de tipo cooperativo, opõem-se, diretamente, ao poder da burocracia, sendo forma, autenticamente, desburocratizante, muito ao gosto e conveniência do empresário. Transportemos, finalmente, estas considerações, para o segundo momento, o qual trata, especificamente, de viabilizar as possibilidades de ação política deste empresariado. Como já vimos, este empresário é um estrategista, algo 'selvagem', um dialeto do concreto,

---

[53] A análise da ação conjunta inter-empresarial constitui um dos mais novos campos de pesquisa em administração, já se destacam como 'clássicos' neste tema os estudos de VAN DE VEN, A. H.; FERRY, D. L. **Ias 'Measuring and Assessing Organizations' Wiley e Sons**, 1980, bem como os artigos de VAN DE VEN, A., Walker G.; USTON, J., Coordination pattererns, within an interorganizational network'. *In*: H. **Relations Journal**, 32 (1936).Ulo'. 1979; e VAN DE VEM; WALKER. **The dynamics of interorganizational coordination**. A. S. Q, Cornell 11in 29. 1984.

fortemente, marcado por sua experiência cotidiana. Neste sentido, o estabelecimento de vínculos efetivos e flexíveis entre indivíduos é um desafio.

Por meio da Ética empresarial[54] procura-se coordenar a ação comum de múltiplos pequenos grupos de empresas e instituições locais de uma dada região, especificando seus espaços de coexistência, complementaridade, e/ou conflito, a possibilidade de ação conjunta, com as demais organizações e instituições regionais ou, de caráter mais geral. O resultado deste panorama é uma valorização do empresariado local pela ampliação de sua consciência e participação, com um ajuste mais adequado às exigências ambientais e gestão de pessoas.

Não há a menor dúvida de que a ação ética é um processo humano e estratégico para as empresas A dissociação implicou a *"Entkoppelung (desengate) do mundo vivido do sistema, já quase irreversível em nossos tempos. A racionalização não somente contaminou os dois sistemas (economia e estado), mas já expandiu a certas instituições do mundo vivido. Habermas a falar na "Kolonisierung" (colonização do mundo vivido"* pelo sistema. A primeira patologia ("Entkoppelung"), faz com que os homens modernos submetam suas vidas aos níveis organizacionais e ao nível estratégico, submetendo suas vidas às leis de mercado e à burocracia estatal, como se nada pudesse ser feito. A mudança em gestão de pessoas envolve o estabelecimento de bases novas para a ação coletiva interempresarial.

A ação coordenada a nível local representa enormes oportunidades para a pequena empresa. Trata-se de uma nova abordagem que consiste na integração de critérios macrolocacionais às análises de natureza microlocacional, possibilitando apreciável ganho para a ação cooperativa regional e local, e um aumento considerável da consciência e das alternativas de ação institucional à disposição das comunidades e e de seus agentes. Para ser possível a mudança de concepção do empreendimento empresarial de pequeno e médio porte, precisamos reconhecer que tais empresas não têm reputação no mercado e raramente se beneficiam de economias de escala, concentrando-se em um ou dois produtos, ou mercados, sendo, portanto, incapazes de absorver os resultados da má sorte ou de decisões erradas. Sua grande vantagem reside na inexistência de

---

[54] A única forma de uma sociedade justa é o projeto de indivíduo, enquanto pessoa moral e ética; sem consciência e crítica moral não há mesmo nenhuma forma de modificação da sociedade. Em seu célebre artigo "Was ist Aufklaerung?" (O que é o esclarecimento?), Kant tinha visto na razão o instrumento de liberação do homem para que alcançasse através dela sua autonomia e *Muendigkeit* (maioridade). Defendia a necessidade de os homens assumirem com coragem e competência o seu próprio destino: reconhecendo que este não era ditado por forças externas (deuses, mitos, leis da natureza) nem por um karma interior. Ao contrário, os homens deveriam fazer uso da razão para tomarem em mãos sua própria história.

ligações com o passado, na flexibilidade de inovação sem afetar os índices de faturamento, movendo-se, rapidamente, e graças às habilidades de seus de proprietários, através de canais de decisão informais e baseados nas realidades diárias de fornecedores e clientes, e não, em relatórios abstratos sobre o seu comportamento. Em realidade, a criação de organismos coletivos locais e interlocais, de tipo cooperativo, opõe-se, diretamente, ao poder da burocracia, sendo forma autenticamente, desburocratizante, muito ao gosto e conveniência do empresário. Transportemos, finalmente, estas considerações para segundo momento desta análise, a qual trata, especificamente, de viabilizar as possibilidades de ação política deste empresariado. Como já vimos, este empresário é um estrategista, algo 'selvagem', um dialeto do concreto, fortemente, marcado por sua experiência cotidiana. Neste sentido, o estabelecimento de vínculos efetivos e flexíveis entre estes indivíduos é um desafio.

É um processo político autônomo no meio empresarial e oposto à burocracia estatal como se fossem forças antagônicas. O empresário ambiciona atingir posições de poder social. É, ainda, um visionário, e as ações do governo são recebidas e aceitas como as catástrofes naturais, na medida em que compete com grupos já organizados na sociedade mais ampla.

Assim, ideologicamente, voltada para o desenvolvimento à comunidade vence essa apatia generalizada, reforça o poder local, contra o centralismo burocrático e a dissociação, permitindo que a economia e os oligopolistas dominantes tenham que recrutar 'seus agentes' controlados por uma minoria, de homens entre empresários, governantes, consultores empresariais, burocratas, que determinam as regras do jogo etc., precisando, portanto, de um 'partido', sem o qual não terão o poder, como bem lembrou Freitag; *op. cit.*, A terapia para este diagnóstico das patologias da modernidade é reverter os processos de "desengate" e reacoplar os sistemas ao mundo vivido, permitindo aos atores locais a visão de conjunto. Sem isto, ou seja: o esforço comunitário, toda a luta não passará de idéias bem arranjadas em algum documento, ou diagnóstico das patologias ou crises em um relatório de pesquisa. Como viabilizar esta ação conjunta simples, reverter os processos do "desengate" e organizar estas forças é tarefa para o aqui e para o agora, "reacoplar" o sistema ao mundo.

Kant lembra, freqüentemente, que a lei moral não requer, senão conceder aos atores a visão do conjunto. Mas, jamais raciocínios sutis repousam no uso mais ordinário da razão, não supõem qualquer instrução prévia, *"nem ciências das autonomias adquiridas. A diferenciação lembra Bárbara Freitag em 'Habermas e a Filosofia da Modernidade'*. Ha-

bermas⁵⁵ em seu livro aponta dois processos de conotação negativa, a dissociação e a racionalização. Já, Kant em seu célebre artigo *Was ist Aufklaerung*", afirmou que a razão é o instrumento de liberação do homem e, portanto, da obtenção da competência sobre seu próprio destino. A dissociação, implicou na "Entkoppelung" (desengate) do "mundo vivido" do "sistema", já quase irreversível em nossos tempos. A racionalização não somente contaminou os dois subsistemas (economia e Estado) mas já expandiu a certas instituições do mundo vivido. Isso leva Habermas a falar na "Kolonisierung" (colonização) do mundo vivido pelo sistema.

A primeira patologia ("Entkoppelung") faz com que os homens modernos submetam suas vidas às leis do mercado e à burocracia estatal como se fossem forças estranhas contra as quais não há nada a fazer. Suas crises são percebidas e aceitas como as catástrofes da natureza (terremotos, erupções vulcânicas etc.) que escapam ao seu controle.

Essa apatia generalizada reforça as tendências da dissociação permitindo que a economia e o Estado sejam controlados por uma minoria, de homens de negócios e burocratas, que determinam as "regras do jogo".

Como bem lembrou Freitag, *op. cit.*, a terapia para este diagnóstico das patologias ou crises da modernidade é simples: reverter os processos do "desengate" e da "colonização", "reacoplar" o sistema ao mundo vivido, permitindo aos atores a visão de conjunto. Mas o reacoplamento não significa regressão a formas de indiferenciação anteriores, não significa a extinção dos limites estabelecidos e das autonomias adquiridas. A diferenciação e a autonomia representariam em ambos os lados, sistema e mundo vivido, um ganho na medida em que o aumento de complexidade e que pode ser acompanhado de uma maior transparência, flexibilidade, e trabalho individualizado no sentido de especialização e dirigibilidade das formações societárias, exigindo integração no âmbito do grupo comuni-

---

[55] Segundo Habermas, a modernidade se caracteriza por ter, criado uma disjunção, um hiato, entre o mundo vivido e o sistema (Entkoppelung). A perspectiva sistêmica e a perspectiva do mundo vivido não estão, por sua vez, integradas: a integração sistêmica, não coincide com a integração social. Sistema e mundo vivido entram em choque. O mundo vivido regido pela razão comunicativa, está ameaçado em sua sobrevivência pela interferência da razão instrumental. Ocorre uma anexação do mundo vivido por parte do sistema, desativando as esferas regidas pela razão comunicativa e impondo-lhes a razão instrumental, tecnocrática. Há interferência do subsistema estatal na esfera do mundo vivido na burocratização, e a do subsistema econômico, a monetarização. Estas duas usurpações são responsáveis pelas patologias do mundo vivido. Foi, exatamente, este processo que levou ao que Weber chamou de perda de liberdade do homem, crescentemente, aprisionado numa armação de ferro (Stahlhrartes Gehaeuse). Foi o que, *mutatis mutandis*, Lukács denominou de alienação, e Marcuse, de unidimensionalização.

tário. A recente preocupação com a ética empresarial, em gestão de pessoas, reflete o desaparecimento da unidade funcional via hierarquia, e sem dúvida alguma, a ruína dos sistemas de valores cria um novo "homem organizacional" que abandonado pela modernidade, vai ficando cada vez mais evidente, que de "funcionário" passa a colaborador, portanto, a ignorância das realidades éticas, pode ser um tremendo erro. A capacidade de aprendizagem tem importância para as organizações pela rapidez e pela realidade das transformações. Considera a democracia a norma e a "não norma". Precisamos, portanto, despertar o empresariado acoplado às constantes mutações dos indivíduos para a importância da ação ética e adhocrática. as participações temporárias nos diferentes grupos de trabalho. Uma estratégia comunitária *bottom up* considera fundamental atuar em tarefas diversificadas o que exige promover a integração dos circunstantes e das competências, bem como a compreensão de circunstâncias da ação empresarial local nos planos de desenvolvimento. Portanto, as exigências de fazer comunidades e movimentos, derrotando-se a figura do tecnoburocrata, do tomar decisões com valores do planejador de gabinete, substituindo-os por métodos de gestão de pessoas no humanismo interpessoal. Karl Weick diz que hoje, as organizações precisam se flexibilizar em planejamento e decisão. Romper com processo unilinear do crescimento econômico, extensivo do capital, tecnologia e energia, em poucas áreas, com uma sempre crescente aglomeração de fatores.

    Weick usa a metáfora entre abelhas e moscas. "Se você colocar doze abelhas e doze moscas em uma mesma garrafa, deitada, horizontalmente, voltada para a luz, descobrirá que as abelhas persistirão até a morte em sair pelo vidro que está voltado para a luz, agitando-se de um lado para outro. Enquanto, as moscas, em menos de dois minutos terão saído todas, velozmente pelo gargalo desinteressadas pelo enigma. A era pós-industrial, exige um novo tipo de sociedade e novas modalidades de solidariedade no comportamento. E, sem dúvida, uma nova ética no âmbito da discussão de soluções para organizações, onde tentativa e erro, improvisação, desobediência, são eficientes num contexto de grandes e rápidas mudanças para fazer frente às novas questões tecnológicas, sociais, políticas e econômicas, orientar os empreendedores para comportamentos adhocráticos, e para um modelo novo a adhocracia. W. Bennis é considerado o iniciador da consciente ética de negócios é a melhor proposta, e a entende como uma estrutura organizacional pode proporcionar como característica principal a temporariedade, a mutação, as forças tarefas, que se integram e se desintegram a partir da recessiva e turbulenta realização de uma entidade específica. Sobretudo, pela horizontalização do processo decisório e pela competitividade e eticidade em si da conduta. A adhocracia acentua as mudanças das características tecnoburocráticos, flexibilizando ao máximo os processos organizacionais e as características humanas, dentro de uma ética de responsabilidade dos membros da empresa, através da qualidade ética os temporários possuem as normas praticamente inexistentes, e estão envolvidos nas redes interorganizacionais, pois o trabalho é individualizado no sentido de especialidade, mas exigindo integração no âmbito do grupo tarefa. A estabilidade funcional via hierarquia desaparece, e é exigido um novo "homem organizacional" que abandone sua posição de "funcionário".

A capacidade de aprendizagem tem que ser marcada pela rapidez e pela realidade. Considerando-se que na adhocracia a norma é a "não norma", a ausência de padrões acoplada às constantes mutações dos indivíduos com participações temporárias nos diferentes grupos de trabalho e em tarefas diversificadas, o que exige a constante competência de compreensão de circunstâncias.

Orientar os pequenos empreendedores para os novos comportamentos adhocráticos, e para uma nova e mais consciente da ética de negócios, é a melhor oportunidade que lhes pode proporcionar um curso de graduação em administração, que muitos jovens buscam na tentativa de criarem e desenvolverem seus próprios negócios em uma era recessiva e turbulenta.

Ensinamos que o critério das decisões éticas não é apenas o da 'aceitabilidade social', mas, sobretudo, o critério da razão e do senso moral, avaliando-se a eticidade em si da conduta e a força social deste segmento empresarial em particular, como formas para romper o domínio exercido por cirandes corporações e interesses tecnoburocráticos, flexibilizando ao máximo estas empresas, dentro de uma ética de responsabilidade, tão ao gosto weberiano, através da qualidade ética dos sujeitos envolvidos nas redes interorganizacionais. Pois, sem uma clara consciência da missão não é possível o desenvolvimento de uma consciência específica e as estratégicas não serão mais que tentativas rígidas de respostas aos parâmetros fixados externamente.

O êxito do pequeno empresariado depende de ações conjuntas que lhe permitam uma administração adhocrática dos negócios e uma lucidez ética que aprimore a qualidade de seus produtos e serviços, e possa fazer frente aos preconceitos e limitações que tradicionalmente têm sido impostos a este segmento empresarial. A conexão entre o êxito dos objetivos organizacionais e uma nova qualidade ética é algo novo e que se sobrepõe às ruínas da modernidade e à oligarquia dos tecnoburocratas.

7.3 O FIM DO LENINISMO, HAVEL E A ESPERANÇA SOCIAL

No início de seu livro New reflections on the revolution of our time, Ernesto Laclau diz: "O ciclo de eventos aberto com a Revolução Russa foi definitivamente fechado... como força iluminadora do imaginário coletivo da esquerda internacional... O cadáver do leninismo, despido de toda a pompa do poder, revela sua realidade deplorável e patética". Concordo com Laclau e espero que os intelectuais usem o fim do leninismo como uma oportunidade para livrar-se da idéia de que sabem, ou deveriam saber, algo sobre as forças fundamentais e ocultas, as forças que determinam o destino das comunidades humanas.

Nós, intelectuais, fazemos afirmações sobre esse conhecimento desde a fundação de nosso negócio. Já afirmamos saber que a justiça não poderia reinar enquanto os reis não virassem filósofos, ou os filósofos, reis: afirmação feita com base em uma inspeção investigadora da alma humana. Mais recentemente, afirmamos saber que a justiça não reinará enquanto o capitalismo não for derrubado e a cultura não deixar de ser uma mercadoria; afirmação feita com base na suposta compreensão da forma e do movimento da história. Espero que chegue a época em que possamos, finalmente, livrar-nos da convicção, comum a Platão e a Marx, de que devem existir caminhos teóricos amplos, em oposição aos estreitos caminhos experimentais, para que possamos descobrir como pôr fim à injustiça.

Laclau e Chantal Mouffe, em Hegemony and socialist strategy, livro bastante discutido, sugerem que a esquerda terá de fechar com a social-democracia. Alan Ryn sugere que o melhor que podemos esperar é "um tipo de capitalismo do bem-estar como uma face humana, não muito fácil de ser distinguido de um socialismo como um grande papel dedicado ao capital privado e aos empresários individuais". Por concordar com essas sugestões, acho que já é chegada a hora de eliminar os termos "capitalismo" e "socialismo" do vocabulário da esquerda. Seria uma boa idéia parar de falar em "luta contra o capitalismo "e colocar em seu lugar algo banal e nada teórico- algo como a "a luta contra a miséria humana evitável". De modo mais geral, espero que possamos banalizar todo o vocabulário do debate político esquerdista. Sugiro que comecemos a falar mais da ganância e do egoísmo do que a ideologia burguesa, mais dos salários de fome e das dispensas temporárias de empregados do que da transformação do trabalho em mercadoria, mais do gasto diferencial por aluno nas escolas e do acesso diferencial ao sistema de saúde do que da divisão da sociedade em classes.

Para justificar essa banalização, poderia citar a tese de Laclau de que "a transformação do pensamento – de Nietzsche a Heidegger, do pragmatismo a Wittgenstein – solapou decisivamente o essencialismo filosófico", e essa transformação nos possibilita "reformular a posição materialista de um modo muito mais radical do que havia sido possível para Marx". Acredito que a melhor forma de ser mais radicalmente materialista do que Marx consiste em despir o romantismo hegeliano do debate político esquerdista. Deveríamos parar de usar "História" como o nome de um objeto em torno do qual voltejam nossas fantasias de redução da miséria. Deveríamos reconhecer a correção do argumento central de Francis Fukuyama (celebrado artigo The end of history), segundo o qual, se ainda esperamos pela revolução total, pelo radicalmente outro numa escala histórica mundial, os eventos de 1989 mostraram que estamos sem sorte. Fukuyama sugere, e eu concordo com ele, que não existem mais chances românticas à disposição da esquerda, a não ser a tentativa de criar welfare states (estados cujos governos proporcionam o bem-estar a seus cidadãos, por meio de leis sociais) democrático-burgueses e de oferecer chances iguais aos cidadãos desses estados, redistribuindo o excedente produzido pelas economias de mercado.

*Fukuyama, no entanto, vê diante de nós, intelectuais, apenas o enfado após admitirmos que os **welfare states** democrático-burgueses são a melhor política que podemos imaginar. Para ele, o fim da política romântica terá o mesmo feito desanimador sobre nosso imaginário coletivo que o que Platão teria sofrido se admitisse que as instituições atenienses da época eram as melhores que ele poderia imaginar. Como seguidor de Strauss e de Kojève, Fukuyama lamenta esse feito desanimador. Na tradição intelectual à qual ele pertence, a filosofia é, antes de tudo, filosofia. A política utópica, o tipo de política cujo paradigma é A república, de Platão, é a base do pensamento filosófico.*

Numa visão straussiana, a esperança de criar uma sociedade cujo herói seja Sócrates, em lugar de Aquiles ou Temístocles, está por trás do que Heidegger chama de "metafísica ocidental ". Portanto, reduzir o romantismo político significa empobrecer nossa vida intelectual e, talvez, até torná-la impossível. Os straussianos tendem a concordar com os heiggerianos que o fim da metafísica equivale ao começo de uma época estéril e niilista, uma época na qual as liberdades e a alegria burguesas podem até se tornar universais, mas, por outro lado, não haverá nenhum leitor que aprecie Platão. Eles tendem a concordar com Kojève que, se desistirmos "do ideal platônico- hegeliano do Homem Sábio", se "negarmos que o valor supremo está contido na Autoconsciência", então "privaremos de sentido qualquer discurso humano".

Por discordar profundamente de Kojève, afirmaria que a versão do romantismo de Platão – Hegel – Marx-Heidegger, o romantismo da história mundial é algo que, agora, não faria à vida intelectual nem à política esquerdista – esse romantismo é uma escada que deveríamos agora jogar fora. Desconfio de modo como Kojève deixa sua imaginação ser dominada pela seção Senhor-Escravo da Fenomenologia de Hegel e, em particular, pela passagem que sugere que a completa seriedade moral e, talvez, a completa consciência intelectual são possíveis apenas para aqueles engajados numa luta de vida ou de morte. O uso que Kojève faz dessa passagem concilia a avaliação de história feita por Hegel, como a história do aumento crescente da autoconsciência, com o lado mais sanguinário do marxismo, especificamente, o lado leninista. Kojève, Strauss, Adorno, Nietzsche e Heidegger estão ligados a Lenin e a Mao pelo anseio de extirpar: de abolir a burguesia como classe ou, pelo menos, de erradicar a cultura burguesa, a cultura que, segundo Nietzsche e Heidegger, transformaria a Europa numa terra estéril. Essa cultura – a cultura do "último homem "de Nietzsche – é a contraparte contemporânea da cultura que levou Sócrates à morte: ambas são cul-

turas para as quais a autoconsciência não é virtude suprema e para as quais o ideal platônico-hegeliano do Homem Sábio não é assim tão importante.

Graças ao marxismo, o termo "cultura burguesa" passou a agrupar absolutamente, tudo o que os intelectuais desprezam. Dar esse nome a esse conjunto de coisas era uma forma de unir o romantismo da autocriação do intelectual ao desejo do trabalhador oprimido de expropriar os expropriados. Uniões como essas ajudam os intelectuais a fazer a associação entre nós próprios e os ideais da democracia e da solidariedade humana. Tais uniões permitem-nos ter o melhor dos dois mundos: temos sido capazes de combinar o desprezo tradicional do sábio pela multidão com a crença de que a multidão burguesa e degenerada atual será substituída por outro tipo de multidão – a classe trabalhadora emancipada.

Mas, agora, quando nós, intelectuais de esquerda, já não podemos ser leninistas, temos de enfrentar algumas questões que o leninismo nos ajudava a evitar: estamos mais interessados em diminuir a miséria ou criar um mundo adequado para Sócrates e, portanto, para nós próprios? O que está por trás do arrependimento que sentimos quando somos obrigados a concluir que welfare states democrático-burgueses são o que podemos esperar de melhor? Será a tristeza de pensar que o pobre nunca vai conseguir tudo do rico, que a solidariedade de uma nação cooperativa nunca será obtida? Ou será a tristeza de pensar que talvez nós, as pessoas que valorizam a autoconsciência, sejamos irrelevantes para o destino da humanidade? Que Platão, Marx e nós próprios talvez sejamos apenas excêntricos parasitas, vivendo da mais-valia de uma sociedade para a qual não temos nenhuma contribuição a fazer? Será que nossa sede de romantismo histórico mundial e de teorias profundas sobre as causas profundas da mudança social é gerada por nossa preocupação com o sofrimento humano? Ou seria ela, ao menos em parte, a sede de um papel importante para nós próprios?

Até qui sugeri que Fukuyama, assim como Nietzsche e Kojève antes dele, está preocupado não com o fim da história, mas com o fim da filosofia, e, portanto, do romantismo, da história. O que aborrece Fukuyama é a diminuição de nossa habilidade em usar a história como um objeto em torno do qual nós, intelectuais, possamos tecer nossas fantasias. Essa habilidade tem de fato diminuído. Para citar de novo Laclau: "Se o fim da história for entendido como o fim de um objeto conceitualmente compreensível, que envolve o real completo em sua capacidade diacrônica, então estamos claramente no fim da "história". Mas se é isso o que queremos dizer, então seria melhor afirmar que o que está no fim é nossa convicção de que existe esse objeto-por exemplo, a alma humana, a vontade de deus, o processo evolucionário, a História, a Linguagem-objeto que mais bem compreendido conceitualmente aumentará nossas chances de fazer a coisa certa.

Fonte: **Verdade e Progresso**, p. 282

7.4 DA SOLIDARIEDADE

Williams interpreta mal o artigo de Davidson, escrito em 1984, "A Coherence Theory of Truth and Knowledge, e mostra que o Davidson tem uma teoria epistemológica – coerentista – a oferecer. Ele passa por cima (379) do arrependimento de Davidson por ter usado o termo "coerência", o que culminou em suas Dewey Lectures de 1990,e diz que Davidson, "no que diz respeito à justificação, é um holista radical", ou seja, alguém que defende que a "justificação epistêmica sucede as características de nosso sistema de crenças tomando como um todo (379, 275).

Não me parece plausível atribuir o holismo radical a Davidson, que poderia, entusiasticamente, fazer eco à própria visão contextualista e externalista de Williams. Ele poderia também, de modo igualmente entusiástico, unir-se a Williams e afirmar que não existe, de fato, nenhum assunto proveitoso a ser discutido sob o tópico de "nosso conhecimento do mundo". O interessante desentendimento entre eles surge quando Davidson diz que, como já mostrou que a maioria de nossas crenças, ou das crenças de quaisquer outros, é coagida a ser verdadeira, o cético já foi derrotado antes de o tema da justificação vir à tona.

Williams não acha que Davidson mostrou que a crença é, por natureza, verídica. Para entender por que, vejamos o que cada um diz sobre os cérebros criados em recipientes e alimentados com experiências por um computador. Davidson acredita que os cérebros em tonéis estão, na maioria das vezes, certos sobre as coisas que pensam. Ele afirmaria que um cérebro que cresce num recipiente, e não tem contato causal com cadeiras e lareiras, não é capaz de imaginar se está realmente, como ele acredita, sentado numa cadeira diante de uma lareira. Davidson acha que podemos imaginar coisas apenas sobre aquilo que já conhecemos e que a maior parte do que esse cérebro sabe está relacionada a seu próprio ambiente de vácuo do computador. De modo análogo, um sonhador sonha principalmente com coisas reais e acredita sobretudo em coisas verdadeiras a respeito delas, embora ele esteja errado, por exemplo, acerca de quais coisas reais em particular o cercam nesse momento.

Williams responde a essa linha de pensamento dizendo que Davidson quer "derivar da caridade tanto a coerência quanto a correspondência". Mas Williams objeta que

O apelo à caridade termina por envolver a idéia de acesso não problemático a certas relações causais entre os falantes e os objetos no mundo. Se, no contexto da questão do cético, garantirmos a nós próprios esse acesso, o jogo terminará antes de ser iniciado

Essa objeção está mal orientada. Se Davidson estivesse, como Williams pensa, oferecendo uma resposta direta ao cético, realmente ele não seria capaz de invocar tal acesso não problemático. Mas Davidson não está fazendo isso. Ao contrário, ele está tentando enfraquecer a idéia do cético de que nós podemos saber o que são nossas crenças sem ter ainda uma série de crenças verdadeiras sobre as relações causais entre essas crenças e o mundo.

Como Williams, Davidson está oferecendo uma diagnose teórica do ceticismo. Essa diagnose diz que a razão de a pessoa cética pensar que precisa de uma inferência da experiência para o mundo é que ela não entende que a atribuição da experiência a si própria requer a atribuição de estados intencionais e que isso é possível para alguém que tem muitas crenças verdadeiras acerca do mundo. Não existe isso de saber em que se acredita sem saber muito sobre os objetos da própria crença. "A causalidade", afirma Davidson, "desempenha um papel indispensável na determinação do conteúdo do que dizemos e do que acreditamos". Williams faz objeção a essa linha de pensamento de Davidson e diz que, a não ser que já tenhamos algum modo de conectar a coerência com a verdade e, portanto, de garantir a nós próprios a existência de um mundo objetivo, não teremos como saber que nossas crenças são interpretáveis nesse sentido (davidsoniano) de "interpretar".

Para dar suporte à sua objeção, Willims cita, e implicitamente endossa, o argumento de Peter Klein no sentido de que tudo o que Davidson pode mostrar é que, "se existem crenças, então elas são, na maior parte, verdadeiras". Mas Klein diz: para saber se existe alguma crença, teríamos de saber pelo menos uma verdade muito importante sobre nosso ambiente, a saber, que existem eventos fora de nossos corpos que estão causalmente relacionados a estados nossos.

Suspeito que Davidson ficaria satisfeito em restringir-se a dizer que, "se existem crenças, elas são, na maior parte, verdadeiras". Ele não precisa preocupar-se com a questão sobre se sua crença de que existem crenças e, conseqüentemente, causas extracorpóreas para as crenças é justificada.

Williams pode replicar que Davidson, com essa atitude negligente, admitiu seu ponto principal, segundo o qual uma avaliação causal da natureza da crença só é reconhecida depois que alguém elimina sumariamente o cético, usando a arma cuja patente Williams detém. Ele pode reiterar que, sem uma diagnose teórica do ceticismo, "o argumento de Davidson será ineficaz, e com uma, desnecessário". Mas essa réplica só seria bem – sucedida se a própria diagnose teórica de Williams, mas não a de Davidson, fosse aplicada a uma pessoa cética que pensasse que nós não estamos justificados em assumir a existência de crenças. É difícil dizer se essa réplica seria ou não, bem-sucedida, pois é difícil saber como essa pessoa cética formularia seu ceticismo. Supostamente, ela tem de dizer que duvida de que ela própria tenha alguma crença e, portanto, duvida de que ela tem a dúvida que ela parece estar expressando. Esse ceticismo não é do tipo do de Descartes ou Stroud. Elas produziriam uma matança extremamente sofisticada se fossem empregadas contra um oponente tão fraco. Caso realmente enfrentássemos um cético tão importante, tenho dúvidas se algo além de um pragmatismo do blefe serviria.

Williams, no entanto, tem outra linha de argumentação contra a afirmação de Davidson que mostrou que a maioria das crenças da maioria das pessoas é verdadeira. Ele afirma que, se usarmos somente o arma-

mento de Davidson, "o problema do cético relativo à justificabilidade das crenças tende menos a ser solucionado do que a ser transformado num problema sobre a inescrutabilidade da referência ". O argumento de Williams consiste em que o intérprete externo do cérebro no comportamento lingüístico do recipiente não terá nenhuma razão para pensar que sua própria idéia sobre o que o recipiente está falando "corresponde à autocompreensão "do cérebro. Ele a argumenta do seguinte modo:

*Por exemplo, se fôssemos cérebros em recipientes.....o intérprete onisciente tomaria nossas declarações como declarações sobre eventos no computador que controla nosso **input** sensoral simulado, embora supostamente nós não o fizéssemos....Mas por que eu seria confortado pelo pensamento de que, se fosse um cérebro num recipiente, não teria a maior parte das crenças falsas sobre o mundo como as concebo agora, mas a maior parte das crenças verdadeiras sobre o ambiente do recipiente?*

Davidson, no entanto, perguntaria: "Por que você acha que nós não pensaríamos que nossas declarações se referiam aos eventos no computador? Na opinião de Davidson, a "auto-compreensão" que aqui Williams atribui aos cérebros em recipientes, e acha que pode não encontrar correspondência no exterior, é apenas outra versão da "situação epistêmica" que o próprio Williams deprecia em outra parte. Tanto a "nossa situação, versões da metade "esquema "do "dualismo esquema-conteúdo".

Quando Williams diz que "supostamente nós não" tomaríamos nossas crenças como crenças sobre os eventos no computador, Davidson diria que ele assim supõe apenas porque compra a idéia de que podemos saber o conteúdo de nossos estados intencionais sem saber o que os causa. Mas comprar essa idéia significa comprar o próprio fundacionalismo que Williams considera como um sintoma infalível do realismo epistemológico: um fundacionalismo que diz que minhas crenças podem acontecer independentemente de suas causas.

Williams toma por certo que a autocompreensão de um cérebro num recipiente pode formar-se independentemente do recipiente e de seu respectivo computador. Davidson insiste em que ter crenças a respeito das coisas não pode acontecer independentemente do modo como as coisas são, pois tais crenças fazem parte de uma rede de interações causais com essas coisas. Ele acha que o único modo de ficarmos livres do dualismo do sujeito e do objeto é dizer que a suposta lacuna entre os dois é uma linha arbitrária traçada nessa rede-uma linha que serve ao único propósito de criar um contexto no qual Descartes e Stroud possa funcionar.

Nesta conclusão, tentarei ser ecumênico. Ao meu ver, Williams está certo quando diz que o ceticismo requer tanto a condição de totalidade quanto a exigência de objetividade. A única diferença entre ele e Davidson está em que ele quer tratar a condição de objetividade como inofensiva e evitar o ceticismo livrando-se da exigência de objetividade. Ele acha que, assim que fizer isso, a condição de totalidade não atra-

vessará mais a mente de ninguém. A diagnose teórica de Williams diz: pare de traçar uma linha em torno de um estado natural pretendido chamado de "conhecimento humano" e, então perguntar sobre a sua relação com o resto do universo. A diagnose teórica de Davidson diz: pare de traçar uma linha através do universo e contrastar algo chamado de "nossas crenças a respeito do mundo" ou "o sujeito" com algo que fica do outro lado da linha e é chamado de "o mundo" ou "o objeto". Não está claro se precisamos escolher entre essas duas diagnoses. Ambas parecem fornecer razões suficientes para ignorar o contexto epistemológico no qual Descartes e Stroud funcionam.

As semelhanças entre essas duas diagnoses ficam, no entanto, obscurecidas pela ambigüidade na formulação de Williams sobre a exigência de objetividade, que citei antes como "a exigência de que o conhecimento que queremos explicar seja o conhecimento de um mundo objetivo, um mundo igual ao modo como ele é independentemente de como nos parece ser ou de como estamos inclinados a acreditar que ele seja". Essa formulação pode sugerir que Davidson e Williams são extremos irreconciliáveis, pois Davidson acha que a noção de "independência "é uma flauta quebrada. Ela é, afirma ele, uma idéia que "deriva da idéia de correspondência, que não possui conteúdo".

Acontece, porém, que, pelo menos parte do tempo, tudo o que Williams quer dizer com o mundo independente do que nós estamos inclinados a acreditar sobre ele é que "uma proposição objetiva ser verdadeira é uma coisa e o fato de acreditarmos que ela é verdadeira ou de estarmos justificados em acreditar que ela é verdade é outra coisa". Ele acha que isso é tudo o que há no realismo, na idéia da "realidade independente" do pensamento". É claro que nessa construção da exigência de objetividade, até Davidson pode aceitá-la, pois a distinção entre estar justificando e ser verdadeiro não será, por si só, suficiente para restabelecer um dualismo entre o esquema subjetivo e o conteúdo objetivo.

Mas justamente pelo fato de essa distinção não ser suficiente, a exigência de objetividade, interpretada desse modo vegetariano, não servirá aos propósitos ao cético. Justamente por interpretá-la desse modo, Williams acha que aqueles que, como Davidson, atiram na exigência de objetividade ignoram o alvo realmente importante: a condição da totalidade. Mas esses a quem Williams critica por gastarem energia na exigência da objetividade respondem que a interpretação dele não é a usual. A interpretação usual da noção de "independência" é que, para citar Williams, "nossa experiência pode ser exatamente como é, e todas as nossas crenças sobre o mundo podem ser falsas ".

De modo desconcertante, Williams parece pensar que essas duas interpretações do termo "independente" são equivalentes. Mas não são. Tomá-las como equivalentes é fazer exatamente inferência de "nenhuma de nossas crenças sobre o mundo pode ser falsa" para "todas as nossas crenças sobre o mundo podem ser falsas", o que Davidson vê como o importantíssimo truque mágico que fez o ceticismo primeiramente parecer plausível. Eu concluo que, se Williams estivesse contente com a interpretação da tese da objetividade no primeiro modo, vegetariano, então ele e Davidson poderiam juntar forças. Os dois dizem que o cético traça uma linha de uma lacuna desnecessária, criando um contexto desnecessário por meio da criação de uma lacuna desnecessária. Eles discordariam, quando muito, sobre o que veio primeiro – o ovo ou a galinha: a condição de totalidade ou a imagem esquema-conteúdo que faz com que tanto o fundacionalismo quanto a condição de totalidade pareçam plausíveis.

Por outro lado, se Williams interpreta a tese da objetividade do segundo modo, mais dúbio, então teremos de escolher entre sua diagnose teórica e de Davidson. Diante da necessidade de escolha, inclino-me para o lado de Davidson.

Um dos motivos dessa minha inclinação é que Williams ainda me parece um pouco fascinado pela epistemologia, pela idéia de que existe algo interessante a ser dito sobre o conhecimento humano. Davidson quase nunca, exceto no título infeliz dado a seu artigo sobre coerência, discute o tópico do conhecimento. Ele não está interessado em quando temos conhecimento e quando não temos. Isso me parece uma boa coisa. Williams, por outro lado, envolve-se em debates sobre o fechamento com Dretske e Nozick e flerta com o confiabilismo quando diz que "questões sobre o caráter induzível da verdade dos procedimentos de justificação terão de ser abordadas caso por caso e, quando forem abordadas desse modo, terão de ser abordadas empiricamente". Esta última passagem está em harmonia com a tentativa de Philip Kitcher de isolar os procedimentos e testar sua confiabilidade.

Não acredito que Kitcher, nem qualquer outro filósofo da ciência, tenha mostrado como isolar os procedimentos da justificação de modo a fazer comparações odiosas entre os bons e maus cientistas. Não acho que Williams deveria entrar nesse negócio, mas ele ainda parece almejar algum tipo modesto de epistemologia naturalizada, mesmo depois de nos exortar a abandonar a idéia de que o conhecimento humano é um tipo natural.

Ao meu ver, após abandonar essa noção, poderíamos dizer que a única questão existente nessa área é a questão histórico-sociológica de como e por que os padrões de justificação mudam. Essa não é uma questão sobre a induzibilidade da verdade dos procedimentos de justificação. Pelas razões que apresentei no primeiro artigo, essa questão não poderia ser levantada. Se, junto com Sellars e Brandom, tomamos o principal uso do adjetivo "verdadeiro" como endosso em lugar de descrição, podemos abandonar a noção de que existem proposições lá fora que possuem uma propriedade, chamada falsidade. Se, junto com Davidson, tomamos "verdadeiro" como um predicado primitivo, não seremos tentados a pensar que existe um tópico chamado "conhecimento", o nome do resultado da co-presença entre a crença justificada e a verdade, o que é distinto do tópico da justificação.

A tolerância de Williams com respeito a questões como a de Kitcher, sobre quais dos nossos procedimentos de justificação são induzidos pela verdade, parece-me um resquício da imagem esquema-conteúdo. Nessa imagem, a verdade está lá, onde o objeto está, e a justificação aqui, onde nós estamos. Portanto, parece haver a questão sobre se se somos capazes de atravessar esse abismo. Parte da tentativa de Davidson de apagar essa imagem consiste em evitar que nominalizemos o irrepreensível, indispensável e não analisável adjetivo "verdadeiro" num objeto distante chamado verdade. Na imagem substituta, formada por Davidson, sempre que temos uma das três – justificação, crenças verdadeiras ou racionalidade-automaticamente, temos muito das outras duas também. Existe uma atividade humana chamada "justificação de crenças" que pode ser estudada histórica e, sociologicamente, mas ela não possui um objetivo chamado Verdade ou, por conseguinte, um objetivo chamado Conhecimento. Portanto, a questão sobre se e como nos alcançarmos esse objetivo não é levantada.

Fonte: **Verdade e Progresso**, p. 188-195

7.5 TEXTO PARA LEITURA E DISCUSSÃO: AS LIÇÕES DE JOSÉ GUILHERME MERQUIOR

Figura exponencial da intelectualidade brasileira, José Guilherme Merquior distinguiu-se por seu lúcido racionalismo vinculado às lições de dois grandes mestres: Lévi-Strauss e Gellner.

Apesar de ainda não possuirmos perspectiva histórica bastante para a objetiva e plena valoração da obra de José Guilherme Merquior, uma das figuras exponenciais da cultura brasileira, já podemos fixar algumas das lições imperecíveis legadas por sua breve e surpreendente existência.

A sua essencial herança espiritual consiste na lúcida racionalidade, sendo o valor desta nele tão acentuado que o transformou em ardoroso paladino de idéias, levando-o a incessante e diversificada atuação polêmica nem sempre bem compreendida, parecendo às inteligências prevenidas ou sectárias mera expressão de fatuidade e de erudição pedante, quando na realidade não era senão resultado de desmedido apreço às opiniões alheias. Em poucos escritores senti tão intensa e viva angústia de comunicação e participação, o que, de um lado, explica a natureza dialógica de seus estudos, em permanente cotejo com posições afins ou contráriase, de outro, nunca deixar críticas sem resposta, mesmo em relação às quais teria sido preferível seguir o sábio conselho de Dante: *"Non ti curar di lor, ma guarda e passa"*.

É mister, pois, na tão alardeada e criticada atitude polêmica de Merquior, reconhecer o que era devido ao seu respeito às idéias alheias, o que resultava de seu profundo conhecimento do marxismo, a psicanálise, do estruturalismo e de quantas teorias foram alvo de suas críticas, granjeando o respeito de seus maiores contendores, que sempre reconheceram a lhaneza e a grandeza de suas posições doutrinárias.

Em três direções fundamentais se desenvolveu o lúcido racionalismo de Merquior, que ele carinhosamente vinculava às lições de seus dois mestres Lévi-Strauss e Ernest Gellner. Em primeiro lugar, cabe salientar sua orientação infensa a qualquer modismo filosófico, sobretudo de fonte parisiense, de que a inteligência brasileira tem sido vítima fácil, não se deixando seduzir, por exemplo, pelos devaneios da psicanálise, muito embora soubesse reconhecer o que devemos a Freud para melhor compreensão do ser humano; nem se ajustar ao triunfalismo marxista que imperou durante o largo tempo, apesar de saber levar em conta o que há de decisivo e relevante nas contribuições de Marx; sem aos endeusadores de Heidegger, não obstante tivesse ciência e consciência das razões fundantes da filosofia existencial, na qual preferia destacar a personalidade de Jaspers, justamente por ser adverso ao irracionalismo heideggeriano.

É esse constante e prudente balanceamento de valores intelectuais que explica a posição de Merquior perante os pós-estruturalistas como Foucault e Derrida, aos quais não poupou duras críticas, movidas pelo temor do que ele denominava "logicídio ocidental", tal o número de pensadores e de entusiastas acólitos que cada vez mais abdicavam das análises racionais, estetizando o pensamento e artificializando a linguagem, descambando para o relativismo narcisista e o império do mito. Essa opção pela racionalidade não significava, porém, para Merquior, uma predileção pelo abstrato e o formal desvinculados da concretude do homem enquanto individualidade substancial integrada num mundo plural de conjunturas históricas. Poder-se-à afirmar que ele se situa entre aqueles pensadores que reconhecem a verdade contida nos versos de Fernando Pessoa, ao intuito *"que no desenvolvimento da Metafísica / de Kant a Hegel/alguma coisa se perdeu"*. O pensamento mais recente de Merquior se orientava, a meu ver, no sentido de partir do criticismo de Kant para uma visão universal concreta à maneira de Hegel, sem lhe aceitar o historicismo, mas antes cogitando de uma filosofia da história, que ele considerava indispensável arrancar do esquecimento, desde que liberada da tentação de vaticínios ou profecias.

Foi esse temor de irracionalismo que impediu Merquior de compreender as razões do "culturalismo" brasileiro, bem distinto das exageradas colocações de Collingwood, ainda perdido numa falsa contraposição entre cultura e natureza, quando, no Brasil, ao contrário, a ênfase dada ao problema cultural se funda na verificação racional de que é somente através da cultura que poderemos superar nossas deficiências, muitas delas resultantes de condições mesológicas. Essa questão foi objeto de uma das últimas cartas que lhe escrevi.

À luz do que poderíamos denominar "racionalismo concreto" – e esta é mais uma de suas lições fundamentais – Merquior foi um crítico penetrante do formalismo estético, não tendo deixado de apontar sagazmente a contradição entre a "liricità" formal de Croce e o seu historicismo.

A Crítica como Retórica Iluminada

Não sabemos o que acontece quando um homem morre. Sabemos apenas: ele nos deixou. Atemo-nos às obras e no entanto, sabemos que as obras absolutamente não precisam de nós. Elas são aquilo que alguém que morre deixa no mundo, que lá estava antes que ele chegasse e que continua depois que ele o abandona. O que delas será, depende da marcha do mundo. *"Estas palavras, ditas por Hannah Arendt ao ensejo do falecimento de Karl Jaspers"* (Arend, Jaspers: Briefweehsel, 1985, p. 720), me vêm à memória no momento em que morre José Guilherme Merquior e que me disponho a escrever sobre seu último livro. De qualquer modo, um livro é vida vivida que não se interrompe, no diálogo que sobrevive com seus leitores. E estes Merquior certamente os terá por muito tempo.

José Guilherme Merquior tem um estilo crítico que incomoda. Não só pela contudência. Há em tudo que escreve o peso de uma cultura fundada e uma erudição abrangente. Não se preocupa em ser imaginoso. Mas tem a obsessão da solidez. E isto, seguramente, incomoda.

O conjunto de ensaios recém-publicados (Crítica-1964-1989 **"Ensaios sobre Artes e Literatura"**. Nova Fronteira) compõe a retrospectiva de uma trajetória. Merquior não a esconde, como ele próprio confessa. Mostra-a sem inibições. Não por vaidade, mas por honestidade. O autor sabe que alguns de seus textos juvenis não resistem à crítica dos ismos nem a um certo empolgamento ingênuo por pensadores, certamente, empolgantes, como Heidegger. Na seqüência dos ensaios, porém os primeiros textos ajudam o leitor a compreender melhor os trabalhos da maturidade.

Alguém já disse que a crítica não é uma profissão burocraticamente diplomada. Não há canudo que a confira a quem quer que seja. Exige uma espécie de sabedoria, embora com ela não se confunda. Nasce de um projeto, de uma vontade de exercê-la, ainda que também a esta não se reduza: ninguém é crítico por querer ser um crítico. Existe, portanto, muito mais num exercício de um estilo, que se molda e se mostra no tempo e que vai refletindo um reconhecimento.

Por tudo isto, a retrospectiva oferecida por esta coletânea ajuda a entender o crítico Merquior. Que não é desde logo, um sábio nos primeiros ensaios, mas já é, seguramente, dotado de um projeto. De início, um projeto negativo, que abomina o frouxo e o dispersivo, no que, para usar uma frase sua *"a ausência de rigor só se iguala à pretensão"* (p. 428). Embora os primeiros ensaios estejam presos a um instrumental aprendido e apreendido, o projeto que lhes é imanente os supera. O desejo de ir a fundo é um bordão estilístico que logo se revela. *"Vejamos, porém, mais de perto essa comparação implícita da segunda estrofe"*, diz ele a propósito da **Canção do Exílio** (p. 10), e a indagações propostas sobre "O Homem de Areia", de E.T.A. Hoffmann, sugere que *"somente a leitura rigorosa nos responderá"* (p. 24).

Merquior não é um crítico que se aproxima do seu objeto pela via de uma teoria sistemática. Sua obra madura, sobretudo, a partir de 1980, bem merece a observação de Arthur Moore, por ele mesmo citada: *"Se a crítica analítica ultrapassou o impressionismo vulgar, isto se deve mais a uma melhor leitura que a uma melhor teoria: porque com absoluta certeza a teoria forneceu um pretexto mais que um princípio regulativo"* (p. 427). Isto não faz dele, porém, um antiteórico. Cabe-lhe ainda o que ele mesmo diz de Óscar Lopes, Antônio Cândido, Aguiar e Silva: *"Não cederam aos modismos sem nem por isso neglicenciar a parte de autêntica inquietação interpretativa trazida pelo refinamento teórico da crítica"* (p. 438).

Difícil destacar, pois, na profusão de temas abordados nos ensaios um fio condutor capaz de ordenar sistematicamente a leitura. Pode-se perceber, não obstante alguns pontos insistentes, cuja permanência recorrente pode ser vista como uma quase tópica material de seu estilo: formalismo, antiformalismo, romantismo, modernismo, pós-modernismo, que Merquior trabalha numa forma contrapontista. *"De modo geral, nem a mensagem nem a linguagem dos grandes românticos foram particularmente obscuras"*, diz ele (p. 358). E acrescenta:

> *Durante o romantismo, o acento recaíra no escritor-profeta, comunicando seu credo pessoal à humanidade. Já nas poéticas da tradição moderna, o foco passou a incidir no poema e não mais no poeta: no poema enquanto "imagem suficiente", oráculo autotélio, ícone de si mesmo e, não obstante, misterioso talismã da salvação humana* (p. 358).

E mais adiante, já em outro ensaio: *"O pós-modernismo ainda é em grande parte uma seqüência, antes que uma negação, do modernismo"* (p. 401). E sobre Robert Musil, após observá-lo no contexto de uma "Viena sufocante", afirma: *"Tudo isso, bem sei, são considerações demasiado extraliterárias aos olhos da beatice formalista reinante..."*.

Não se fazendo presa de um sistema teórico fechado, seus trabalhos nem por isso se perdem numa desordem metódica. Embora a abundância de referências fruto de uma leitura prodigiosa possa criar, à primeira vista, esta impressão, ela é, seguramente, uma falsa impressão.

A verdade é que seu estilo de abordagem não parte de uma suposta totalidade metodicamente organizada. Não obstante, revela uma unidade retórica em que a problematização temática prepondera e é determinante. Seu texto não se perde numa divergência insuperável de opiniões, mas se organiza a partir destas divergências, iluminadas topicamente. Diria mesmo que Merquior aplica com maestria a velha técica da retórica clássica: ao abordar seus temas, enfatiza a disputa como uma instância de controle de suas próprias premissas que, então, poderão ser admitidas ou rechaçadas. Se isto não chega a ser um método-sistemático – é, sem dúvida, um estilo coeso de pensar. Não procede *more geometrico*, mas procura iluminar, na forma de contraposições, a temática discutida. Por isso não desdenha a opinião, que procura fundar e justificar por meio de *topoi* argumentativos reconhecidos, embora por esta mesma razão abomine o "achismo", a retórica balofa, ingênua ou desonesta, incapaz de conferir seriedade aos problemas que discute.

Merquior, acima de tudo, é um inconformista diante do que encara como os grandes mitos contemporâneos. Em ser um homem de sua geração, faz questão, porém, de se postar criticamente perante suas próprias condicionalidades. Sua implicância contra a "hipertrofia da visão subjetiva da arte", vista por ele como *"uma das características decisivas do alto modernismo ocidental"* (p. 187), o faz verberar intensamente o enigmatismo modernista, *"sombra da imaginação despótica- da condição paradoxal de uma arte em que uma singular impessoalidade se conjuga com um desbragado subjetivismo"* (p. 193). O que afinal as artes a uma *"situação paradoxal: desprovida de qualquer referencialidade eterna, cada arte, cada obra, passou a querer-se um "código autônomo-porém ao preço... de apelar para um imprescindível elucidário metalinguistico"* (p. 203). Em verberar, contudo, *"o longo e supersticioso idílio do modernismo com o irracionalismo, esse duplo maldito da razão ocidental"* (p. 179), Merquior encontra o seu modo de pontuar manifestações modernistas. Como é o caso do modernismo brasileiro, que não apresenta uma "unidade de base", mas assinala antes *"a dissolução de certo cânon de bem escrever – uma profunda revolução no tom literário"* (p. 264), permitindo-lhe apontar Drummond como *"insigne denunciante das prepotências do progresso"*, que *"não se deixou aprisionar pela mitologia do progressismo estético: a superstição da forma revolucionária em moto perpétuo, até o limite da incomunicação"* (p. 308). Afinal, o que se nota, em tudo isto, é uma espécie de luta incansável de Merquior contra as diversas formas de irracionalismo, *"essa enfermidade crônica do humanismo contemporâneo"* (p. 353).

Esta antologia crítica de Merquior mostra a "circunferência ocidental" do seu ensaismo. Em sendo um crítico brasileiro, o espectro dos ensaios antologizados denota antes uma vocação cosmopolita, enraizada na universalidade própria do pensar do Ocidente. O que não o priva, certamente, de saber – se irremediável amante do Brasil, *"mesmo do Brasil tão freqüentemente errado e decepcionante, pobre de fortuna e de projetos, abrigo de vícios e de molezas"*, como dizia ele num ensaio dos idos de 1964.

Capítulo 8

NOMES E PERFIS DOS SEGUIDORES DO NEOPRAGMATISMO NO BRASIL EM GESTÃO DE PESSOAS

8.1 INTRODUÇÃO

Afirma Mannheim:

Para a maioria das pessoas, o termo ideologia se acha intimamente ligado a marxismo, associação esta que determina em ampla medida as suas reações ao termo... Porém, apesar de o marxismo haver contribuído em muito para a colocação inicial do problema, tanto a palavra, quanto seu significado se situam na história bem mais remotamente que o marxismo, e, desde que este surgiu, novos significados da palavra têm emergido, tomando forma independente dele.

Para esse clássico, há dois diferentes significados: da palavra: o particular (quando estamos céticos das idéias e das representações apresentadas por nosso opositor) e o total. A diferença dos significados reside no fato de que a ideologia, na concepção particular, é apenas parte do enunciado do opositor (no que concerne a conteúdo), enquanto na concepção total já existe uma interpretação transcendental (transcende o que foi dito, englobando uma análise do tipo de vida do sujeito). Outra diferença é o nível de atuação: enquanto a concepção particular predomina no psicológico (onde residem fundamentalmente os interesses individuais), a total predomina no noológico (ignorando, portanto, as motivações).

Assim, como os conceitos total e particular podem ser distinguidos um do outro com base em suas diferenças de significado, assim também, as origens históricas destes dois conceitos podem ser igualmente diferenciadas apesar de, na realidade, estarem sempre interligadas. Isto é o que será visto no próximo tópico.

Cabe destacar que, na verdade, Karl Mannheim contribuiu – e muito – para a construção de um método interpretativo de pesquisa, discutindo as reflexões metodológicas e o desenvolvimento de um método de análise das visões de mundo, chamado de *método documentário de interpretação*, e este método faz uma análise teórico-prática da hermenêutica sociológica como sendo um instrumento que permite a inserção do contador e do analista de sistemas nos contextos sociais alheios, a compreensão e conceituação das visões de mundo ou orientações coletivas de um grupo, suas ações e formas de representação. Nesse sentido, o método documentário de interpretação transcende o nível da análise intuitiva ou dedutiva e instiga a construção de instrumentos analíticos capazes de mapear e dar forma às experiências cotidianas, que carecem de reflexão teórica. Em suma, o contador e o analista de sistemas de informação por meio de documentos, normas, padrões e procedimentos fixos moldam o fluxo de poder nas organizações, nas empresas e na sociedade, destacando-se como um elemento de dominação, um suserano, digamos. Trata-se da formação de uma nova classe social.

Acerca de Karl Mannheim, cabe destacar que seu primeiro livro, *Ideologie und Utopia* (Ideologia e utopia), é considerado seu mais importante escrito. Nesta obra, Mannheim afirma que todo ato de conhecimento não resulta apenas da consciência puramente teórica mas também de inúmeros elementos de natureza não teórica, provenientes da vida social e das influências e vontades a que o indivíduo está sujeito. Ainda segundo este autor, a influência desses fatores é da maior importância, e sua investigação deveria ser o objeto de uma nova disciplina: a **sociologia do conhecimento**. Cada fase da humanidade seria dominada por certo tipo de pensamento, e a comparação entre vários estilos diferentes seria impossível. Em cada fase aparecem tendências conflitantes, apontando seja para a conservação, seja para a mudança. A adesão à primeira, tende a produzir **ideologias**, e a adesão à segunda, tende a produzir **utopias**. Outras investigações importantes de Mannheim compreendem estudos sobre as relações entre pensamento e ação. Sua contribuição para a teoria do planejamento e para a caracterização das sociedades de massa tem especial destaque, e estes conceitos são de grande valia para o contadores e analistas de sistemas de informação, ou seja, ele precisa aprender a organizar, comandar, controlar, planejar, coordenar, digitalizar, neuralizar e pós-neuralizar.

8.2 UMA RELAÇÃO DE AUTORES DO PENSAMENTO EMANCIPATÓRIO EM GESTÃO DE PESSOAS

1. PONCHIROLLI, OSMAR. **A importância do Capital Humano na Gestão Estratégica do conhecimento sob a perspectiva da teoria do agir comunicativo.** Tese apresentada ao Curso de Pós-Graduação em Engenharia de Produção da Universidade Federal de Santa Catarina, Florianópolis, outubro de 2003.

2. _____. Em busca da visão de totalidade. **Revista de Administração de Empresas**. São Paulo: FGV, 33(6), p. 20-31, 1993.

_____. Competências gerenciais requeridas em ambiente de mudança. **Revista Brasileira de Administração Contemporânea – ANPAD**. Rio de Janeiro: ANPAD, v. 1, n. 1-10, 1995.

3. CARLOS, Ana Fani Alessandri. **Espaço e Indústria**. São Paulo: Contexto USP, 1991.

4. CARVALHO, Antônio Vieira de. **Recursos humanos**: desafios e estratégias. São Paulo: Pioneira, 1989.

5. CREMA, R. **Introdução à visão holística**: breve relato de viagem do velho ao novo paradigma. São Paulo: Summus. 1989

6. DEMO, Pedro. **Educação e qualidade**. 3. ed. Campinas: Papirus, 1996.

7. FAZENDA, Ivani C. Arantes. **Interdisciplinaridade**: história, teoria e pesquisa. 11. ed. Campinas: Papirus, 2003.

8. GUERREIRO RAMOS, Alberto. **A nova ciência das organizações – uma reconceitualização das riquezas das nações**. Rio de Janeiro, FGV, 1981.

_____. Minha dívida a Lorde Keynes. **Revista de Administração Pública**. Rio de Janeiro: FGV, 16(2), p. 91-95, abr./jun. 1982.

9. MARTINS, Wellington. **Mudança organizacional e ação comunicativa**: rumo ao resgate da dignidade e da emancipação humana. São Paulo, 1994. Tese (doutorado) – EAESP/FGV.

10. OLIVERIA, Manfredo Araújo de. **A filosofia na crise da modernidade**. São Paulo: Loyola, 1989b.

_____. **Dialética e hermenêutica em Jürgen Habermas**. Dialética hoje. Petrópolis: Vozes, 1990. p. 81-115.

_____. **Ética e racionalidade moderna**. São Paulo: Loyola, 1993.

11. PIZZA JÚNIOR, W. Razão substantiva. **Revista de Administração Pública**. Rio de Janeiro: FGV, 28(2), p. 7-14, abr./jun. 1994.

12. RIBEIRO Jorge Cláudio. **Ousar a utopia**: Platão. São Paulo: FTD, 1988.

13. ROCA, Alexandre Sérgio da. Cientificidade e consenso: esboço de uma epistemologia a partir da teoria consensual da verdade de Jürgen Habermas. *In*: Oliva, Alberto (Org.). **Epistemologia**: a cientificidade em questão. São Paulo: Papirus, 1990. p. 177-212.

14. SAMPAIO, Tânia Maria Marinho. A demanda da emancipação social no pensamento político de Habermas. **Revista Tempo Brasileiro.** Rio de Janeiro, p. 118-119, 145-160, jul./dez. 1994.

15. SERVA, Maurício. **A importação de metodologias administrativas no Brasil.** São Paulo, 1990. Dissertação (mestrado) – EAESP/FGV.

_____. O fenômeno das organizações substantivas. **Revista de administração de empresas.** São Paulo: FGV, 33(2), p. 36-43, mar./abr. 1993a.

_____. Temporalidade, espaço e palavra. Organizações & Sociedade, Salvador: Escola de Administração da UFBA, v.1, n.1, p. 27-41, 1993b.

16. GHIRALDELLI JÚNIOR, P. (Org.); Davidson, Donald (Org.). **Ensaios sobre a verdade.** São Paulo: UNIMARCO, 2002. 167

_____. **Neopragmatismo, Escola de Frankfurt e Marxismo.** Rio de janeiro: DPA – De Paulo, 2001.

_____ (Org.); PETERS, M. (Org.). **Richard Rorty**: Education, Philosophy, and Politics. Nova Yorque: Rowman and Littlefields, 2001.

GHIRALDELLI JÚNIOR, P. **Richard Rorty – a filosofia do Novo Mundo em busca de mundos novos.** 1. ed. Petrópolis: Vozes, 1999.

RICHARD RORTY; GHIRALDELLI JÚNIOR, P. **Ensaios Pragmatistas sobre subjetividade e verdade.** Rio de Janeiro: DP&A, 2006.

8.3 MENTE, CONTEXTO, E COMPETÊNCIAS GERENCIAIS EM GESTÃO DE PESSOAS

Após Heidegger o ter que ser factual afigura-se desconstrução existencial, antológica do conceito metafísico do dever, o ter que ser factual é uma desconstrução do ter que obedecer à lei moral de Kant, para Heidegger a ditadura da razão não determina qualquer agir em particular, mas, somente, a forma de como agir, tanto de indivíduos, quanto de equipe de trabalho, em Kant a lei moral resulta da coerção da vontade finita, humana pela lei moral; em Heidegger o estar no mundo é fruto do fato da responsabilidade para com a presença como tal e para todos os presentes, não há mais distinção entre fenômenos e coisa em si. Quem é o homem? De onde vem o homem? A filosofia conclui na pós-modernidade que não é possível encontrar as origens ônticas e, sem elas, só podemos nos definir entre ser ou não ser. O que existe é a diferença ontológica, "a vontade de ter consciência"; neste sentido, a filosofia é reduzida a uma estética. Em Heidegger na **Ética e Finitude e Ser e Tempo,** o salvamento do homem do perigo da técnica implica, também, o resguardo das coisas, da ética de estar junto delas, que é parte da essência do homem. Heidegger abandonou, definitivamente, a posição transcendentalista e substituiu o conceito de verdade como condição de possibilidade da experiência pelo conceito de verdade como clareira, *lichtung*. O *a priori* de Kant é sintético, o de Heidegger, também, só que não é formal, nem é fundamento último, fundar não quer dizer causar, e, sim, constituir. Heidegger insistirá que a filosofia deve recorrer à desconstrução do uso corrente da linguagem frente à responsabilidade fundante do ser humano. Heidegger procura elucidar o verbalizado, mostrar, apontar, indicar uma linguagem capaz de dizer a verdade do ser; o lugar central é ocupado pela *sigética*, "linguagem é uma *Sage* (gesta) e uma *Zeige* (interpretação), que inclui o dizer, suas figuras, o silêncio, e o silêncio sobre o silêncio; em última análise, até o calar passa a valer como um modo indicial. O ser humano é abertura *Erschlossenheit* da manifestação de todos os entes, o ser humano existe na manifestação espaço-tempo dos entes em seu todo, ou seja: os entes não são objetos, mas, uma teoria de agir. O imperativo existencial ontológico heideggeriano proíbe qualquer estar no mundo, em que os outros são tratados apenas como meros instrumentos ou objetos, daí se segue que a preocupação e a responsabilidade em gestão de pessoas são chamamento silencioso, não-verbal da voz da consciência, para que assumamos a responsabilidade pelo sentido do ser, de outros seres humanos, que se desdobra nas responsabilidades de nossas ações; em sua essência o ser humano não é objeto, é alguém que temos que deixar de ser como é, e por quem temos que nos preocupar de maneira, irremissivelmente, pessoal. Kant viu se obrigado a segurar a realidade objetivo-prática da exigência da racionalização do agir, ou seja, da lei moral; na pós-modernidade não existe o conceito da teoria moral. Heidegger não entende as necessidades de agir como assunto de uma responsabilidade *a priori* moral e, sim, por modos urgenciais, derivados do ter que ser; e ter que agir constitutivos do existencialismo humano, o homem tem que ser abrir ao desocultamento do ser, o resguardar não consiste apenas em não agredir, mas significa uma ética de correspondência; é preciso morar na verdade do ser. Urge resguardar em vez de fabricar; o sistema kantiano depara-se com o difícil problema da unidade da razão teórica e prática, e apesar dos esforços de Hegel na pós-modernidade, finitude é definida como ruptura entre razão e não-razão, cada uma pondo em questão a outra. Segundo Davidson (1985), há duas espécies de linguagem: "*a natural e a artificial*". A linguagem natural pode ser estudada como um sistema formal, a linguagem artificial exige análises mais complexas, que Rorty contrapõe à filosofia analítica: a segunda linguagem necessita de uma hermenêutica. Nietzsche advertiu que no pensamento moderno o método passou a dominar a linguagem. Heidegger afirmou que não basta afirmar o uso comum ou filosófico da linguagem; é preciso uma nova relação com a linguagem, que não implique a objetificação do que está sendo dito, mas, na plenitude da vida mesmo no significado primário de nossas vivências, revele o que se desoculta.

Quadro 11 – Mentalidades, Características e Competências Gerenciais

MENTALIDADES	CARACTERÍSTICAS PESSOAIS	COMPETÊNCIAS
Considerações da imagem maior	Conhecimento	Gerindo a competitividade
Aceitação das contradições	Conceitualização	Gerindo a complexidade
Confiança no processo	Flexibilidade	Gerindo a adaptalidade
Valorização da diversidade	Sensibilidade	Gerindo equipes
Fluidez na mudança	Julgamento	Gerindo a incerteza
Busca por ser aberto	Reflexão	Gerindo o aprendizado

Fonte: VERGARA; BRANCO (1995, p. 63)

Dennet sobre o Realismo: uma leitura

*Para aceitar a posição metafilosófica que esbocei na segunda seção (Centros de Gravidade Descritiva) e, também, para completar a "mudança drástica" do pensamento filosófico prevista por Davidson, temos de parar de nos preocupar com o realismo e o anti-realismo. Dennett, infelizmente, ainda leva a sério as controvérsias sobre esses tópicos. Portanto, nesta seção final, trato da ligação residual de Dennet com a ontologia (perdoável no autor de um grande tratado sobre o cérebro) e, em particular, da distinção que ele estabelece entre **iliata** e **abstracta**.*

Quero começar tentando refutar algumas coisas que Dennett afirma sobre minhas idéias. Dennett me descreve como alguém que acredita que a diferença entre a psicologia popular e a astrologia "não faz grande diferença". Ele diz também que eu não admitiria que o uso que os usuários da psicologia popular fazem dessa ferramenta lhes daria 'poderes para compreender e antecipar o mundo mimado". Fico intrigado como o fato de essas idéias terem sido atribuídas a mim e com o fato de Dennett achar que elas podem ser deduzidas da minha negação de que "qualquer tipo de "realismo" poderia explicar o (aparente) sucesso da postura intencional ". O argumento de Dennett para me atribuir essas idéias parece-me ser o seguinte: (1) Rorty tem de admitir que a psicologia popular é uma ferramenta que nos dá esse poder e que ela o faz por meio da representação acurada do real e não do meramente aparente; (2) admitir que ela faz isso graças à representação acurada cairia em contradição com sua negação da negação explicativa do realismo; (3) portanto, ele tem de negar que a psicologia popular confere esse poder.

Na verdade, eu não admitiria o que está dito em (1). Mas Dennett acha que, no meu caso, essa atitude não é possível, pois mesmo quem transcende a distinção esquema/conteúdo e percebe a futilidade das teorias da correspondência da verdade (como Rorty) tem de aceitar o fato de que, na atitude ontológica natural, às vezes, nós explicamos o sucesso pela correspondência: ao navegar no litoral de Maine alcançamos maior sucesso quando usamos um mapa náutico atualizado do que quando usamos um mapa rodoviário de Kansas. Por quê? Porque o primeiro representa acuradamente os perigos, os sinais, as profundidas e os contornos da costa de Maine e o segundo não. E por que navegaríamos melhor pelos baixos das relações interpessoais usando a psicologia popular e não a astrologia?

A força da analogia de Dennett depende de se a expressão "representar acuradamente "pode significar a mesma coisa no caso dos mapas e no caso dos padrões que nós, psicólogos populares, usando a postura intencional, discernimos no comportamento humano. No primeiro caso, a precisão da representação pode ser determinada pela correspondência entre as partes de uma coisa(o mapa) e as da outra coisa (Maine) e pela descoberta de um meio de, com base nas características de uma, prever as características da outra. Meu argumento para a incapacidade de "qualquer tipo de "realismo" em explicar o sucesso de coisas como a física de partículas ou a psicologia popular em nos fornecer uma ferramenta para entender e antecipar o mundo é, simplesmente, que nenhuma correspondência análoga parece possível.

Para repetir de novo o argumento trivial contra essa correspondência comum a idealistas e pragmatistas; não podemos retroceder e avançar em nossas afirmações sobre elétrons e elétrons ou entre nossas atribuições de crenças e crenças e depois estabelecer as correspondências entre elas como fazemos com as partes do mapa e as partes de Maine. Isso seria o mesmo, como disse Wittgenstein, que conferir algo escrito no jornal com outro exemplar do mesmo jornal. Se, por um lado, temos diferentes testes para investigar a presença de uma curva no mapa e de uma curva no litoral de Maine, por outro, não temos procedimentos diferentes para atribuir crenças e detectar a presença das crenças atribuídas. É por isso que, na minha opinião, a expressão "a psicologia popular representa acuradamente" parece não acrescentar nada à expressão a "psicologia popular nos dá o poder de antecipar o mundo".

Dennett não faz nada para estreitar a analogia entre os marinheiros e os psicólogos populares quando mostra como seria relevante o par de comparações ou correspondência. E ele também não se esforça para explicar o que é "ligar a realidade à existência bruta de modelos", algo que, segundo Dennett, Davidson e ele fazem, mas Paul Churchland e eu não fazemos. O único construto que posso fazer dessa frase é "aplicar, **ceteris paribus**, *o termo "real" a qualquer modelo que nos ajude a antecipar e compreender o mundo". Tenho tanto desejo de fazer isso* *quanto Dennett ou Davidson, mas antes preciso da resposta à seguinte pergunta: o que podemos pensar que um modelo foi considerado útil para antecipar o mundo? Uma explicação genuína teria de apelar para algo cuja presença ou ausência pudéssemos testar independentemente de nossos testes para a presença do* **explanandum**, *mas as pseudo-explicações oferecidas pelo "realismo" filosófico não fazem isso.*

Também preciso saber o que Dennett quer dizer com "depende de", ao escrever: "O sucesso da predição da psicologia popular, assim como o sucesso de qualquer predição, depende da existência de alguma ordem ou padrão no mundo a ser explorado". Esse tipo de "dependência de ", como as pessoas costumavam perguntar em Oxford, é a "dependência de" expressa em "A vinda dele vai depender das condições do tempo"? Não, pois esse tipo de dependência é uma questão de descobrir regularidades previsivelmente úteis. Ninguém nunca descobriu regularidades previsivelmente úteis, estabelecidas pela correlação entre objetivos isoláveis de modo independente, entre certo sucesso e certa ordem explorável no mundo; assim como ninguém nunca descobriu esse tipo de regularidade ao relacionar riqueza com a possessão de bens materiais. É claro que bons quineamos, como Dennett e eu, não podem falar em conexões "conceituais em oposição a empíricas ", mas podem falar muito mais em explicações inúteis do que em explicações úteis. "Essa teoria é bem-sucedida porque apreende algo real" parece-me tão inútil quanto (para usar um exemplo de Dennett) "Nós rimos por causa da hilaridade do estímulo".

Eu deveria ter imaginado que os mesmos impulsos verificacionistas urbanos, devemos carregar o fardo de todo o tipo de absurdo: epifenomenalismo, zumbis, espectro invertido indistinto..., o levariam a recusar a noção de "padrões reais em oposição a padrões muito úteis, mas meramente aparentes". Mas ele praticamente não o faz. Embora nos diga, com freqüência, que os termos "realista" e "instrumentalista" são muito obscuros para ter alguma utilidade, ele está preparado para se considerar mais realista do que eu, menos realista do que Davidson e, assim, por diante.

Ele não decide se está oscilando delicadamente na cerca que separa os "irrealistas", como (supostamente) eu, dos "realistas", como (supostamente) Davidson, ou se quer (como eu) ajudar a derrubar a cerca, recusando-se a usar a distinção "irrealista -realista". Ele está sentado, por assim dizer, numa metacerca.

Pragmatistas como eu acham que, assim que pararmos de pensar em crenças verdadeiras como representações da realidade e passarmos a vê-las, como fazem Bain e Peirce, como hábitos de ação, não teremos mais necessidade do termo "real", a não ser como um honorífico não explicativo e não informativo, como um elogio aos modelos em que confiamos. Conseqüentemente, não teremos também nenhum uso para "apenas aos olhos do observador" (uma frase que Dennett, vejam só, colocou em minha boca). Eu deveria achar que o fervor verificacionista

que compartilhamos levaria Dennett a concordar comigo nessas questões. Mas elas são reais? ", ele responde que "elas são tão reais quanto penteados, colares, oportunidades e pessoas; mas quão real é isso?".
*Ninguém perguntaria "quão real é isso?" a menos que tivesse em mente algum contraste odioso entre coisas que são realmente reais e coisas que são (como coloca Royce) "não tão reais". Dennett realmente tem em mente esse contraste, o contraste reichenbachiano entre **illata** e **abstracta**. Nesse aspecto, diferem dos elétrons, que desfrutam do **status de illata**. Nunca vi Dennett dar nenhum uso à distinção abstrato-concreto, exceto para responder a perguntas sobre seus compromissos ontológicos. Mas, se adotamos a "atitude ontológica natural" de Fine, como Dennett e eu fazemos, podemos não responder a questões como essas. Uma pessoa com essa atitude não tem "compromissos ontológicos "e nunca fala, como Dennett ainda faz, sobre "o mobiliário do mundo físico". Após antecipar e compreender o mundo, ela não sente nenhum impulso de abraçar um novo tópico – a ontologia – ou de fazer contrastes odiosos entre as várias ferramentas (por exemplo, entre os centros de gravidade e os elétrons) que usou.*

*O que obtemos com a diferença entre um **illatum** e um **abstractum**? Em "Real Patterns", Dennett diz que "**abstracta** são definíveis em termos de forças físicas e de outras propriedades". Isso se harmoniza com a passagem de Reichenbach que ele cita em The intentional stance, e que diz que "a existência dos **abstracta**" são "equivalências e não inferências de probabilidade". Em outra parte, Reichenbach refere-se aos **abstracta** como "combinações de **concreta**" e cita a "prosperidade "como exemplo de um termo que "se refere a uma totalidade de fenômenos observáveis.....e é usado como uma abreviação que resume todas essas observações em sua inter-relação". Ao contrário, continua Reichenbach, os **illata** não observáveis, como os elétrons, "não são combinações dos **concreta**, mas entidades separadas inferidas a partir dos **concreta** e cuja existência é meramente tornada provável pelos **concreta**".*

*Reichenbach formula duas distinções como se elas fossem coextensivas. Em primeiro lugar, está a distinção entre os referentes de termos que sabemos usar após conhecer uma breve definição expressa, principalmente, em termos de elementos observáveis, de relações matemáticas-termos como "o centro de gravidade do digitador "ou "o centro das meias perdidas de Dennett" – e termos como "elétron", "crenças", "dor", "pessoa" e "gene". Podemos aprender como usar esses primeiros termos apenas compreendendo um minijogo de linguagem. Em segundo lugar, está a distinção entre termos cujos referentes são tais que "sua existência é reduzível à existência dos **concreta**" e termos cujos referentes não são reduzíveis. A primeira distinção é pedagógica; a segunda, metafísica.*

Nós, holistas pós-quineamos e pós-investigações filosóficas, não ficamos tão à vontade com as segunda distinção quanto Reichenbach fica-

va. O problema é que "o referente de um termo cuja existência é reduzível à existência de elementos observáveis" parece claro apenas se pensarmos que temos as condições necessárias e suficientes para as aplicações de termos. Temos essas condições, quando muito, apenas para termos que possuem definições breves de acordo com elementos observáveis (como o "centro das meias perdidas de Dennett") e apenas quando não esmiuçamos o que vale como observável.

Na época de Reichenbach, parece óbvio que a definibilidade e o **status** ontológico tinham alguma relação entre si. Mas, atualmente, isso não acontece. Dennett não está autorizado a servir-se da parte metafísica da distinção **illiatum-abstractum** de Reichenbach, mas apenas da parte pedagógica(que costumávamos chamar de "semântica"). Mas, por si só, essa parte não o ajuda muito, pois dores, pessoas e crenças (tenho dúvidas sobre os penteados) não são entidades sobre as quais podemos aprender a falar tendo recebido breves definições. Do ponto de vista pedagógico, as crenças são muito mais como elétrons do que como centros de meias perdidas.

Dennett quer dizer que é tão estúpido perguntar se as crenças são reais quanto se o centro das meias perdidas é real. Praticamente, concordo com ele, mas não pelas mesmas razões. Concordo porque acho que é estúpido perguntar se qualquer coisa é real – em oposição a perguntar se é útil falar de espacialmente divisível, visível, facilmente identificável, feito de átomos, bom para comer etc. Quando adotamos a atitude ontológica natural, a realidade é uma roda que não desempenha nenhum papel em nenhum mecanismo. O mesmo acontece com a decisão de ser, ou não ser, "um realista a respeito de" alguma coisa. O mesmo acontece com a decisão sobre a posição que ocupamos na classificação descrita por Dennett (de um lado, o realismo de força industrial de Fodor e, do outro, o que ele chama, vejam só, de "irrealismo mais do que brando de Rorty"). Ao meu ver, Dennett deveria abandonar essa idéia de ter encontrado "um tipo de realismo brando e intermediário", o **juste milieu** da classificação que ele descreve. Ele deveria dispensar essa classificação e colocá-la no grupo das coisas das quais não vale a pena falar, o grupo das metáforas que, como aquelas que formam a imagem do Teatro Cartesiano, pareciam promissoras, mas mostraram não valer o problema que causam.

Por que esmiucei tanto a maneira como Dennett usa, e deveria usar, palavras como "real" e "realismo"? Por que não sou tão indiferente ao estabelecimento de uma cerca metaontológica por parte de Dennett quanto ele próprio é? Principalmente, porque gostaria de convencê-lo de que todas as razões que temos para nos livrar de uma imagem cativante, mas problemática, da mente, o Teatro Cartesiano, são as mesmas que justificam abandonar uma imagem cativante, mas problemática, da investigação humana: penetrar no véu das aparências. Todas as razões que podem levar alguém a escrever um livro inteiro para desenvolver um novo conjunto de metáforas para falar sobre a consciência são as mesmas que o levariam a escrever um livro que oferecesse um novo *conjunto de metáforas para discutir o objetivo da ciência, um livro que substituísse as metáforas que descrevem o "projeto de investigação pura" cartesiano exposto por Bernard Williams, um livro como o* Reconstruction in philosophy, *de Dewey, por exemplo. Em resumo, acho que o "verificacionismo urbano" de Dennett é um pouco urbano demais. Ele pára antes de atingir o objetivo, de um modo que me parece cortesia mal alocada em relação a um inimigo semiderrotado.*

Gosto da metafilosofia de um modo que Dewey parece não gostar. É por isso que, na segunda seção deste artigo, tentei encobrir a crítica de Dennett aos "novos senhores dos mistérios", como Nagel, num importante retórica metafilosófica. Acho que a retórica dos fãs dos senhores dos mistérios, como Nagel, McGinn e Gabriel Marcel, dos antiverificacionistas que apreciam a inefabilidade, deveria ter como oposto uma retórica análoga que denunciasse a própria idéia da inefabilidade. Essa retórica deveria fazer o que os positivistas fizeram em sua época: tornar o verificacionismo algo glamuroso e excitante, exatamente como a época exige. Não deveríamos ser tão urbanos a ponto de deixar esse tipo de retórica para os nossos adversários.

O tipo de retórica que recomendo aqui, está, na verdade, sugerida no parágrafo final de Consciousness explained. *Essa é uma de minhas passagens favoritas, pois ali Dennett resiste vigorosamente à tentação natural de anunciar que afinal capturou o sentido correto da consciência, conseguiu representá-la acuradamente e distinguir bem suas características. Em vez de fazer isso, ele diz que tudo o que fez no livro foi "substituir uma família de metáforas e imagens por outra". Em seguida, ele afirma que "as metáforas não são simplesmente "metáforas"; as metáforas são as ferramentas do pensamento.*

Eu gostaria que ele tivesse ido um pouco mais longe e acrescentado que essas ferramentas são tudo o que a investigação pode fornecer, pois ela nunca é "pura" no sentido usado por Williams no "projeto de investigação pura". A questão é sempre a de obter o que queremos. O que queremos de uma teoria da consciência? Não queremos que a natureza intrínseca da consciência seja revelada (como sugere a metáfora da ciência e da filosofia juntando forças para romper o véu das aparências); queremos, sim, obter um modo de falar que, se amplamente adotado, mudará nossas intuições. E por que deveríamos querer mudar nossas intuições? Pelas razões kuhnianas usuais: nossas antigas intuições estão gerando um excesso de controvérsia estéril, de teorias extravagantes que adicionam epiciclos (como "o conteúdo estreito") a epiciclos, de especulação (como a de Roger Penrose) sobre a necessidade de uma ruptura por enquanto inimaginável antes de termos a esperança de alcançar a luz e de conversa fiada derrotista sobre "os limites da ciência".

(RORTY, Richard. **Verdade e Progresso**, p. 131)

9

CONCLUSÕES

A morte do filósofo Richard Rorty[56] deixa lacuna no pensamento contemporâneo. Jürgen Habermas lamenta a morte do filósofo americano Richard Rorty e ressalta a poeticidade de seu pensamento. O filósofo norte-americano Richard Rorty (08.06.2007), falecido na última sexta-feira na Califórnia, foi relembrado pela imprensa alemã como o mais poético entre os pensadores contemporâneos. *"Esta grandiosa criatividade se deve ao espírito romântico do poeta, que já não mais se escondia por trás do filósofo científico"*, escreveu Jürgen Habermas na edição desta segunda-feira (11/06) do Süddeutsche Zeitung. *"Esta criatividade se deve à incomparável habilidade retórica e à prosa impecável de um escritor que sempre voltava a chocar seus leitores com estratégias incomuns de representação, inesperados conceitos de oposição e novos vocabulários. A arte ensaística de Rorty se movia entre Friedrich Schlegel e o surrealismo"*, comparou o filósofo alemão.

A FILOSOFIA DE RORTY PODE SER ASSIM PENSADA:

A. Filosofia do acaso

O mérito de Rorty enfatizado pela opinião pública alemã foi sobretudo a coragem de desafiar os paradigmas de uma filosofia essencia-

---

[56] Richard Rorty foi filósofo americano e Professor na Universidade Stanford. É autor de, entre outros, **Para Realizar a América** (DP&A) e **Objetivismo, Relativismo e Verdade** (Relume-Dumará). Rorty faleceu dia 08.06.2007, na Califórnia – EUA. Nas palavras de Jürgen Habermas, rejeitando a missão filosófica da busca da verdade, Rorty preferia o diálogo aberto entre ciência, arte, filosofia e religião, enveredando pela indeterminação do discurso literário. Após assumir a cadeira de Filosofia na Universidade de Princeton (1961-1982), ele optou por ser professor de Ciências Humanas e Estudos Culturais na Universidade de Virginia (1982-1998) e depois professor emérito de Literatura Comparada na Universidade de Stanford (1998-2005).

lista e apostar no significado da contingência, propondo tratar todas as abstrações e generalizações como produto do tempo e do acaso.

Rejeitando a missão filosófica da busca da verdade, Rorty preferia o diálogo aberto entre ciência, arte, filosofia e religião, enveredando pela indeterminação do discurso literário. Após assumir a cadeira de Filosofia na Universidade de Princeton (1961-1982), ele optou por ser professor de Ciências Humanas e Estudos Culturais na Universidade de Virginia (1982-1998), e depois professor emérito de Literatura Comparada na Universidade de Stanford (1998-2005).

B. Desconfiar de universalismos

"*Acho que, em geral, histórias tristes sobre o sofrimento concreto costumam ser uma forma melhor de mudar o comportamento das pessoas do que a citação de regras universais*", declarou Rorty numa entrevista à imprensa. Apesar de ser criticado por muitos como endossador da sociedade norte-americana, ele denunciou a invasão do Iraque pelos EUA, exigindo que a Europa passasse a assumir o papel de "polícia" do mundo.

C. O impulso filosófico não transcendente
Em **Verdade e Progresso**, p. 131, Rorty esclarece:

Em resumo, queremos algumas novas intuições porque as antigas não nos levaram a lugar nenhum.

Os fãs do mistério, é claro, pensam que não chegamos a lugar nenhum por causa de (numa frase de Colin McGinn) "nossa própria e incurável pobreza cognitiva "e que os filósofos que estão contentes em mudar as metáforas a fim de libertar-se de intuições inconvenientes estão (como colocou Nagel) "cansados do tema e satisfeitos em livrar-se dos seus problemas "e "transformando a filosofia em algo menos difícil e profundo do que ela é". Nagel considera as tentativas (como a de Dennett) de mudar a linguagem a fim de nos ajudar a esquecer ativamente as antigas e problemáticas intuições como sintomas de uma rebelião infantil "contra o próprio impulso filosófico".

Nagel identifica "o impulso filosófico" com o que ele chama, em outra parte, de "a ambição da transcendência". Falando nesses termos, Nagel engata uma marcha mais metafilosófica no debate entre ele próprio e Dennett. Acho muito útil fazer isso. Dentro da tradição da filosofia analítica, The view from nowhere, de Nagel, é um dos poucos livros recentes que articulam a sensibilidade moral de seu autor e reconhece que o argumento filosófico, mais cedo ou mais tarde, irá de encontro aos limites definidos por essa sensibilidade. Minha opinião a respeito do que é importante e vale a pena fazer para os seres humanos exige a renúncia à ambição da transcendência, à qual Nagel permanece fiel.

Uma vez que a definição de quais intuições julgamos estar, ou não estar, nos levando a algum lugar, depende, em parte, de para onde queremos ir, nosso desejo de manter ou abandonar certas ambições. Nós, holistas, sustentamos que nenhuma intuição ou ambição pode fornecer um ponto arquimediano.

Wittgenstein foi quem mais impacto exerceu sobre idéias filosóficas de Rorty. Seu livro **Investigações Filosóficas**, uma obra que chamou de "terapia filosófica", dissolveu a maioria dos problemas filosóficos nas quais Rorty foi educado.

O livro abriu o caminho para que filósofos posteriores, como Wilfrid Sellars (1912-1989) e Robert Brandom, pudessem descartar as noções de "experiência", "consciência" e "mente". Eles o fizeram dando seguimento à observação de Wittgenstein de que não há como se interpor entre a linguagem e seu objeto. Em especial, não existe maneira alguma de decidir se uma palavra é apropriada para se referir a uma experiência. Assim, uma experiência perceptiva não é questão de algo ter sido "dado" à consciência e depois descrito em linguagem, mas, de termos sido treinados a utilizar certos objetos de linguagem ("estou sentindo dor", "isso é vermelho", "essa é uma vaca", "isso é bonito"), sob condições ambientais e neurológicas determinadas. Não existe nada de "inefável" na experiência; a consciência não tem nada de misterioso e não existe maneira de avaliar a linguagem em termos de "adequação". As descrições lingüísticas muitas vezes são suplantadas por outras descrições lingüísticas, mas isso acontece porque as últimas são mais úteis, não porque representem melhor os objetos que descrevem. Essa visão da percepção enfraquece a idéia empírica de que os sentidos colocam nossa mente em "contato direto" com a realidade e também a idéia de que algumas descrições do mundo são vividas mais diretamente" do que outras. Uma vez que abrimos mão da esperança de encontrar uma descrição mais precisa da experiência, torna-se fácil eliminar de nosso vocabulário filosófico a noção de "experiência" e a de "mente".

Os wittgensteinianos enxergam os seres humanos como organismos que, como outros animais, reagem a circunstâncias ambientais com respostas comportamentais. Logo, o que nos distingue dos brutos (e dos computadores) não é o fato de possuirmos um ingrediente extra adicional ao qual se dá o nome de "mente" ou "consciência", mas simplesmente nossa capacidade de apresentarmos comportamentos especificamente lingüísticos, trocando marcas e sons uns com os outros de maneiras que respeitam normais sociais.

Os seguidores de Wittgenstein descartam a idéia de que a linguagem seja uma tentativa de representar a realidade com precisão e também a idéia de que a verdade consiste na correspondência com a realidade. Essas mudanças lhe permitem deixar de lado perguntas céticas sobre se a mente humana é, ou não, capaz de apreender a verdadeira natureza das coisas.

O progresso científico, numa perspectiva wittgensteiniana, não é questão de chegar mais perto de algo que já existia (a Verdade ou Como o Mundo Realmente É), mas sim, de encontrar maneiras de falar que nos capacitem a prever o que vai acontecer, com isso nos proporcionando condições de desenvolver tecnologias que nos permitem exercer mais controle sobre nosso ambiente. O progresso moral é questão de capacitar grupos cada vez mais maiores de humanos a levar vidas mais livres e mais felizes, e não de alcançar clareza maior quanto à chamada "realidade moral". O progresso filosófico não é questão de resolver problemas ou penetrar mistérios, mas sim, como disse Wittgenstein, de "indicar à mosca a saída da garrafa na qual ela está presa".

Depois de ser ajudado por Wittgenstein e seus seguidores a descartar a problemática da filosofia analítica anglófona contemporânea, Rorty foi atraído por Heidegger. Heidegger começa, por assim dizer, do lugar onde Wittgenstein pára, dá o anticartesianismo como certo e, em seguida, relata uma história sobre o cartesianismo e o kantismo como etapas no caminho que nos levou de Platão a Nietzsche – um filósofo cujas opiniões sobre a verdade e o conhecimento se encaixam muito bem no pragmatismo ao qual Rorty foi conduzido pelas implicações da crítica feita por Wittgenstein ao cartesianismo e o empírismo.

Heidegger via tanto Nietzche quanto o pragmatismo com o que parece ter sido desconfiança injustificada, mas nos fez um relato novo e brilhante da história do pensamento filosófico no Ocidente. Assim, ao longo de carreira filosófica de Rorty, o pensar sobre a narrativa de Heidegger foi, pouco a pouco, substituindo o pensar sobre a terapia de Wittgenstein.

O filósofo mais interessante e original de nossos tempos é, na opinião de Rorty, Robert Brandom. É com os livros de Brandom que Rorty passou mais tempo estudando-os, procurando compreendê-los melhor, comentando-os. Brandom começa onde Wittgenstein e Heidegger param e desenvolve uma filosofia neo-hegeliana da linguagem e da cultura. Ele é, praticamente, o único filósofo analítico a apreciar Hegel e a produzir uma versão atualizada do hegelianismo – uma que une Hegel a Frege, oferecendo um relato da lógica como o processo de tomar explícitas as normas sociais e do progresso científico e moral como o processo de, novamente, entremear essas normas de maneira a produzir poder e liberdade maiores.

Brandom nos mostra como levar adiante a idéia de Wittgenstein de que não pode haver linguagem privada, desenvolvendo um relato neohegeliano da razão como algo, essencialmente, social. Rorty vê Brandom como tendo concluído o trabalho de reconciliar Hegel com Darwin – uma tarefa iniciada, mas não concluída, por John Dewey. Brandom pega os *insights* de Nietzsche, de Heidegger e dos pragmatistas, e os entremeia para formar uma narrativa neo-hegeliana.

Segundo a linha histórica, provavelmente, foi o trato cotidiano com assuntos políticos que, pela primeira vez, deu consciência e senso crítico ao homem, face ao elemento ideológico de seu pensamento. A diversidade de formas de pensamento entre os homens é ainda sociológica. Maquiavel, seguindo seu pensamento estritamente racional, tomou como tarefa específica relacionar as mudanças das opiniões dos homens com as variações de seus interesses. Isto tudo numa fase em que, segundo Hume, supunha-se que os homens eram dados a fingir e enganar seus semelhantes. Além disso, há o fato de que o homem sempre acredita mais prontamente no que prefere, e que sempre é mais fácil rezar e lutar pelo objetivo a que se propõe.

O desmascaramento que ocorre na concepção particular não deve ser confundido com o ceticismo mais radical e com a análise crítica mais penetrante e destruidora que se verifica nos níveis ontológico e noológico (caracteres da concepção total). Mas não se pode separá-los, totalmente. As mesmas forças históricas que ocasionam contínuas transformações em uma esfera, atuam igualmente sobre a outra. Na primeira, ilusões psicológicas são, constantemente, solapadas; na última, formulações ontológicas e lógicas sobre visões de mundo e modos de pensar dissolvem-se em um conflito entre as duas partes interessadas.

9.1 TEXTO PARA LEITURA E DISCUSSÃO: FILOSOFIA DA PRÁXIS E (NEO)PRAGMATISMO: A "NOVIDADE" DO NEOPRAGMATISMO DE R. RORTY (SEMERARO, Giovanni. Revista Brasileira Educacional. 2005. Universidade Federal Fluminense. Faculdade de Educação)

Se a filosofia da práxis, para além de alguns pontos de aproximação, apresenta profundas divergências teóricas e contrapostos projetos de sociedade em relação ao pragmatismo clássico norte-americano, a distância se torna ainda mais nítida quando se examina o neopragmatismo desenhado por R. Rorty, herdeiro dessa linha de pensamento.

Rorty representa, de fato, o pragmatismo norte-americano na versão pós-moderna mais sofisticada. Seus escritos procuram combinar o pensamento antimetafísico (antiessencialista e anti-representacionista) com um remodelado liberalismo "solidário" e um "vocabulário" inspirado na filosofia da linguagem.

Em Ensaios sobre Heidegger e outros: escritos filosóficos II (1999a, p. 14-15), o próprio Rorty explicita abertamente que o seu projeto filosófico visa a interligar os pragmatistas, particularmente J. Dewey, a Nietzsche, a Heidegger e aos filósofos analíticos norte-americanos Quine, Davidson e Putnam.

Mas, embora mencione constantemente Dewey, na verdade Rorty está sintonizado com a filosofia da vida de Nietzsche e com a crítica à "tradição ontoteológica" de Heidegger, ao mesmo tempo em que retira suas inspirações mais atuais de Donald Davidson, "um filósofo cuja obra parece-me ser a melhor declaração corrente de uma posição pragmatista" (RORTY, 1999a, p. 26). De fato, se por um lado, Rorty declara em diversas ocasiões que a sua "admiração por Dewey é quase ilimitada" (RORTY, 1999b, p. 14) e que "o liberalismo naturalista e antiideológico deweano é a mais válida tradição da vida intelectual americana", por outro lado, está convencido de que "o pragmatismo deveria desenvolver o lado holístico e sincrético para poder construir um invólucro melhor para o liberalismo" (RORTY, 1997, p. 93).

Pelo uso que faz dos seus referenciais teóricos e pelas suas próprias declarações, ficam evidentes as posições políticas que Rorty assume em defesa da "utopia liberal" (RORTY, 2001, p. 218) e do modelo norte-americano de sociedade. Um liberalismo que, na esteira das reformadoras teorias de J. Rawls (RORTY, 1997, p. 239 ss.), Rorty espera ver renascer na América atual, já que "patriotismo, economia solidária, anticomunismo e pragmatismo de Dewey andavam juntos, fácil e naturalmente" (RORTY, 1999b, p. 98). Assim, não há escrito de Rorty em que não apareça, inabalável e indiscutível, metafisicamente presente como "mão invisível", a "crença" de que "sem [...] as instituições da sociedade burguesa liberal os homens teriam mais dificuldade para encontrar a própria salvação pessoal" (RORTY, 2001, p. 103).

*Imbuído dessa "missão", Rorty, "anticomunista militante" de esquerda (RORTY, 1999b, p. 94), defende um "liberalismo democrático", uma "socialdemocracia reformista" que leve à purificação do egoísmo e dos excessos da concorrência para tornar-se sensível ao sofrimento humano e impedir a crueldade (RORTY, 2001, p. 82). Para tanto, sonha com um mundo em que as classes possam trabalhar "cooperativamente" (idem, p. 89); invoca as políticas reformistas de "Dewey e Hook, que lutaram com grande sucesso contra as tentações que o marxismo apresentou aos intelectuais americanos nos anos 30" (RORTY, 1997, p. 107-108); substitui a retórica dos direitos universais com as tradições genuínas do "nosso mundo" norte-americano (Rorty, 1999b, p. 84); contrapõe o conceito de "**societas**" (sociedade que partilha valores específicos de um preciso grupo social) ao conceito de "**universitas**" (associação universal dos seres humanos que se reconhecem na mesma natureza humana) (RORTY, 2001, p. 75); está convencido de que não se pode pen-*

sar a realização da democracia desvinculada do capitalismo: "democracia participativa e fim do capitalismo são ideais que ninguém é capaz de imaginar sendo realizados" (RORTY, 1999b, p. 139); para o que chama de "esquerda", indica que "deve voltar-se ao trabalho de reforma gradual dentro do quadro de uma economia de mercado" (idem, p. 141), de uma democracia já organizada, na qual "nenhuma 'crítica radical' é requerida, sendo necessário apenas atenção para o detalhe", e na qual "o filósofo [...] é alguém que provoca o confronto entre os bons e os maus aspectos dessa sociedade" (RORTY, 1999a, p. 39, grifo meu). Sem nunca pôr em dúvida a sacralidade do capitalismo, afirma que "deveríamos repudiar a insinuação dos marxistas de que só aqueles que estão convencidos de que o capitalismo deve ser superado podem ser tidos como de esquerda..". (RORTY, 1999b, p. 76). Idealiza, afinal, "uma autoridade global que poderia colocar o capitalismo global a serviço da democracia [...] uma vez que hoje 'socialismo' não significa outra coisa se não 'capitalismo domesticado'" (RORTY & VATTIMO, 2005, p. 82).

Portanto, em contradição com as idéias de diferença, de democracia e de "conversação" aberta de que sua filosofia se diz portadora, Rorty toma partido indiscutível a favor do liberalismo, faz apologia dos seus heróis, valoriza autores de seu interesse e desqualifica outros que não têm "utilidade" para o seu discurso (RORTY, 2001, p. 100), indica com precisão as leituras que servem para uma boa formação e outras que devem ser abandonadas (RORTY, 1999b, p. 93), ergue barreiras contra o marxismo, porque "para nós americanos é importante não permitir que o marxismo influencie a história que contamos sobre nossa própria esquerda" (idem, p. 76), uma vez que "nós americanos não precisamos de Marx para nos mostrar a necessidade de redistribuição [...]" (idem, p. 84). Assim, a aparente liberalidade do seu pensamento e a modéstia de objetivos que a sua filosofia propõe mal escondem a intenção clara de "criar" um modo de pensar mais útil e prático para "refundar" mais eficazmente o liberalismo, modelo inigualável para o mundo, porque livre, sem amarras, sem princípios nem finalidade, cuja missão é "prevenir a miserabilização do proletariado país por país, no espírito pragmático e experimental que Dewey recomendou" (idem, p. 77), e se manter armado, já que "A Guerra Fria [foi] travada [...] para salvar o mundo de um grande perigo" (idem, p. 95).

Há outros aspectos que chamam a atenção quando nos adentramos na filosofia "solidária" e pós-moderna de Rorty. No mundo da sua encantadora literatura desaparece o "interesse" pelo contexto histórico dentro do qual deve-se entender os fatos, a linguagem, os valores. Em seus escritos não há sinal da divisão social do trabalho e a exploração deste, dos processos históricos, das forças sociais, políticas e econômicas que formam mentalidades e amoldam comportamentos, que levam alguns povos a subjugar outros, que fazem acumular riquezas e concentrar poder no império norte-americano. No lugar de questões pouco pragmáticas como essas, que até suscitam sentimentos de indignação e piedade, Rorty concentra seus esforços sobre o esgotamento da filosofia ocidental tradicional e suas teorias "inúteis" para o nosso tempo.

Partindo da idéia de que estamos em época pós-metafísica e pós-filosófica, Rorty acredita ter havido um deslocamento da subjetividade/identidade fundada sobre a "consciência", para uma concepção que valoriza a completa naturalização das relações entre os homens e o meio. Nessa visão, organismo e ambiente, interno e externo, são considerados holisticamente relacionados única e exclusivamente por causação. O modelo naturalista, de fato, dispensa a noção de consciência, de sujeito e de processos históricos. Ao abandonar a "metalinguagem" e a introspecção, e ao adotar a observação, o ponto de vista da terceira pessoa analisando expressões lingüísticas, crenças e desejos, Rorty pensa que é possível ser "ontologicamente neutro", "para além do bem e do mal", pelo fato de limitar-se apenas a descrever, sem ideologia, o mundo com seus vários vocabulários, sem privilegiar nenhuma linguagem específica. Na esteira de Nietzsche, portanto, a maior preocupação de Rorty é dissolver a filosofia do sujeito, da consciência, da razão, da verdade, da universalidade, substituindo-a pelo naturalismo, o holismo, a linguagem, a utilidade, a contingência.

Por isso, em conformidade com a "virada lingüística", a filosofia, nas mãos de Rorty, sofre também "a virada da teoria à narratividade" (RORTY, 2001, p. 5). Nesse sentido, o que nos restaria, agora, é aprender a nos "recriar" pela linguagem, a nos redescrever incessantemente por meio de novos vocabulários. O mundo pragmático, natural e palpável de Rorty nos orienta assim a "utilizar" impoliticamente termos e novas metáforas, sem se importar com o contexto histórico e sociopolítico. Rorty acredita, de fato, que

[...] a única coisa que podemos fazer para ampliar o raio dos nossos conhecimentos [...] consiste em ler livros, pois os irônicos passam mais tempo em colocar ordem entre os livros do que entre as pessoas concretas, reais. Eles temem que conhecendo apenas os habitantes do próprio bairro possam acabar presas do vocabulário no qual foram educados e, portanto, procuram conhecer pessoas estranhas (Alcebíades, Julien Sorel), famílias estranhas (os Karamazov, os Causabons) e estranhas comunidades (os Cavalheiros teutônicos, os Nuer, os mandarins da época Sung). (2001, p. 98)

Ao se dedicar aos romances e afastar seus olhos das contradições sociopolítico-econômicas existentes no mundo, o neopragmatismo de Rorty quer nos fazer crer que hoje não há mais problemas filosóficos "fundamentais" a serem resolvidos e que a filosofia não passa de uma "crítica literária" (2001, p. 99), de uma "prática discursiva" entre outras que caracterizam a nossa convivência. Por isso, a filosofia deve abandonar sua pretensão de elaborar visões globais de mundo, de fundamentar o conhecimento e de dar sustentação a práticas éticas e políticas, para transformar-se em uma espécie de narrativa, sem nenhuma tentativa de chegar a uma teoria abrangente ou a um projeto de socie-

dade. Pois, agora, trata-se não de elaborar conceitos, mas, de transitar entre vocabulários; não de construir uma epistemologia, mas, de dedicar-se aos jogos de linguagem; não de argumentar, mas, de justificar para "audiências"; não de auscultar a realidade, mas, de "conversar" sobre ela. Qualquer coisa a mais do que isso, levaria aos perigos da "sobrefilosoficação". Convencido disso, Rorty pode declarar que, "se considerássemos a história humana como história de metáforas sucessivas, para nós o poeta, no sentido geral do artífice de novas palavras, criador de novas linguagens, seria a vanguarda da espécie" (RORTY, 2001, p. 30). Esse "gênio", sendo o único que "sabe contar a história", tem sua superioridade assegurada em relação "ao resto da raça humana" (idem, p. 39). Em conformidade com o elitismo de Nietzsche e Heidegger, Rorty também acredita que as mudanças no mundo acontecem pelas "revoluções conceituais" (Rorty, 1999a, p. 29), pela introdução de "novas metáforas", pelas idiossincrasias dos grandes pensadores (idem, p. 29), sem relacioná-las às lutas concretas de grupos sociopolíticos, a complexas disputas de contrapostos projetos de sociedade, menos ainda suspeitar que muitas idéias e "metáforas" podem se originar nas ações e nas reflexões de seres humanos comuns.

Com essa reinterpretação da filosofia, o que nos restaria – melhor, aos poetas e pensadores – são as narrativas e o vocabulário, pelos quais "as coisas se tornam mais prontamente manipuláveis", sem esperar alcançar algo, uma vez que "não há nada a ser conhecido sobre coisa alguma a não ser suas relações com outras coisas" (RORTY, 2000, p. 67 ss.). A meta da investigação e da ciência, de fato, não é a verdade, mas a utilidade. Darwinianamente, é a capacidade cada vez maior de formar os instrumentos necessários para a espécie humana sobreviver. No entendimento pragmatista da investigação, "a linguagem é um conjunto de instrumentos", é um conjunto de "sinais e ruídos que os organismos usam como ferramenta para conseguir o que eles querem" (RORTY, 1999a, p. 17). Sendo assim, a linguagem não deve ser vista como um "quebra-cabeça" para descobrir algum desenho escondido do mundo ou um significado global da existência. De fato, uma vez que a filosofia tradicional faliu com a sua imagem "da mente como sendo um grande espelho" capaz, com seus "métodos puros", de chegar ao conhecimento entendido como "representação" precisa do mundo e capaz de elaborar "uma teoria geral da representação" (RORTY, 1979, p. 6-12), o que nós temos agora é só um "vocabulário contingente" utilizado por uma "comunidade restrita" (idem, p. 365).

Se vivemos em uma seqüência aleatória de acidentes e palavras, não podemos ter a pretensão de compreender e representar a realidade. Então, mais do que uma verdade, é preciso justificar "crenças" para uma audiência com mais facilidade que outras, pois só há vários objetivos locais, práticos, precisos, nenhum objetivo geral porque não há nenhuma justificação última, como não há nenhum centro considerado "consciência" porque não há nenhum "ponto arquimediano" (RORTY, 2000, p. 37-44).

"Praticamente", em que consiste o (neo)pragmatismo?

A centralidade do "uso de vocabulários contingentes", da "conversa" e da "narrativa" na filosofia de Rorty são tão fortes que chegam a operar uma separação entre o mundo da fala e as práticas de vida. Assim, contraditoriamente com seu discurso, mas coerente com o liberalismo que defende, Rorty acaba separando o pensamento do agir político. Refunda, assim, o dualismo que pensava ter superado, a tal ponto de não se importar com o comportamento e as escolhas concretas do filósofo, uma vez que o que vale é o que este pensa e escreve (RORTY, 2000, p. 171). Em um dos exemplos mais ilustrativos dessa atitude, Rorty chega a instruir M. Foucault sobre como deveria ser um verdadeiro filósofo:

Eu estou com vocês enquanto um companheiro cidadão, mas, enquanto filósofo, estou retirado em mim mesmo, perseguindo projetos de autoinvenção que não são do seu interesse. Eu não estou interessado em oferecer fundamentações filosóficas que legitimem o fato de eu estar do seu lado, pois meu projeto filosófico é um projeto privado que não provê nem motivos nem justificações para minhas ações políticas. (RORTY, 1999a, p. 263)

Como Nietzsche, acreditando que a realidade é "um exército móvel de metáforas", e que "não há fatos, mas só interpretações", o que importa para Rorty é a fabulação e a ironia, não a transformação do mundo.

Contrariamente à filosofia da práxis, portanto, não é a realidade dos grupos humanos concretos, a premência dos seus problemas, a disputa de projetos alternativos de sociedade, mas, "hollywoodianamente", as narrativas, os novos vocabulários, as boas intenções de "grandes" autores depositados em livros e seus jogos de linguagem que alimentariam a solidariedade e a criação de novos espaços de convivência. Justamente, Susan Haack (1998) observa que em Rorty as terapias de grupo e as práticas discursivas assumem o lugar dos problemas reais a serem resolvidos. E Habermas, em sua crítica a Rorty, observa que, "quando o pensamento filosófico [...] é desvinculado do dever de resolver problemas, e o seu fundamento é transferido para a crítica literária, é-lhe subtraída não só a sua seriedade, mas também a sua produtividade e criatividade" (HABERMAS, 1990, p. 198).

Rorty, de fato, acredita que simplesmente mudar o nosso modo de falar mudaria "o que queremos fazer e que pensamos de ser" (RORTY, 2001, p. 29). O novo demiurgo, portanto, é a linguagem, melhor, os "novos vocabulários". No lugar do ser, de Deus, da razão, da história, do espírito, do partido, são os fonemas, os "sinais e os ruídos" que chegam a "criar a pessoa humana [...] a fazer aparecer boa ou má, importante ou secundária, útil ou inútil qualquer coisa" (idem, p. 14).

Nesse sentido, a própria sedutora e risonha narrativa de Rorty não é apenas talento pessoal. É a expressão literária de um pensamento que traduz os valores que defende. Seu estilo desinibido, irônico, ousado, seguro, agradável, erudito, está intimamente sintonizado com o método de *"bricolagem de discursos"*, com a liberdade de *"construir textos com tramas múltiplas de narrativas provocadoras, contingentes com suas necessidades de cada momento" (RORTY, 2000, p. 11s)*, como o liberalismo quer.

Com essa *"liberdade"*, Rorty esmera-se em *"utilizar"* como acha melhor o pensamento de qualquer autor, tentando juntar em seus textos *"metáforas"* de Hegel e Marx com as de Kierkegaard, Nietzsche, Heidegger e Derrida; afirmações de Dewey e Rawls com proposições de Mill e Habermas (RORTY, 2001, p. 2 ss.). Sem se importar com o conjunto da obra de um autor e o contexto histórico-político em que escreve, Rorty espera assim, pela via da narrativa e da linguagem, construir holisticamente um *"belo mosaico" (idem, p. 99)*. Assim, para fundamentar o neopragmatismo, não apenas Nietzsche e Heidegger nos revelam que as categorias da razão *"são meios para o ajuste do mundo a certos fins utilitários"*, mas também que *"só nos tornamos pragmatistas porque Platão e Aristóteles já nos deram um avaliação técnica, instrumental, de para que serve o pensamento" (RORTY, 1999a, p. 48)*. Com a mesma liberdade pragmática, Rorty chega a afirmar que as Teses contra Feuerbach de Marx formam uma plataforma do pragmatismo (idem, p. 41) e que o método dialético de Hegel é *"simplesmente uma técnica literária"*, que *"não tem por objetivo reatar o sujeito com o objeto"*, que *"abandona a idéia de chegar à verdade"*, que *"inaugurou uma tradição da filosofia irônica que continua em Nietzsche, Heidegger e Derrida" (RORTY, 2001, p. 96 ss.)*. Por essas e tantas outras afirmações, percebe-se melhor por que Rorty trava suas lutas em defesa da *"contingência"*: porque só essa, afinal, nos habilita na *"capacidade de manipular entes para satisfazermos nossos próprios desejos" (RORTY, 1999a, p. 61)*. Pela mesma razão, foi observado que, quando se procura *"desfundamentar"* a idéia de natureza humana e de *"substância"*, se objetiva derrubar a idéia de igualdade (LOSURDO, 2002, p. 710).

Mas essa habilidade manipulatória nos confirma ainda mais, que de *"contingente, irônico e solidário"*, Rorty possui apenas a literatura, porque seus fundamentos **a priori** e a *"crença"* em um projeto preciso de sociedade aparecem perfeitamente sólidos e inabaláveis. Pois, quanto mais combate os fundamentos dos... outros, mais 'fundamentalista' torna-se o seu discurso. O livre, neutro, antimetafísico, contingente e criativo neopragmatismo de Rorty, de fato, não consegue se livrar do inquestionável *"fundamento"* do *"american way of life"*, do seu intocável *"ponto arquimediano"*: o pressuposto *"liberal"* da existência do indivíduo natural, autônomo, destituído de consciência e interioridade, mas dotado de *"crenças"* e *"desejos"*, capaz de interação com o universo, mas avesso a buscar visões de mundo que o exponham a se tornar um *"ser social"* e politicamente organizado. Não há surpresa nisso se considerarmos que em Rorty, como em seu mestre Nietzsche, há uma visão naturalista entre os seres humanos e o resto do universo.

Pois, afinal, a autêntica novidade pode muito bem acontecer em um mundo de forças cegas, contingentes, mecânicas. [...] assim, pelo que *nós sabemos, ou que nos importa, o uso metafórico da palavra ousia da parte de Aristóteles, de ágape da parte de São Paulo, e de **gravitas** da parte de Newton, foi o resultado da descarga produzida por um raio cósmico na estrutura de alguns neurônios determinantes do cérebro deles. Ou, como é mais plausível, foi o fruto de algum episódio peculiar da infância deles, de uma idéia fixa produzida por algum trauma pessoal. (RORTY, 2001, p. 26)*

Essa naturalização serve para Rorty justificar as distâncias que quer tomar das tendenciosas posições político-ideológicas que poderiam pôr em questão a "inocência" do liberalismo com o qual sonha, cuja "substância" permanece dualista porque prega a ironia privada e a solidariedade pública, invoca a piedade diante das crueldades humanas, mas se recusa a descobrir as causas. E não se pode pensar que essas contradições lhe escapam, pois Rorty é um intelectual muito informado para não saber que certas filosofias por ele desqualificadas ameaçam concretamente desmascarar a perversidade do sistema em que vivemos, as desigualdades por ele produzidas, as gigantescas transferências de recursos drenadas dos países pobres para os centros de poder, a militarização que isso comporta, o terrorismo ideológico e financeiro, o aprofundamento da divisão de classe, o fosso que está dividindo tragicamente a humanidade em fronteiras que segregam multidões empobrecidas de grupos humanos encastelados em altos padrões de consumo e de cultura.

*Longe dessa realidade "irrelevante", a filosofia de Rorty procura seu brilho na esgrima que trava com o pensamento tradicional europeu, na desconstrução de um passado cuja visão "ocular" e racionalidade impediriam a liberdade da sua própria afirmação, da sua "autocriatividade" e da "redescrição" de si próprio. Para ele, de fato, as questões mais importantes concentram-se nos dualismos entre a tradição metafísica e a linguagem atual, a modernidade e a pós-modernidade, a filosofia continental e a norte-americana. Não lhe importa verificar se os dualismos, antes do que na esfera da metafísica e do discurso, nascem, acima de tudo, das relações que se estabelecem entre dominadores e subjugados, entre quem estabelece "valores" conforme seus interesses e os que são empobrecidos. Quando se recusa olhar para essa realidade, de pouco serve evadir-se no mundo das palavras. Agindo assim, contribui-se para a manutenção e a "fundamentação" de outros dualismos igualmente perversos: a separação da filosofia da política, o público do privado, a narrativa das estruturas econômicas, a **societas** de protegidos separada da "**universitas**" da maioria entregue à "caridade". Por isso, à filosofia de Rorty não interessa a realidade na sua complexa concretude, mas, apenas o "jogo de palavras", o construcionismo permanente de acordo com os interesses de um grupo social particular, assumidamente "etnocêntrico" (RORTY, 2001, p. 227), que tudo faz para defender os seus valores que continuam "essencialmente" ocidentais. Ao recusar a análise das contradições e dos processos históricos, a compreensão do mundo em que se debatem outros grupos so-*

ciais e diferentes projetos de sociedade, o neopragmatismo de Rorty acaba comprometendo também seus próprios esforços de valorizar o particular e o contingente, porque os volatiliza e os exclui de uma relação maior.

Contrariamente ao que Rorty gosta de apresentar, totalidade, de fato, não significa necessariamente visão totalitária, exaustiva, fechada, única, definitiva, mas, na longa tradição dialética, deve ser entendida como uma compreensão, a mais ampla possível, histórica e superável, que conseguimos alcançar da complexa e contraditória realidade na qual nos movemos interativa e conflitivamente, em busca de conexões entre partes e todo, micro e macro, para que melhor tenhamos condições de transformá-la individual e conjuntamente.

Ao descartar essa leitura dialética – que o tão mencionado Hegel define como "ciência das contradições e das conexões universais", o neopragmatismo de Rorty, no lugar de construir o concreto ("rica totalidade de múltiplas determinações"), acaba se tornando redutivo, imediatista e abstrato. Sem uma relação maior, até o uso instrumental e operacional do seu vocabulário fica inviabilizado, e a "metafísica" da "utilidade" e da "contingência" defendida por Rorty torna-se pobre e sem saída. Transforma-se em uma ilusão pior que a criada por Platão, por ele incansavelmente combatido. A aposta na contingência, no vocabulário, na ironia, mais do que uma ruptura com a filosofia tradicional, na verdade, opera apenas uma inversão, "do ser para os entes", deixando a lógica subjacente substancialmente igual.

A metafísica, de fato, não se combate jogando todas as cartas sobre a aparência e os rodeios das palavras, como haviam já feito os sofistas. K. Otto Apel (1994, p. 183), justamente, tem observado que, quando alguém troca alegremente a "episteme" pela "doxa", a "verdade" pelo "útil", acaba renunciando à sua capacidade racional e à visão de conjunto. Quem abraça essa inversão, como Rorty, se recusa a perceber que as armadilhas do poder existem tanto na metafísica tradicional quanto na pressuposição de que tudo se desintegra e volatiliza no ácido corrosivo do relativismo; não se dá conta de que o "poder" do seu neopragmatismo, tão sutil como a "metafísica" das suas "crenças" sem aparente teoria e visão de mundo, afinal de contas acaba colocando-se a serviço de um liberalismo pós-modernizado e de um capitalismo virtual que combatem a política, a formação de subjetividades, do público, dos direitos universais, de outros possíveis projetos de sociedade, porque se recusam a admitir a realidade que produzem: o trágico dualismo na humanidade e a destruição do planeta.

REFERÊNCIAS

ADORNO, T. W. **Sobre la Metacrítica de la Teoría del Conocimiento**. Monte Avila, 1970.
_____. **Prismas**: La crítica de la cultura y la sociedad. Barcelona: Ariel, 1962.
_____. **La Disputa del Positivismo en la Sociología Alemana**. Barcelona: Grijalbo, 1973.
AGLE, B.R., CALDWELL, C. Understanding research on values in business. **Business and Society**. Chicago, v. 38, n. 3, set. 1999.
ALMEIDA, João Ferreira de. **Bíblia Sagrada**: antigo e novo testamento. Brasília: Sociedade Bíblica do Brasil, 1969.
ANTUNES, Ricardo. **Os sentidos do trabalho**: ensaio sobre a afirmação e a negação do trabalho. São Paulo: Boitempo, 1999.
APEL, K. O. **Estudos de moral moderna**. Petrópolis: Vozes, 1994.
ARAÚJO, Vânia Carvalho de. **Tecendo diálogos, construindo pontes**: a educação como artífice de paz. São Paulo: Cidade Nova, 2001.
ARRUDA, Roldão. Religião sob niedida. **Jornal O Estado de São Paulo**, 27.01.2002.
BACHELARD, G. **L'engagement Rationaliste**. Paris: Presses Universitaires de France, 1972.
_____. **Le Rationalisme Appliqué**. Paris: Presses Universitaires de France, 1999.
BARROS, Betânia Tanure de. PRATES, Marco Aurélio Spyer. **O estilo brasileiro de administrar**. São Paulo: Altas/Fundação Dom Cabral, 1996.
BENSON, J. K. **Organizations**: a dialectical view in Administrative Science Quarterly, vol.22,
BENTHAM, Jeremy. **An Introduction to the Principles of Morals and Legislation**. Oxford: Clarendon Press, 2005.
BEZERRA J., B. Considerações sobre terapêuticas ambulatoriais em saúde mental. *In*: TUNDIS, S. A.; COSTA, N. R. (Org.). **Cidadania e loucura**: políticas de saúde mental no Brasil. Petrópolis: Vozes, 1992, p. 133-169.
BIDAR, Lucia de B. **Espiritualidade**: uma aplicação prática. Rio de Janeiro: Gryphus, 2003.
BISPO, C. A. F. **Um novo modelo de pesquisa de Clima Organizacional**. Produção, 2006. v.16, n. 2, p. 258-273.
BLACKSTONE, William. **Commentaries on the Laws of England (1765)**. 4 volumes. Chicago: The University of Chicago Press, 1979.
BLAU, P. M. **Exchange and Power in Social Life**. New York: Wiley, 1964.
BOFF, Leonardo; FREI BETO. **Mística e espiritualidade**. Rio de Janeiro: Rocco, 1994.
_____. **Ecologia mundialização espiritualidade**: a emergência de um novo paradigma. 2. ed. São Paulo: Ática, 1996.
_____. **O despertar da águia**: o diabólico e o simbólico na construção da realidade. Rio de Janeiro: Vozes, 1998.
_____. **Via-sacra**: para quem quer viver. São Paulo: Verus, 2003.
BONDER, N. **A cabala do dinheiro**. São Paulo: Imago, 2004.
BOURDIEU, P. Le Métier de Sociologue. Paris: Mouton/Bordas, 1968.
BRANDT, Herman. **Espiritualidade**: motivação e critérios. RS: Sinodal, 1978.
BRUNI, L. **Comunhão e as novas palavras em economia**. São Paulo: Cidade Nova, 2005.
BUBER, M. **Do dialógico e do diálogo**. São Paulo: Perspectiva, 1982.

_____. **Eu e tu**. 2. ed. São Paulo: Moraes, 1974.
CAPRA, F. **The web of life**: a new scientific understanding of living systems. New York: Harper Collins, 1996.
CARRIKER, Timóteo C. **Espiritualidade**: onde, quando e como. Viçosa: Ultimato, 1977.
CASALDÁLIGA, Pedro; VIGIL, José Maria. **Espiritualidad de la Liberación**. México: Centro de Reflexión Teológica, 1993.
CASO, G. A questão Ética no Mundo do Trabalho. *In*: **Tecendo Diálogos, Construindo Pontes**: a Educação como Artífice da Paz. São Paulo: Cidade Nova, 2001.
CASTELLS, M. **A sociedade em rede; a era da informação**: economia, sociedade e cultura. São Paulo: Paz e Terra, 1999. v. 1.
_____. **A Sociedade em Rede**. 3. ed. Tradução de Roneide Venâncio Mayer. São Paulo: Paz e Terra, 2000. v. 1.
CASTORIADIS, Cornelius. **A instituição Imaginária da Sociedade**. Tradução de Guy Reynaud. Rio de Janeiro: Paz e Terra, 1982.
CAVALCANTI, M. **O Humanismo na Administração. Em busca de um novo paradigma para as organizações**. São Paulo: KMK, 1999.
_____. **Uma análise metodológica da teoria das organizações**. EAESP/ FGV, Dissertação de mestrado (mímeo), 1978.
_____; SILVA, Shirley Jorge da. **Espiritualidade corporativa**: institucionalidade e liberdade na gestão de pessoas. São Paulo: Instituto Guerrero-Garcia e BH, 2005.
CHESNEAUX, Jean. **Modernidade-Mundo**. 2. ed. Petrópolis: Vozes, 1996.
COOPER, R.; BURELL, G. **Modernism, post modernism and organizational analysis**: an introduction. Organization Studies. 1988. v. 9. n. 1. p. 91-112.
COVEY, Stephen R. **Os 7 Hábitos das pessoas altamente eficazes**. Tradução de alberto Cabral Fusaro e Márcia de Carmo Felismino Fusaro. 15. ed. São Paulo: Nova Cultural, 2003. **The Seven Habits of Highly Effective People**. 1987.
CSIKSZENTMIHALYI, M. **Finding flow**: the psychology of engagement with everyday life. Harper Collins, 1997.
CUNHA, W. V. da. **A burocratização das empresas industriais**. EAESP/FGV, mímeo. 1968.
D'AMBROSIO, U. **Transdisciplinaridade**. São Paulo: Palas Athena, 1997.
DALAI LAMA; CUTLER, Howard C. A arte da felicidade. Tradução de Waldéa Barcellos, 1. ed. São Paulo: Martins Fontes, 2000, **The Art of Happiness**, 1999.
_____; GOLEMAN, Daniel. **Como lidar com emoções destrutivas**: para viver em paz com você e os outros. Tradução de Jussara Simões. Rio de Janeiro: Campus, 2003. Destructive Emotions.
DAVIDSON, D. Mental events. *In*: BLOCK, Ned (Ed.), **Readings in Philosophy of Psychology**. v. 1, 1980. Cambridge, Massachusetts: Harvard University Press, 1970. p. 107-19.
_____. *In*: GUTTENPLAN, S. (Ed). **A Companion to the Philosophy of Mind**. Cambridge: Blackwell, 1997. p. 231-236.
_____. **On saying that**. Synthese, 1968. 19, p. 130-46.
_____. A coherence theory of truth and knowledge. *In*: MALICHOWSKI, A. (Ed.). **Reading Rorty**. Oxford: Basil Blackwell, 1990a.
_____. A nice derangement of epitaphs. *In*: GRANDY, R; WARNER, R. (Ed.). **Philosophicals Grounds of Rationality**. Oxford University Press, 1986a.
_____. Deception and division. *In*: ELSTER, J. (Ed.). **The Multiple Self**. Cambridge University Press.
_____. **Epistemology externalized**. Dialectica, 45, p. 191-202, 1991a.
_____. **Essays on Actions and Events**. Oxford University Press, 1980.
_____. **First person authority**. Dialectica, 38, p. 101-111, 1984a.
_____. **Inquiries into Truth and Interpretations**. Oxford University Press, 1984b
_____. **Knowing one's own mind**. Proceedings and Addresses of the American Philosophical Association, 441-58, 1986b.

_____. Mental events. *In*: FOSTER, L.; SWANSON, J. W. (Ed.). **Experience and Theory**. The Universtiy of Massachussets Press and Duckworth. Reimpresso em Davidson, 1980.

_____. Paradoxes of Irrationality. *In*: WOLLHEIM, R. (Ed.). **Freud**: A Collection of Essays. New York: Doubleday Press, 1974.

_____. **Rational Animals**. Dialectica, 36, p. 317-27, 1982.

_____. The myth of the subjective. *In*: KRAUSZ, M. (Ed.) **Relativism**: Interpretation and Confrontation. University of Notre Dame Press, 1989a.

_____. **The second person**. Midwest Studies in Philosophy, 1992. v. 17.

_____. The structure and content of truth. **Journal of Philosophy**, 87, p. 279-328, 1990b.

_____. Thought and talk. *In*: GUTTENPLAN, S. (Ed.). **Mind and Language**. Oxford University Press. Reimpresso em Davidson, 1984.

_____. Three varieties of knowledge. *In*: GRIFFITHS, A. P. (Ed.). **A. J. Ayer Memorial Essays**. Cambridge University Press, 1991b.

_____. What is present to the mind? *In*: BRANDL, J.; GOMBOCZ, W. (Ed.) **The Mind of Donald Davidson**. Grazer Philosophische Studien Band, 36, p. 3-18, 1989b.

DE MASI, D. **A sociedade pós-industrial**. São Paulo: Senac, 1999.

_____. **Criatividade e grupos criativos**. GMT, 2003.

_____. **O ócio criativo**. São Paulo: Sextante, 2000.

DEBORD, Guy. **A sociedade do espetáculo**. Disponível em: <http://www.geocities.com/jneves_2000/debord.htm>. Acesso em: 14 nov. 2006.

DERESKY, Helen. **Administração Global**: Estratégia e Interpessoal. São Paulo: Bookman, 2003.

DOLMICK, Barrie. **A Música executiva**: como desenvolver sua criatividade psíquica e obter sucesso. Tradução de Ana Gibson. Rio de Janeiro: Campus, 1998.

DORNELAS, João Wesley. **Pequena história do povo chamado metodista**. Rio de Janeiro: SCP, 2002.

DOWNS, Alan, **Os sete milagres da Administração**. Tradução de Silvio Neves Ferreira. São Paulo: Cultrix, 1998.

DRUCKER, P. **Effective Executive**. William Heinemann, 1982.

_____. **Administrando em tempos de grandes mudanças**. Tradução de Nivaldo Montingelli. São Paulo: Pioneira; São Paulo: Publifolha, 1999.

_____. **O Melhor de Peter Drucker**: a sociedade. Tradução de Edite Sciulli. São Paulo: Nobel, 2002b.

_____. **O Melhor de Peter Drucker**: o homem. Tradução de M. Lúcia L. Rosa. São Paulo: Nobel, 2002c.

_____. **O Melhor de Peter Druker**: a administração. Tradução de Arlete Simille Marques. São Paulo: Nobel, 2002a.

_____. **Tecnologia gerência e sociedade**: as transformações da empresa na sociedade tecnológica. Tradução de Luiz Carlos Lucchetti Gondin. Rio de Janeiro: Vozes, 1972.

DURANT, W. **A história da filosofia**. São Paulo: Nova Cultural, 2000. (Coleção: Os pensadores)

EAESP/FGV. Dissertação de mestrado, 1991.

EAGLETON, T. **As ilusões do pós-modernismo**. Rio de Janeiro: Zahar. 1998.

ECO, Umberto; RORTY, Richard; CULLER, Jonathan; BROOKE-ROSE, Christine – **Interpretação e sobreinterpretação**. Dir. Stefan Collini, trad. Miguel Serras Pereira, Lisboa: Presença, 1993.

ENRIQUEZ, E. **Da Horda ao Estado. Psicanálise do Vínculo Social**. Tradução de Teresa Cristina Carreteiro e Jacyara Nasciutti. Rio de Janeiro: Jorge Zahar, 1990.

_____. O indivíduo preso na armadilha da estrutura estratégica. **Revista de Administração de Empresas**. São Paulo, v. 37, n. 1, p. 18-29, 1997.

FARIA, J. H. Poder e Participação: a delinqüência acadêmica na interpretação Tragtenberguiana. *In*: **RAE, Revista de Administração de Empresas**, v. 41, n. 3, jul./set. 2001.

FERREIRA, Aurélio B. H. **Novo Dicionário da Língua Portuguesa**. 1. ed., 14. impressão.

FERRUCCI, A. Considerações sobre a Economia de Comunhão. *In*: **Economia de Comunhão**: Projetos, Reflexões e Propostas para uma Cultura de Partilha, a Cultura de Partilha. Vargem Grande Paulista: Nova Cidade, 1992.

FEYERABEND, P. Problems of Empiricism. *In*: COLODNY (Ed.). **Beyond the Edge of Certainty**. Englewood – Cliffs, Prentice Hall, 1965. v. 2.

FIORES, Stefano; GOFFI, Tullo (Org.). **Dicionário de espiritualidade**. São Paulo: Paulus, 1993.

FLORISTÁN, Casiano. Praxis. *In*: **Conceptos Fundamentales de Pastoral**. Madrid: Cristandad, 1983.

FLORISTÁN, Casiano. Teologia de la Praxis. *In*: **Teología Práctica**: Teoría y Praxis de la Acción Pastoral. Salamanca: Sígueme, 1993.

FOUCAULT, M. **A vontade de saber**. 4. ed. Tradução de Maria Thereza da Costa Albuquerque e J. A. Guilhon Albuquerque. Rio de Janeiro: Graal, 1982.

_____. **As palavras e as coisas**. 7. ed. Tradução de Salma Tannus Muchail. São Paulo: Martins Fontes, 1995.

_____. **Em defesa da sociedade**. Curso no Collége de France (1975-1976) Traduçào de Maria Ermantina Galvão. São Paulo: Martins Fontes, 2000

_____. **Eu, Pierre Riviére, que degolei minha mãe, minha irmã e meu irmão**. 5. ed. Traduçào de Denize Lezan de Almeida. Rio de Janeiro: Graal, 1991.

_____. **La technologie politique des individus**. Dits et écrits, IV. Paris: Gallimard, 1994.

_____. **Le retour de la morale**. Dits et écrits. IV. Paris: Gallimard, 1994.

_____. **Les anormaux**. Cours au Collège de France (1974-1975). Hautes Études. Paris: Gallimard le Seuil, 1999.

_____. **Les techniques de soi**. Dits et écrits, IV. Paris: Gallimard, 1994.

_____. **Michel Foucault, une interview**: sexe, pouvoir et la politique de l'identité. Dits et écrits, IV. Paris:Gallimard, 1994.

_____. **Nascimento da Clínica**. 4. ed. Tradução de Roberto Machado. Rio de Janeiro: Forense Universitária, 1994.

_____. **Qu'est-ce que les Lumières?** Dits et écrits, IV. Paris: Gallimard, 1994.

_____. **Une esthétique de l'existence**. Dits et écrits, IV. Paris: Gallimard, 1994.

_____. **Vérité, pouvoir et soi**. Dits et écrits, IV. Paris: Gallimard, 1994.

_____. **Vigiar e Punir – Nascimento da Prisão**. 13. ed. Tradução de Raquel Ramalhete. Petrópolis: Vozes, 1996

_____. **Doença mental e psicologia**. 5. ed. Tradução de Lilian Rose Shalders, Rio de Janeiro: Tempo Brasileiro, 1994.

_____. **L'éthique du soici de soi comme pratique de la liberté**. Dits et écrits, IV. Paris: Gallimard, 1994.

_____. **Microfísica do Poder**. Rio de Janeiro: Graal, 1986.

FRANKEL, Victor E. A **Presença Ignorada de Deus**. Tradução de Esly R. S. C. Hoesting, Zilda Costa de Souza e Walter O Schlupp. São Leopoldo: Sinodal, 1985. Der Unbewnsste Gott. 1997.

_____. **Em busca de sentido**: um psicólogo no campo de concentração. Tradução de Walter C. Schulupp Aveline. 6. ed. São Leopoldo: Sinodal, 1007. Já Zum Leben Sagen, 1977.

_____. **Man's Search for Ultimate Meaning**. Perseus Publ., 2000.

FREITAS, M.E. **Cultura Organizacional**: Identidade, Sedução & Carisma. FGV, 1999.

FROMM, Erich. **A Revolução da Esperança**: Por Uma Esperança: por uma tecnologia humanizada. Tradução de Harper & Row, Publishers. Rio de Janero: Zahar, 1975. INC. The Revolution of Hope Toward a Humanized Tecnology. 1968.

FROMM, Erich. **Ter ou Ser?** Tradução de Nathanael C. Caixeiro. 3. ed. Rio de Janeiro: Zahar, 1980. To have or to Be?, 1976

GABRIEL, M. **Algumas considerações sobre a Teoria das Organizações**. Monografia de Mestrado apresentada à FEA/USP, 1976.

GALBRAITH, C. S.; GALBRAITH, O. **O código beneditino de liderança**. Landscape, 2005.

GARCIA, Ramon M. A base de uma administração auto determinada: O diagnóstico emancipador. **Revista de Administração Pública**. FGV, n. 3, 1984.

_____. A via de um guerreiro... com sabedoria e senso de humor: uma sinopse da obra de Guerreiro Ramos. **Revista de Administração Pública**. FGV, n. 17, jan./mar. 1983.

_____. **Introdução ao estudo dos "mecanismos" de controle social das organizações**. EAESP/FGV, Dissertação de mestrado (mímeo), 1970.

_____. Simpósio Guerreiro Ramos. Resgate de uma obra. Primeiro Painel. **Revista de Administração Pública**, v. 17, abr./jun. 1983.

_____. Uma proposta alternativa de pesquisa: a investigação emancipadora. **Revista de Administração Pública**, n. 3, 1983.

GARCIA-ZAMOR, Jean-Claude. **Workplace spirituality and organizational performance**, 2003

GARDNER, H. **O verdadeiro, o belo e o bom**: os princípios básicos para uma nova educação. Rio de Janeiro: Objetiva, 1999.

GIANETTI, Eduardo. *Felicidade*: diálogos sobre o bem-estar na civilização. São Paulo: Cia. Das Letras, 2002.

GOLEMAN, D. **Inteligência emocional; a teoria revolucionaria que redefine o que é ser inteligente**. Objetiva, 1996.

GORBACHEV, Mikhail. **Perestroika**: novas idéias para o meu país e o mundo. Tradução de J. Alexandre. São Paulo: Best Seller, 1987. New Thinking for our country and the world, 1987.

GUERREIRO, R. A. **A nova ciência das organizações**: uma reconstrução da riqueza das nações, Rio de Janeiro: FGV, 1981.

_____. **A problemática da realidade brasileira**. Administração e estratégia de desenvolvimento. Rio de Janeiro: FGV, 1966.

_____. A teoria administrativa e a utilização inadequada de conceitos. **Revista de Administração Pública**. Rio de Janeiro: FGV/EBAP, jul./set. 1973.

_____. **Administração e estratégia de desenvolvimento**: Elementos de uma sociologia especial da Administração. Rio de Janeiro: FGV, 1976.

_____. **Introdução crítica à sociologia brasileira**. Andes.

GUI, Benedetto. **Empresa e Economia da Comunhão**: propostas e reflexões partilha, a cultura da Nor. Cadernos Humanidade, Nova. São Paulo: Cidade Nova, 1992.

GUIMARÃES, Marcelo Grendel. **Comunicação Intercultural**, 2003, v. 4, p. 43.

HANDY, C. **The age of paradox**. Harvard Business School, 1995.

_____. **The age of unreason**. Harvard Business School, 1990.

_____. **The hungry spirit**. Broadway Books, 1999.

HARVEY, D. **Condição pós-moderna**: uma pesquisa sobre as origens da mudança cultural. São Paulo: Loyola, 1993.

HAWKINS, Kathleen. **Espiritualidade no trabalho e nos negócios**: como seguir o caminho espiritual das 8 às 18. Tradução de Marcos Malvezzi Leal. São Paulo: Madras, 1999, Natural Capitalismo, 1999.

HEISKANEN, Ilkka. **Theoretical Approaches and Scientific Strategies in Administrative and Organizational Research**. A Methodological Study Commentationes Humanarum Litterarum Societas Scientiarum Fennica, 1967, v. 39, n. 2.

HEITZENRATER, Richard P. **Wesley e o povo chamado metodista**. Tradução de Cleide |erlotti Wolf. SBC/RJ. EDITEO/Pastoral Bennett, 1996.

HEYDEBRAND, W. **Comparative Organizations**. New Jersey, Prentice Hall, 1973.

HILLMAN, J. **Tipos de poder**. São Paulo: Axis Mundi, 2001.

HOYOS GUEVARA, A. J.; DIB, V.C. A crise de sentido e o futuro das organizações. **Revista Organizações em Contexto**. São Bernardo do Campo: Metodista, n. 2, dez. 2005.

HUMBERT, C.; MERLO, J. **L'enquête conscientisante**. Documento de trabalho INODEP/5, Idoc. Paris: L'Harmattan, 1978.

HUNTER, J. C. **O monge e o executivo**. Rio de Janeiro: Sextante, 2004.

HUSSERL, Edmund. **A idéia da Fenomenologia**. Lisboa: 70, 1980.

KAHN, Paul. **Idéologie et Sociologie de la Connaissance dans l'Ouvre de Karl Mannhein, in Cahiers Internationaux de Sociologie**, 5, 1950.

KANT, Emmanuel. **Critique de la Raison Pratique**. Trad. de Ferdinand Alqué. Paris: Presses Universitaires de France, 1949.

KELKEL A.L.; SCHÉRER. R. **Husserl**. Lisboa: 70, 1982.

KNEALE, W.; KNEALE, M. **O desenvolvimento da lógica**. Lisboa: Fundação Calouste Gulbenkian, 1991.

LACERDA, Daniela. Faça como Jesus. **Revista VOCÊ S. A.** Abril, 2005.

_____. O líder espiritualizado. **Revista VOCÊ S. A.** Abril, 2005.

LEVI, Pierre. **O fogo liberador**. Tradução de Lílian Escorel. São Paulo: Iluminuras, 2000. Le Feu Liberateur.

LEVI-STRAUSS, Claude. A obra de Marcel Mauss. In MAUSS Marcel. **Sociologia e Antropologia**. São Paulo, EPU/EDUSP, 1974.

LÉVY, P. **A inteligência coletiva:** por uma antropologia do ciberespaço. São Paulo: Loyola, 1998.

LÉVY, P., AUTHIER, M. **As árvores de conhecimentos.**São Paulo: Escuta, 1995.

LUBICH, Chiara. **A atração do tempo moderno**, (Escritos Espirituais/1) 2. ed. São Paulo: Cidade Nova, 1998.

LUBICH, Chiara. **A Caridade Como Estilho de Vida**. São Paulo: Cidade Nova, 1971.

_____. **A Unidade e Jesus Abandonado**. São Paulo: Cidade Nova, 1985.

_____. **O Essencial de Hoje**. (Escritos Espirituais/2), 2. ed. São Paulo: Cidade Nova, 2002.

_____. **O Grito**. 3. ed. São Paulo: Cidade Nova, 1995.

LUHMANN, Niklas. **Soziale Systeme – Grundriss einer allgemeinen Theorie [Sistemas sociais – esboço de uma teoria geral]**, Frankfurt, 1984.

LUSTOSA, F. J. **Um levantamento bibliográfico da obra de Guerreiro Ramos FGV/RJ**, out. 1982.

LYOTARD, François Jean. **A Fenomenologia**. Lisboa: 70.

MANCE, Euclides André. **A revolução das redes**: A Colaboração solidária como uma alternativa pós-capitalista à globalização atual. 2. ed. Rio de Janeiro: Vozes, 2001.

March, 1977.

MARCH, J.C. **A primer on Decision Making – How decisions happen**. N. J, Free Press, 1994.

MARÇOVITCH, Jacques. A Educação como Promotora de Paz: Desafios e Prospectivas. *In*: ARAÚJO, Vania C. (Org.). **Tecendo diálogos, construindo pontes**: a educação como artífece da paz. São Paulo: Cidade Nova, 2001.

MARIETO, M; MEIRELES, M; SANCHES, C; DA SILVA, Orlando R. **Teoria dos Caos**: Uma Contribuição para a Formação Estratégica. Anais Enanpad, Salvador, Bahia 2006.

MARTINS, Sergio Pinto. **Flexibilização das Condições de Trabalho**. 2. ed. São Paulo: Atlas S. A, 2002.

MARX, Karl. **O Capital, Crítica da Economia Política**. 8. ed. São Paulo: Difel, 1982. 6 vols.

MATOS, Francisco Gomes de. **A Empresa Com Alma**. São Paulo: Makron Books, 2002.

MAYO, Elton. **Positivism, Historicism and Political Inquiry in American Political Science Review**, Sept. 1972.

MCLAUGHLIN, Peter *et al*. **Catch FIRE**: um programa de 7 passos para ganhar nova energia, minimizar o estresse, potencializar sua carreira. Tradução de Neyde Siqueira. São Paulo: Educador, 2000. CathFire: a seven-step program to ignite energy, defuse stress, and power boost your career.???

MENDONÇA, A. G.; VELASQUES, P. **Introdução ao Protestantismo no Brasil**. São Paulo: Loyola, 1990.
MERLEAU-PONTY,Maurice. Elogio da Filosofia- Lisboa, Ed.Guimarães, 1986.
_____. **Elogio da Filosofia**. Lisboa: Guimarães, 1986.
_____. **Le visible et l' invisible**. Paris: Gallimard, 1984
_____. **Le visible et l' invisible**. Paris: Gallimard.
_____. **Textos Selecionados**. São Paulo: Abril, 1984.
MORGAN, Gareth. **Imagens da organização**. São Paulo: Atlas, 1996.
MORIN, E. *et al*. **A sociedade em busca de valores; para fugir à alternativa entre o cepticismo e o dogmatismo**. Lisboa: Piaget, 1996.
MORIN, E. **O método 5; a humanidade da humanidade**. Porto Alegre: Sulina, 2002.
MOTTA, Fernando C. Prestes. **Os pressupostos básicos de Schein e a fronteira entre a Psicanálise e a Cultura Organizacional**. Relatório de Pesquisa, n. 6, 1999 EAESP/FGV/ NPP – NÚCLEO DE PESQUISAS E PUBLICAÇÕES 1/32
MUCHAIL, Salma Tannus. **A Filosofia como crítica da Cultura**. Série Cadernos Puc-19, São Paulo: Educ, 1980.
MUCHAIL, Salma Tannus. **Notas sobre as relações entre a Filosofia e as Ciências Humanas**. Série Cadernos PUC 19. São Paulo: Educ, 1980.
NAGEL, Ernest. The nature and aim of Science. *In*: MORGENBESSER, Sidney (Ed.). **Philosophy of Science Today**. New York: Basic Books, Inc., Publishers.
NIEBUHR, Richard H. **As Origens Sociais das Denominações Cristãs**. Tradução de Antonio Gouvêa de Mendonça. São Paulo: Aste/IMS, 1992.
OGDEN, Charles Kay. **Introduction to Bentham's Work**. London: Paul, Trench, Trubner, 1931.
OLIVEIRA, Alkindar de. **Espiritualidade na Empresa**. São Paulo: Butterfly, 2001.
PAGÈS, M. *et al*. **O poder das organizações**: a dominação das multinacionais sobre os indivíduos. São Paulo: Atlas, 1987.
PARKER, M. **Post-modern organizations or postmodern organization theory? Organization Studies**, 1992, v. 13, n. 1, p. 1-17.
PARSONS, Talcott. **O sistema das sociedades modernas**. Trad de Dante Moreira Leite. São Paulo: Pioneira, 1974. p. 15-22
PAULO, A. P. **Tragtenberg e a resistência da crítica: pesquisa e ensino na administração hoje**.
PAZZINATO, Alceu Luiz; SENISE Maria Helena. **História Moderna e Contemporânea**. 10. ed. São Paulo: Ática, 1997.
PEIRUCCI, Antônio Flávio. **O desencantamento do mundo**: todos os passos do conceito em Max Weber. São Paulo: USP, Curso de Pós-Graduação em Sociologia, 34, 2003.
_____. **O desencantamento do mundo**: todos os passos do conceito em Max Weber. São Paulo: USP, Curso de Pós-Graduação em Sociologia, 34, 2003.
PELUSO, Luis Alberto (organizador). **Ética e Utilitarismo**. Campinas: Alínea, 1998.
PERROW, C. **Complex Organizations – A critical essay I11inois**. Scott, Foresman & Company, 1972
PIAGET J. **Logic et Connaissance Scientifique**. Paris: Pleiade, 1967.
PITKIN, Hanna F. **The Concept of Representation**. California: University of California Press, 1972.
POCHMANN, Marcio. **O emprego na globalização**: a nova divisão internacional do trabalho e os caminhos que o Brasil escolheu. São Paulo: Boitempo, 2005.
POGREBINSCHI, Thamy. **Será o neopragmatismo pragmatista? Interpelando Richard Rorty**. Novos estud. – Cebrap. São Paulo, n. 74, 2006. Disponível em: <http://www.scielo.br/scielo.php?script=sci_arttext&pid=S0101-33002006000100008&lng =es& nrm=iso>. Acceso el: 02 Ene 2007. doi: 10.1590/S0101-33002006000100008.
QUATANA, Pino. *et al*. **Economia de Comunhão**: Propostas e Reflexões para uma Cultura da partilha, a "cultura do dar". São Paulo: Cidade Nova, 1992.

RABBIN, Robert, **Lideranã Invisível**: o Trabalho Feito Com Alma. Tradução de Marcelo Brandão Cipolla. São Paulo: Cultrix, 1998. Invisible Leadership.

RAE, Revista de Administração de Empresas, v. 41, n. 3 jul./set. 2001.

Richimond, Lewis. **O trabalho como prática Espiritual**: uma abordagem budista ao crescimento interior e à realização profissional. Tradução de Zilda Hutchinson Schild Silva. São Paulo: Cultrix, 1999. Work as a Spiritual Practice.

RICOEUR P. Hegel et Husserl sur l'intersubjectivité. *In*: **Éditions du C.N.R.S**. Centre Regional de Publication de Bordeaux, Paris, 1981.

RICOEUR, Paul. **Histoire et Vérité**. Paris: Du Seuil, 1955.

RIFKIN, Jeremy. **O sonho europeu**: como a visão européia do futuro vem eclipsando silenciosamente o sonho americano. São Paulo: M, Books, 2005.

RORTY, R. **Philosophy and mirror of nature**. Princeton: Princeton University Press, 1979.

_____. Objetivismo, relativismo e verdade: escritos filosóficos I. Rio de Janeiro: Relume Dumará, 1997.

_____. **Ensaios sobre Heidegger e outros**: escritos filosóficos II. Rio de Janeiro: Relume Dumará, 1999a.

_____. **Para realizar a América**: o pensamento de esquerda no século XX na América. Rio de Janeiro: DP&A, 1999b.

_____. **Pragmatismo**: filosofia da criação e da mudança. Belo Horizonte: UFMG. Edição C. Magro e A. M. Pereira. 2000.

_____. **La filosofia dopo la filosofia-contingenza, ironia e solidarietà**. Roma: Laterza. 2001.

_____. VATTIMO, G. **Il futuro della religione**: solidarietà, carità, ironia. Milano: Garzanti. Edição S. Zabala, 2005.

_____; NYSTROM, D.; PUCKETT. K. **Contra os Patrões, contra as Oligarquias uma conversa com Richard Rorty**. São Paulo: Unesp, 2006.

_____; NYSTROM, D.; PUCKETT. K. Eu sou do contra – Entrevista com Richard Rorty. Traduação de Clara Allain. **Jornal Folha de São Paulo**. Caderno MAIS!, p. 5-7-10, 12.10.1997.

_____. (Ed.). **The Linguistic Turn**. Chicago: University of Chicago Press, 1967. Second, enlarged, edition l992.

_____. Beyond Realism and Anti-Realism. *In*: NAGL, Ludwig; HEINRICH, Richard. (Ed.). **Wo steht die Analytische Philosophie heute?** Vienna: R. Oldenbourg Verlag, Munich, 1986.

_____. **Consequences of Pragmatism**. Minneapolis: University of Minnesota Press, 1982.

_____. Contemporary Philosophy of Mind. **Synthese** 53, November 1982.

_____. **Contingency, Irony, and Solidarity**. Cambridge: Cambridge University Press, 1989;

_____. Empiricism, Extensionalism and Reductionalism. **Mind** 72, April 1963.

_____. Incorrigibility as the Mark of the Mental. **Journal of Philosophy** 67, June 1970.

_____. Mind-Body Identity, Privacy, and Categories. **Review of Metaphysics** 19, September 1965.

_____. **Objectivity, Relativism, and Truth**: Philosophical Papers. Cambridge: CambridgeUniversity Press, 1991. v. 1.

_____. **Philosophy and Social Hope**. Penguin, 2000.

_____. **Philosophy and the Mirror of Nature**. Princeton, NJ: Princeton University Press, 1979.

_____. Pragmatism, Categories and Language. **Philosophical Review** 70, April 1961.

_____. Responses. *In*: BRANDOM, Robert. (Ed.). **Richard Rorty**: The Philosopher Meets His Critics, Oxford and Cambridge. MA: Blackwell, 2000.

_____. The Historiography of Philosophy: Four Genres. *In*: RORTY, Richard; SCHNEEWIND, J. B.; SKINNER, Quentin (Ed.). **Philosophy in History**. Cambridge: Cambridge University Press, 1984.

_____. The Limits of Reductionism. *In*: LIEB, Irwin C. (Ed.). **Experience, Existence and the Good**. Southern Illinois University Press, 1961.

_____. **Verdade e progresso**. Barueri: Manole, 2005.

ROSSÉ, Gerald. O ensinamento Bíblico Pressuposto da Economia de Comunhão. *In*: **Economia de Comunhão**: propostas e reflexões para uma cultura de partilha, a cultura da dor. Cadernos Humanidade Nova. São Paulo: Cidade Nova, 1992. p. 25.

RUTTE, Martin. **Spirituality in the workplace**. Disponível em: <http://www.martinrutte.com/>. Acesso em: 14 set. 2006.

SAAVEDRA, M. de C. **El ingenioso hidalgo Don Quijote de la Mancha**. Buenos Aires: Sopena, 1966.

SAKS, Claude. **Espiritualidade para pessoas de negócios: desenvolvendo a intuição e a espiritualidade para o sucesso**. Tradução de Maria Whitaker Nolf. São Paulo: Makron, 2000. Spirituality for the Business Person: Inner Practices for Success, 1998.

SANTA TEREZINHA DO MENINO JESUS. **Teresa de Lisieux Conselhos e lembranças**. 5. ed. São Paulo: Paulus, 1994.

SCHIRATO, Maria Aparecida Rhein. **O Feitiço das Organizações: Sistemas Imaginários**. São Paulo: Atlas, 2000.

SEGUIER, M. **Crítica institucional y creatividad coletiva**. Paris: Inodep, 1976.

SEMERARO, Giovanni. Philosophy of praxis and (neo)pragmatism. **Rev. Bras. Educ**. [*online*]. 2005, n. 29 [cited 2006-11-16], p. 28-39. Available from: <http://www.scielo.br/scielo.php?script=sci_arttext&pid=S1413-24782005000200003&lng=en&nrm=iso>. doi: 10.1590/S1413-24782005000200003.

SEN, Amartya; WILLIAMS, Bernard. **Utilitarianism and Beyond**. Cambridge: Cambridge University Press, 1999.

SENGE, P. M. **A quinta disciplina; arte, teoria e prática da organização de aprendizagem**. 15. ed. São Paulo: Best Seller, 1997.

_____. *et al*. **Presence; human purpose and the field of the future**. USA; Cambridge: SOL, 2004.

_____. **A Quinta Disciplina**: Arte, teoria e prática da organização de aprendizagem: uma nova e revolucionária concepção de liderança e gerenciamento empresarial. Tradução de Regina Amarante. 2 ed. São Paulo: Best Seller/Círculo do Livro, 1990. The Fifth Discipline.

SERVA DE OLIVEIRA, M. R. **A importação de metodologias administrativas no Brasil**. São Paulo.

SINGER, Paul. **Globalização e Desemprego**: Diagnóstico e alternativas. 7. ed. São Paulo: Contexto, 2006.

SMART, J. J. C.; WILLIAMS, Bernard. **Utilitarianism: For and Against**. Cambridge: Cambridge University Press, 2005.

SMITH, Sidney. **Fallacies of Anti-Reformers**. Edinbourg: Edinbourg Review, 1824.

SOLOMON, Robert C. **Espiritualidade para céticos**. Rio de Janeiro: Civilização Brasileira, 2003.

SORGI, T. A Cultura Da Dor. *In*: **Economia de Comunhão**: propostas para uma Cultura de partilha, cultura de dar. Cadernos Humanidade Nova. São Paulo: Cidade Nova, 1992. p. 61.

SOUZA CHAUÍ, Marilena. **Da Realidade sem Mistérios ao Mistério do Mundo**. São Paulo: Brasiliense, 1983.

SPENER, Philipp J. **Pia Desideria**: Um Clássico do Pietismo Protestante. Tradução de Procoro Velasques Filho. SBC: Imprensa Metodista, 1985.

SUNG, Jung Mo. **Educar para reencantar a vida**. Petrópolis: Vozes, 2006.

TAMMELO, Ilmar. **Outlines of Modern Legal Logic**. London: Wiesbaden, F. Steiner, 1969.

TANNENBAUM, A. **Control in Organizations**. New York: McGraw-Hill, 1968.

TOMEI, P. A.; BRAUNSTEIN, M. L. **Cultura organizacional e privatização**. São Paulo: Makron Books, 1993.

Tragtenberg, M. **Administração, Poder e Ideologia**. São Paulo: Cortez, 1989.

UPL v. 9 n. 24 Maracaibo mar. 2004. In: <http://www.serbi.luz.edu.ve/scielo.php>.

URQUHART, Gordon. **A Armada do Papa**: os segredos e o poder das novas seitas da igreja católica. tradução de Irineu Guimarães. Rio de Janeiro: Record, 2002. The Pope's Armada: unloking the secrets of mysterius and powerful new sects in the church, 1995.

VANDELEENE, Michel (Org.). **Chiara Lubich Ideal e Lux**: pensamento, espiritualidade, mundo unido. Tradução de Irami B. Silva. São Paulo: Brasiliense/Cidade Nova, 2003. La Dottrina Spirituale, 2001.

VATTIMO, Gianni. **Depois da cristandade**: por um cristianismo não religioso. Rio de Janeiro: Record, 2004

WEBER, M. La objetividad cognoscitiva de la ciencia social y de la política social. *In*: **Ensayos sobre Metodología Sociológica**. Buenos Aires, Amorrortu, 1973.

_____. A ética protestante e o espírito do capitalismo. *In*: **Textos selecionados**. Tradução de Zahar Editores. 2 ed. São Paulo: Abril Cultural, 1974, pp 179-205, 1980.

_____. **A ética protestante e o espírito do capitalismo**. Tradução de M. Irene de Q. F. Szmrecsányi e Tamás J. M. K. Szmrecsányi. 10. ed. São Paulo: Pioneira, 1996. Die Protestantische Ethik Und Der Geits Des Kapitalismus.

_____. Rejeições Religiosas do Mundo e Suas Direções. *In*: **Textos Selecionados**. Tradução de Zahar Editores. 2. ed. São Paulo: Abril Cultural, 1974, p. 237-267, 1980.

WEIL, Pierre. **Organização e Tecnologias para o terceiro milênio**: a nova cultura organizacional hokística. 5. ed. Rio de Janeiro: Rosa dos tEmos, 1997.

WERNEC, Hamilton. **O Profissional do Século XXI**. Rio de Janeiro: Record, 2003.

WILBER, K. **O espectro da consciência**. São Paulo: Cultrix, 1990.

WONG, Paul. **Spirituality and meaning at work**. Disponível em: <http://www.meaning.ca/index.html>. Acesso em: 17 out. 2006.

WOOD Jr., Thomas. **Gurus, curandeiros e modismos gerenciais**. São Paulo: Atlas, 1997.

_____. Pesquisa exploratória empírica sobre o fenômeno das **"organizações de simbolismo intensivo"**. NPP/EAESP/FGV. Série de Relatórios de Pesquisa, n. 13, 1999.

_____. **Organizações espetaculares**. Rio de Janeiro: FGV, 2005.

WOODWARD, Joan. **Industrial Organization**: Theory and Practice London, Oxford University, 1970

ZAPPALAR, R. Comunismo, Capitalismo, Comunhão: reflexo do ponto de vista antropológico. *In*: **Economia de Comunhão, propostas e reflexões para uma cultura da partilha**, a cultura da dor, cadernos humanidade. Nova São Paulo: Cidade Nova, 1992.

Revistas:
Revista Época, n. 265, 16.06.2003.
Revista Época, n. 34, 25.08.2004.

ÍNDICE ALFABÉTICO

A

- Administração pragmática no contexto de intenções e interesses da sociedade brasileira. Novo paradigma para gestão de pessoas 197
- Análise das aproximações entre prática religiosa e vida profissional. Espiritualidade no mundo corporativo. Texto para leitura 140
- Apresentação. Pensamento e vida de Richard Rorty 11

B

- Bentham. Críticas às concepções utilitaristas de Bentham 55
- Bentham. O princípio da utilidade na concepção de Bentham 52
- Bentham. Texto para leitura e discussão: Jeremy Bentham e o utilitarismo 51
- Bentham. Texto para leitura e discussão. Jeremy Bentham e o utilitarismo. Considerações finais 58
- Busca de sentido. Guerreiro Ramos e a proposta de uma nova busca de sentido 152

C

- Características de um modelo de burocracia para nações emergentes. Quadro 10 153
- Clima (linguagem) *versus* Estratégia *versus* Teoria do caos. Quadro 8 151
- Clima organizacional. Modelo de Sbragia 149
- Competência gerencial. Mente, contexto e competências gerenciais em gestão de pessoas 224
- Conceito de realidade para Peirce 17
- Conclusões 233
- Concretude. Falácia da concretude mal colocada 40
- Consciência metodológica e a definição de sentido 32
- Considerações finais. Texto para leitura e discussão. Jeremy Bentham e o utilitarismo 58
- Contexto, competências gerenciais e mente em gestão de pessoas 224

- Contextualismo, historicismo e holismo em gestão de pessoas 154
- Críticas às concepções utilitaristas de Bentham 55

D

- Da racionalidade à solidariedade. Quadro 3 106
- Descartes. Nominalistas e universalistas em gestão de pessoas. Disputa em Richard Rorty e Jurgem Habermas – James e Dewey – Platão e Descartes 89
- Disputa em Richard Rorty e Jurgem Habermas – James e Dewey – Platão e Descartes. Nominalistas e universalistas em gestão de pessoas 89
- Disputa entre Jurgen Habermas e Richard Rorty 91
- Do positivismo ao pós-pragmatismo. Texto de leitura e discussão 85
- Donald Davidson, a unificação da teoria da ação e o significado do monismo anômalo em gestão de pessoas 97

E

- Empresário. Trajetória. Busca de novos caminhos políticos e éticos para sua atuação. Ética em gestão de pessoas na administração 198
- Escala de abstração. Quadro I 34
- Esperança social e Havel. Fim do lenilismo 207
- Espiritualidade no mundo corporativo. Análise das aproximações entre prática religiosa e vida profissional. Texto para leitura 140
- Estratégias para transmissão de valores organizacionais. Quadro 5 130
- Ética em gestão de pessoas na administração. Trajetória do empresário: a busca de novos caminhos políticos e éticos para sua atuação 198

F

- Falácia da concretude mal colocada 40
- Fenomenologia. Da fenomenologia ao pragmatismo 62
- Filosofia da práxis e (neo)pragmatismo de R. Rorty. Texto para leitura e discussão 237
- Filosofia de Rorty 233
- Filosofia. Filósofos analíticos 23
- Filosofia. Posicionamento metafilosófico para a gestão de pessoas 147
- Filósofos analíticos 23
- Fim do leninismo, Havel e a esperança social 207

G

- Gestão de pessoas e humanismo. Uma leitura crítica 121

- Gestão de pessoas e trabalho. Institucionalização e liberdade 72
- Gestão de pessoas na administração. Ética. Trajetória do empresário: a busca de novos caminhos políticos e éticos para sua atuação 198
- Gestão de pessoas. Donald Davidson, a unificação da teoria da ação e o significado do monismo anômalo em gestão de pessoas 97
- Gestão de pessoas. Historicismo, holismo e contextualismo em gestão de pessoas 154
- Gestão de pessoas. Mente, contexto e competências gerenciais 224
- Gestão de pessoas. Monismo anômalo 106
- Gestão de pessoas. Nomes e perfis dos seguidores do neopragmatismo no Brasil em gestão de pessoas 221
- Gestão de pessoas. Nominalistas e universalistas em gestão de pessoas. Disputa em Richard Rorty e Jurgem Habermas – James e Dewey – Platão e Descartes 89
- Gestão de pessoas. Novo paradigma. Administração pragmática no contexto de intenções e interesses da sociedade brasileira 197
- Gestão de pessoas. Posicionamento metafilosófico 147
- Gestão de pessoas. Pragmatismo como crítica ao racionalismo e ao idealismo. Humanismo e gestão de pessoas 119
- Guerreiro Ramos e a proposta de uma nova busca de sentido 152
- Guerreiro Ramos. Proposta. Quadro 9 153

H

- Havel e a esperança social. Fim do lenilismo 207
- Historicismo, holismo e contextualismo em gestão de pessoas 154
- Holismo, historicismo e contextualismo em gestão de pessoas 154
- Humanismo e gestão de pessoas. Pragmatismo como crítica ao racionalismo e ao idealismo 119
- Humanismo e gestão de pessoas. Uma leitura crítica 121

I

- Idealismo. Pragmatismo como crítica ao racionalismo e ao idealismo. Humanismo e gestão de pessoas 119
- Individualismo metodológico 48
- Institucionalização e liberdade. Gestão de pessoas e trabalho 72
- Intersubjetividade e pragmatismo 67
- Intrinsecalidade. Mente como último refúgio da intrinsecalidade 120
- Introdução ao pensamento pragmático. Origens e evolução 17
- Introdução. Método pragmatista. Resolver questões levando em conta várias possibilidades, mas, fundamentalmente, considerando as conseqüências políticas de uma outra opção 61

- Introdução. Texto para leitura e discussão: Jeremy Bentham e o utilitarismo 51

J

- James e Dewey, Platão e Descartes..92
- James e Dewey. Nominalistas e universalistas em gestão de pessoas. Disputa em Richard Rorty e Jurgem Habermas – James e Dewey – Platão e Descartes...89
- Jeremy Bentham e o utilitarismo. Texto para leitura e discussão 51
- Jurgen Habermas e Richard Rorty. Disputa..91
- Jurgen Habermas. Nominalistas e universalistas em gestão de pessoas. Disputa em Richard Rorty e Jurgem Habermas – James e Dewey – Platão e Descartes..89

L

- Liberalismo e antimarxismo. Richard Rordy em diálogo com Dewey e Castoriadis. Texto para leitura e discussão 171
- Liberdade e institucionalização. Gestão de pessoas e trabalho 72
- Lições de José Guilherme Merquior. Texto para leitura e discussão......216

M

- Marco da relação *intersubjetiva* em um mundo comum aos sujeitos.............99
- Max Weber reinterpretado 137
- Mentalidades, características e competências gerenciais. Quadro 11 226
- Mente como último refúgio da intrisecalidade....................................120
- Mente, contexto e competências gerenciais em gestão de pessoas 224
- Metafilosofia. Posicionamento metafilosófico para a gestão de pessoas........147
- Método pragmatista. Resolver questões levando em conta várias possibilidades, mas, fundamentalmente, considerando as conseqüências políticas de uma outra opção 61
- Método pragmatista. Resolver questões levando em conta várias possibilidades, mas, fundamentalmente, considerando as conseqüências políticas de uma outra opção. Introdução...61
- Metodologia. Consciência metodológica e a definição de sentido..........32
- Metodologia. Individualismo metodológico 48
- Micro e macroorganização. Vinculação dos níveis micro e macroorganizacionais 35
- Modalidades e fundamentos de controle social. Quadro 7 132
- Modelo de Sbragia de clima organizacional 149

- Monismo anômalo em gestão de pessoas 106
- Monismo anômalo. Donald Davidson, a unificação da teoria da ação e o significado do monismo anômalo em gestão de pessoas 97

N

- Neopragmatismo. Nomes e perfis dos seguidores do neopragmatismo no Brasil em gestão de pessoas 221
- Neopragmatismo. Texto para leitura e discussão 92
- No marco da relação *intersubjetiva* em um mundo comum aos sujeitos 99
- Nomes e perfis dos seguidores do neopragmatismo no Brasil em gestão de pessoas 221
- Nominalistas e universalistas em gestão de pessoas. Disputa em Richard Rorty e Jurgem Habermas – James e Dewey – Platão e Descartes 89
- Novo paradigma para gestão de pessoas. Administração pragmática no contexto de intenções e interesses da sociedade brasileira 197

O

- O princípio da utilidade na concepção de Bentham 52
- Origens e evolução. Introdução ao pensamento pragmático 17

P

- Peirce. Conceito de realidade para Peirce 17
- Pensamento e vida de Richard Rorty. Apresentação 11
- Pensamento pragmático. Origens e evolução. Introdução 17
- Pensamento. Filosofia de Rorty 233
- Platão e Descartes, James e Dewey 92
- Platão. Nominalistas e universalistas em gestão de pessoas. Disputa em Richard Rorty e Jurgem Habermas – James e Dewey – Platão e Descartes 89
- Pós-modernidade 102
- Posicionamento metafilosófico para a gestão de pessoas 147
- Pragmatismo como crítica ao racionalismo e ao idealismo. Humanismo e gestão de pessoas 119
- Pragmatismo e intersubjetividade 67
- Pragmatismo: além da retórica em economia. Texto para leitura e discussão 107
- Pragmatismo. Da fenomenologia ao pragmatismo 62
- Prefácio 9
- Princípio da utilidade na concepção de Bentham 52

Q

- Quadro 10. Características de um modelo de burocracia para nações emergentes 153
- Quadro 11. Mentalidades, características e competências gerenciais 226
- Quadro 3. Da racionalidade à solidariedade..106
- Quadro 4. Sistema geral de ação. Subsistemas e funções primárias 126
- Quadro 5. Estratégias para transmissão de valores organizacionais 130
- Quadro 6. Seis tipos de ritos: processos e objetivos 131
- Quadro 7. Modalidades e fundamentos de controle social...............................132
- Quadro 8. Clima (linguagem) *versus* Estratégia *versus* Teoria do caos 151
- Quadro 9. Uma proposta de Guerreiro Ramos..153
- Quadro I. Escala de abstração..34

R

- Racionalidade. Da racionalidade à solidariedade. Quadro 3 106
- Racionalismo. Pragmatismo como crítica ao racionalismo e ao idealismo. Humanismo e gestão de pessoas 119
- Realidade. Conceito para Peirce 17
- Realismo e relativismo segundo Rorty 89
- Redução empírica e tipos ideais..43
- Referências..247
- Relação de autores do pensamento emancipatório em gestão de pessoas.......222
- Relação *intersubjetiva* em um mundo comum aos sujeitos. Marco 99
- Relativismo e realismo segundo Rorty 89
- Religiosidade. Análise das aproximações entre prática religiosa e vida profissional. Espiritualidade no mundo corporativo. Texto para leitura 140
- Resolver questões levando em conta várias possibilidades, mas, fundamentalmente, considerando as conseqüências políticas de uma outra opção. Método pragmatista 61
- Richard Rordy em diálogo com Dewey e Castoriadis. Liberalismo e antimarxismo. Texto para leitura e discussão 171
- Richard Rorty e Jurgen Habermas. Disputa..91
- Richard Rorty. Nominalistas e universalistas em gestão de pessoas. Disputa em Richard Rorty e Jurgem Habermas – James e Dewey – Platão e Descartes...89
- Richard Rorty. Pensamento e vida. Apresentação 11
- Rorty. Realismo e relativismo segundo Rorty 89

S

- Seis tipos de ritos: processos e objetivos. Quadro 6 131

- Sentido. Guerreiro Ramos e a proposta de uma nova busca de sentido 152
- Sistema geral de ação. Subsistemas e funções primárias. Quadro 4 126
- Solidariedade 211
- Solidariedade. Da racionalidade à solidariedade. Quadro 3 106
- Sujeito. Relação *intersubjetiva* em um mundo comum aos sujeitos. Marco 99
- Sumário 15

T

- Teoria da ação. Donald Davidson, a unificação da teoria da ação e o significado do monismo anômalo em gestão de pessoas 97
- Texto de leitura e discussão. Do positivismo ao pós-pragmatismo 85
- Texto para leitura e discussão: Jeremy Bentham e o utilitarismo 51
- Texto para leitura e discussão: Jeremy Bentham e o utilitarismo. Introdução.... 51
- Texto para leitura e discussão. Filosofia da práxis e (neo)pragmatismo de R. Rorty 237
- Texto para leitura e discussão. Liberalismo e antimarxismo. Richard Rordy em diálogo com Dewey e Castoriadis 171
- Texto para leitura e discussão. Lições de José Guilherme Merquior 216
- Texto para leitura e discussão. Neopragmatismo 92
- Texto para leitura e discussão. Pragmatismo: além da retórica em economia 107
- Texto para leitura. Espiritualidade no mundo corporativo. Análise das aproximações entre prática religiosa e vida profissional 140
- Tipos ideais e a redução empírica 43
- Trabalho e gestão de pessoas. Institucionalização e liberdade 72
- Trajetória do empresário: a busca de novos caminhos políticos e éticos para sua atuação. Ética em gestão de pessoas na administração 198

U

- Uma proposta de Guerreiro Ramos. Quadro 9 153
- Universalistas e nominalistas em gestão de pessoas. Disputa em Richard Rorty e Jurgem Habermas – James e Dewey – Platão e Descartes 89
- Utilitarismo. Princípio da utilidade na concepção de Bentham 52
- Utilitarismo. Texto para leitura e discussão: Jeremy Bentham e o utilitarismo 51

V

- Vinculação dos níveis micro e macroorganizacionais 35

JURUÁ EDITORA

Esta obra foi impressa em oficinas próprias,
utilizando moderno sistema de impressão.
Ela é fruto do trabalho das seguintes pessoas:

Professores revisores:
Adão Lenartovicz
Dagoberto Grohs Drechsel

Editoração:
Elisabeth Padilha
Emanuelle Milek

Índices:
Emilio Sabatovski
Iara P. Fontoura
Tania Saiki

Impressão:
Dorival Carvalho
Marcelo Schwb
Willian A. Rodrigues

Acabamento:
Afonso P. T. Neto
Anderson A. Marques
Bibiane A. Rodrigues
Carlos A. P. Teixeira
Emerson L. dos Santos
Estela R. Oliveira
Francielen F. de Oliveira
Luana S. Oliveira
Lucia H. Rodrigues
Luciana de Melo
Luzia Gomes Pereira
Maria José V. Rocha
Maurício Micalichechen
Nádia Sabatovski
Ralden C. da Luz
Sueli de Oliveira
Terezinha F. Oliveira

"Se tomarmos as pessoas como elas são, nós as tornamos piores.
Se as tratarmos como se fossem o que deveriam ser, nós as
ajudamos a se tornarem o que são capazes de ser."

Goethe